山东管理学院学术著作出版基金资助

基于双因素视角的中小企业
移动办公用户行为研究

周　蕊　卢圣旭　著

电子科技大学出版社

图书在版编目(CIP)数据

基于双因素视角的中小企业移动办公用户行为研究/周蕊，卢圣旭著.--成都：电子科技大学出版社，2017.4
ISBN 978-7-5647-4367-3

Ⅰ.①基… Ⅱ.①周… ②卢… Ⅲ.①中小企业-办公自动化-研究-中国 Ⅳ.①F279.243-39

中国版本图书馆CIP数据核字（2017）第096919号

基于双因素视角的中小企业移动办公用户行为研究
周 蕊 卢圣旭 著

策划编辑 李述娜
责任编辑 李燕芩

出版发行 电子科技大学出版社
成都市一环路东一段159号电子信息产业大厦九楼 邮编 610051
主 页 www.uestcp.com.cn
服务电话 028-83203399
邮购电话 028-83201495

印 刷 北京一鑫印务有限责任公司
成品尺寸 170mm×240mm
印 张 13.75
字 数 226千字
版 次 2017年4月第一版
印 次 2017年4月第一次印刷
书 号 ISBN 978-7-5647-4367-3
定 价 49.00元

前言

移动“互联网+”时代的到来，使日常的办公模式迎来了互联网移动办公的新时代。改革开放后短短的近40年里，我国中小企业从传统实体办公开始，先后出现了无纸化办公、互联网远程办公等办公模式，每一次办公模式的改进都伴随着管理绩效的大幅提高。移动办公系统的出现，使员工能够摆脱办公室的限制随时处理公司的公文报表，尤其是更大程度地满足了外勤人员在外处理相关事务的工作需求。大量移动办公系统的成功案例表明，以智能手机为代表的移动办公系统在提升销售效能、规范管理、便捷沟通、高效协作等方面有着传统企业沟通软件无法与之相比拟的优势。

在我国，移动互联网早已被大型企业积极利用，企业的增收节支普遍通过各种创新服务来得实现。同时，中小型企业的信息化水平往往被其规模、资金、管理视野等原因所限制，与大型企业的管理信息化水平有很大差距。本书的研究采用双因素视角，将信息系统用户行为研究中的用户接受理论、用户持续使用理论和用户抵制理论进行了整合，并借用消费者行为学中的感知风险理论、创新抗拒理论和社会心理学中的自我感知理论、感知失调理论，深入研究探讨了我国中小企业对移动办公系统采纳和抵制的问题，试图为我国中小企业管理者在管理信息化的进程中建言献策，提供思考的视角和解决问题的思路。

本书在写作过程中得到了山东大学戚桂杰教授的精心点拨和热忱鼓励，得到了山东管理学院董以涛院长及其他院系领导的支持，也得到了山东管理学院科研处给予的著作出版基金资助和中小微企业成长研究所给予的辅助研究资金，同时还参考了目前许多优秀的研究成果和研究报告，在这里一并表示感谢。

本书的写作任务分配详情：第一章、第二章由卢圣旭负责撰写，第三章、第四章、第五章、第六章以及第七章由周蕊负责撰写。由于作者水平有限，书中的疏漏之处在所难免，希望广大专家学者和读者朋友批评指正。

周蕊　卢圣旭

2017年4月

目录

导 言

随着信息技术的飞速发展和日益广泛的应用，各式各类移动办公平台或软件迅速占领了我国的中小企业，但在中小企业移动办公系统的采纳中，用户能否充分有效的使用信息技术，直接决定了该种信息技术在企业中的潜力发挥的程度，即用户对于信息技术的使用情况是企业基于信息技术的投资绩效的关键决定因素。在这个层面上，可以说信息技术对于组织影响的驱动力，不是来自信息技术投资，而是来源于信息技术的实际使用。因此，中小企业在移动办公系统或其他信息技术上的投入最终能否获得收益，取决于信息技术用户的有效使用。

在管理信息系统研究领域，用户行为是重要的研究主题。没有用户的积极采纳和持续使用，管理信息系统将不会给企业带来任何的绩效。如何有效管理用户对信息系统的抵制，促进用户使用信息系统，一直是企业管理者和学者们长久关注的问题。目前，关于“用户信息系统使用行为”相对成熟的理论研究成果主要集中在用户接受、用户持续使用和用户抵制三方面，出现了技术接受模型、期望确认模型、抵制三因素理论等代表性的经典理论。但是，在用户行为研究中，一直将用户的积极使用（如接受、持续使用）和消极抵制视为独立的研究主题，鲜有研究关注两者的整合问题。本研究认为，根据信息系统使用的双因素理论，应当将推动因素和抵制因素同时纳入用户使用行为的影响因素中，探究双因素对用户使用行为的影响机理。

本研究采用双因素视角，将信息系统用户行为研究中的用户接受理论、用户持续使用理论和用户抵制理论进行了整合，并借用消费者行为学中的感知风险理论、创新抗拒理论和社会心理学中的自我感知理论、感知失调理论，提出感知风险是使用前阶段的导致抵制改变的因素，感知威胁是使用后阶段导致抵制改变的因素，并将感知风险划分感知时间风险、感知技术风险、感知社会心理风险和感知信誉风险四个维度，将感知威胁划分为感知权力变化、感知成本－收益变化和感知组织文化变化三个维度。研究在信息系统使用的不同阶段，影响用户使用行为的因素以及行为演化机理，构建了基于双因素视角的用户信息系统使用行为模型。

本书的研究深入探讨了以下四个问题。(1)我国中小企业移动办公系统的发展概况及中小企业对移动办公系统采纳和抵制的关注点问题。(2)信息系统使用过程中的不同阶段，关于推动用户接受及持续使用的因素的研究已有成熟的结论，但是关于在不同阶段用户抵制的原因的研究并未有系统的结论，本书的研究对这一问题做了相应的探究。(3)双因素通过何种路径，对用户信息系统使用行为产生影响？(4)用户接受系统后的初步使用与持续使用之间是否存在联系？即用户信息系统使用行为是否存在分阶段演化机理？

本研究通过对中小使用移动办公管理信息系统的实证研究，对上述问题进行了分析，并得到如下主要结论：(1)移动办公系统在我国未来几年将会得到迅速发展并快速占领中小企业市场，伴随着激烈的市场竞争，移动办公系统将会不断自身优化并呈现两极化发展趋势；(2)感知风险、感知威胁分别是信息系统使用阶段中，使用前阶段（pre-usage stage）和使用后阶段（post-usage stage）中导致抵制的关键认知因素；(3)在上述两个阶段中，双因素（即抵制因素和推动因素）同时对用户的使用行为产生影响，“抵制改变”这一抵制因素对用户的信息系统使用行为产生消极影响，“感知有用”这一推动因素对用户的使用行为产生积极影响；抵制因素对推动因素也会产生偏移影响，即“抵制改变”对“感知有用”产生负面影响；(4)确认对感知威胁有直接影响，确认程度高会降低用户对新系统应用带来的威胁程度的感知；(5)使用阶段的使用行为对使用后的确认有正向影响，因此，可以将用户使用信息系统的不同阶段联系起来，以延续性的视角看待用户的信息系统使用行为。

第一章 中小企业与管理信息系统

第一节 中小企业概述

一、中小企业的界定

中华人民共和国成立后，我国在不同经济时期对中小企业有过不同的划分标准。1978 年，国家计委、国家建委、财政部下发了《关于基本建设项目和大中型划分标准的规定》，1988 年，国家经贸委、国家计委、国家统计局、财政部、劳动人事部下发了《大中小型工业企业划分标准》，2003 年，国家经贸委、国家计委、财政部、国家统计局下发了《中小企业标准暂行规定》。以上划分标准都已被废止，其划分标准代表了一个时代对中小企业的定义，也能从中看出我国中小企业发展速度迅猛，同时，其划分标准的侧重也从一个侧面反映出我国经济内部的复杂性和经济结构的变化。

2011 年 6 月 18 日，工业和信息化部、国家统计局、国家发展和改革委员会、财政部联合印发了《关于印发中小企业划型标准规定的通知》[1]，规定各行业划型标准（如表 1-1 所示）如下。

（一）农、林、牧、渔业。营业收入 20 000 万元以下的为中小微型企业。其中，营业收入 500 万元及以上的为中型企业，营业收入 50 万元及以上的为小型企业，营业收入 50 万元以下的为微型企业。

（二）工业。从业人员 1 000 人以下或营业收入 40 000 万元以下的为中小微型企业。其中，从业人员 300 人及以上，且营业收入 2 000 万元及以上的为中型企业；从业人员 20 人及以上，且营业收入 300 万元及以上的为小型企业；从业人员 20 人以下或营业收入 300 万元以下的为微型企业。

---

[1] 中国工业和信息化部：http://www.miit.gov.cn/n1146285/n1146352/n3054355/n3057511/n3057521/n3057523/c3544211/content.html

（三）建筑业。营业收入 80 000 万元以下或资产总额 80 000 万元以下的为中小微型企业。其中，营业收入 6 000 万元及以上，且资产总额 5 000 万元及以上的为中型企业；营业收入 300 万元及以上，且资产总额 300 万元及以上的为小型企业；营业收入 300 万元以下或资产总额 300 万元以下的为微型企业。

（四）批发业。从业人员 200 人以下或营业收入 40 000 万元以下的为中小微型企业。其中，从业人员 20 人及以上，且营业收入 5 000 万元及以上的为中型企业；从业人员 5 人及以上，且营业收入 1 000 万元及以上的为小型企业；从业人员 5 人以下或营业收入 1 000 万元以下的为微型企业。

（五）交通运输业。从业人员 1 000 人以下或营业收入 30 000 万元以下的为中小微型企业。其中，从业人员 300 人及以上，且营业收入 3 000 万元及以上的为中型企业；从业人员 20 人及以上，且营业收入 200 万元及以上的为小型企业；从业人员 20 人以下或营业收入 200 万元以下的为微型企业。

（六）零售业。从业人员 300 人以下或营业收入 20 000 万元以下的为中小微型企业。其中，从业人员 50 人及以上，且营业收入 500 万元及以上的为中型企业；从业人员 10 人及以上，且营业收入 100 万元及以上的为小型企业；从业人员 10 人以下或营业收入 100 万元以下的为微型企业。

（七）住宿业和餐饮业。从业人员 300 人以下或营业收入 10 000 万元以下的为中小微型企业。其中，从业人员 100 人及以上，且营业收入 2 000 万元及以上的为中型企业；从业人员 10 人及以上，且营业收入 100 万元及以上的为小型企业；从业人员 10 人以下或营业收入 100 万元以下的为微型企业。

（八）信息传输业。从业人员 2 000 人以下或营业收入 10 000 万元以下的为中小微型企业。

注：（八）1 条，从业人员 10 人及以上，且营业收入 100 万元及以上的为小型企业；从业人员 10 人以下或营业收入 100 万元以下的为微型企业。

（九）软件和信息技术服务业。从业人员 300 人以下或营业收入 10 000 万元以下的为中小微型企业。其中，从业人员 100 人及以上，且营业收入 1 000 万元及以上的为中型企业；从业人员 10 人及以上，且营业收入 50 万元及以上的为小型企业；从业人员 10 人以下或营业收入 50 万元以下的为微型企业。

（十）仓储业。从业人员 200 人以下或营业收入 3 000 万元以下的为中小微型企业。

注：（十）2 条，其中，从业人员 100 人及以上，且营业收入 1 000 万元及以上的为中型企业。

（十一）邮政业。营业收入 2 000 万元及以上的为中型企业；

注：（十）（十一）2 条，从业人员 20 人及以上，且营业收入 100 万元及以上的为小型企业；从业人员 20 人以下或营业收入 100 万元以下的为微型企业。

交通运输业和邮政业从业人员 1 000 人以下或营业收入 30 000 万元以下的为中小微型企业。其中，从业人员 300 人及以上。

（十二）房地产开发经营。营业收入 200 000 万元以下或资产总额 10 000 万元以下的为中小微型企业。其中，营业收入 1 000 万元及以上，且资产总额 5 000 万元及以上的为中型企业；营业收入 100 万元及以上，且资产总额 2 000 万元及以上的为小型企业；营业收入 100 万元以下或资产总额 2 000 万元以下的为微型企业。

（十三）物业管理。从业人员 1 000 人以下或营业收入 5 000 万元以下的为中小微型企业。其中，从业人员 300 人及以上，且营业收入 1 000 万元及以上的为中型企业；从业人员 100 人及以上，且营业收入 500 万元及以上的为小型企业；从业人员 100 人以下或营业收入 500 万元以下的为微型企业。

（十四）租赁和商务服务业。从业人员 300 人以下或资产总额 12 000 万元以下的为中小微型企业。其中，从业人员 100 人及以上，且资产总额 8 000 万元及以上的为中型企业；从业人员 10 人及以上，且资产总额 100 万元及以上的为小型企业；从业人员 10 人以下或资产总额 100 万元以下的为微型企业。

（十五）其他未列明行业。从业人员 300 人以下的为中小微型企业。其中，从业人员 100 人及以上的为中型企业；从业人员 10 人及以上的为小型企业；从业人员 10 人以下的为微型企业[1]。

[1] 以上内容引自《关于印发中小企业划型标准规定的通知》，通知内容详见：中国工业和信息化部 http://www.miit.gov.cn/n1146285/n1146352/n3054355/n3057511/n3057521/n3057523/c3544211/content.html

表1-1　我国中小企业划分标准

序号	行业	主要指标	单位	大型企业	中型企业	小型企业	微型企业
1	农、林、牧、渔业	营业收入（R）	万元	R ≥ 20 000	500 ≤ R < 20 000	50 ≤ R < 500	R < 50
2	工业	从业人员（P）	人	P ≥ 1000	300 ≤ P < 1000	20 ≤ P < 300	P < 20
		营业收入（R）	万元	且 R ≥ 40 000	且 2 000 ≤ R < 40 000	且 300 ≤ R < 2000	或 R < 300
3	建筑业	资产总额（A）	万元	A ≥ 80 000	5000 ≤ A < 80 000	300 ≤ A < 5000	A < 300
		营业收入（R）	万元	且 R ≥ 80 000	且 6000 ≤ R < 80 000	且 300 ≤ R < 6000	或 R < 300
4	批发业	从业人员（P）	人	P ≥ 200	20 ≤ P < 200	5 ≤ P < 20	P < 5
		营业收入（R）	万元	且 R ≥ 40 000	且 5 000 ≤ R < 40 000	且 1000 ≤ R < 5000	或 R < 1000
5	零售业	从业人员（P）	人	P ≥ 300	50 ≤ P < 300	10 ≤ P < 50	P < 10
		营业收入（R）	万元	且 R ≥ 20 000	且 500 ≤ R < 20 000	且 100 ≤ R < 500	或 R < 100
6	住宿业	从业人员（P）	人	P ≥ 300	100 ≤ P < 300	10 ≤ P < 100	P < 10
		营业收入（R）	万元	且 R ≥ 10 000	且 2000 ≤ R < 10 000	且 100 ≤ R < 2000	或 R < 100
7	餐饮业	从业人员（P）	人	P ≥ 300	100 ≤ P < 300	10 ≤ P < 100	P < 10
		营业收入（R）	万元	且 R ≥ 10 000	且 2000 ≤ R < 10 000	且 100 ≤ R < 2000	或 R < 100
8	信息传输业	从业人员（P）	人	P ≥ 2000	100 ≤ P < 2000	10 ≤ P < 100	P < 10
		营业收入（R）	万元	且 R ≥ 100 000	且 1000 ≤ R < 100 000	且 100 ≤ R < 1000	或 R < 100

（续表）

序号	行业	主要指标	单位	大型企业	中型企业	小型企业	微型企业
9	软件和信息技术服务业	从业人员（P）	人	P ≥ 300	100 ≤ P < 300	10 ≤ P < 100	P < 10
		营业收入（R）	万元	且 R ≥ 10 000	且 1 000 ≤ R < 10 000	且 50 ≤ R < 1000	或 R < 50
10	仓储业	从业人员（P）	人	P ≥ 200	100 ≤ P < 200	20 ≤ P < 100	P < 20
		营业收入（R）	万元	且 R ≥ 30 000	且 1000 ≤ R < 30 000	且 100 ≤ R < 1000	或 R < 100
11	邮政业	从业人员（P）	人	P ≥ 1 000	300 ≤ P < 1000	20 ≤ P < 300	P < 20
		营业收入（R）	万元	且 R ≥ 30 000	且 2 000 ≤ R < 30 000	且 100 ≤ R < 2000	或 R < 100
12	交通运输业	从业人员（P）	人	P ≥ 1000	300 ≤ P < 1000	20 ≤ P < 300	P < 20
		营业收入（R）	万元	且 R ≥ 30 000	且 3 000 ≤ R < 30 000	且 200 ≤ R < 3000	或 R < 200
13	房地产开发经营	资产总额（A）	万元	A ≥ 100 000	5 000 ≤ A < 100 000	2000 ≤ A < 5000	A < 2000
		营业收入（R）	万元	且 R ≥ 200 000	且 1000 ≤ R < 200 000	且 100 ≤ R < 1000	或 R < 100
14	物业管理	从业人员（P）	人	P ≥ 1 000	300 ≤ P < 1000	100 ≤ P < 300	P < 100
		营业收入（R）	万元	且 R ≥ 5000	且 1000 ≤ R < 5000	且 500 ≤ R < 1000	或 R < 500
15	租赁和商务服务业	从业人员（P）	人	P ≥ 300	100 ≤ P < 300	10 ≤ P < 100	P < 10
		资产总额（A）	万元	且 A ≥ 120 000	且 8000 ≤ A < 120 000	且 100 ≤ A < 8000	或 A < 100
16	其他未列明行业	从业人员（P）	人	P ≥ 300	100 ≤ P < 300	10 ≤ P < 100	P < 10

二、中小企业的发展及现状

改革开放以来，中小企业在我国国民经济中所占比重不断上升，成为我国非公有制经济的重要组成部分，逐渐成为推动国民经济发展促进社会稳定的基础力量。1978—1996 年，从农村转移出的 2.3 亿劳动力绝大多数在中小企业特别是乡镇中就业。在当时中国工业就业的 1.5 亿职工中，有 1.1 亿分布在中小企业，约占 73%❶。1992 年，我国中小企业的数量超过 56 万❷。1996 年，第八届全国人民代表大会常务委员会第二十二次会议通过了《中华人民共和国乡镇企业法》，用来扶持和引导乡镇企业持续健康发展。1998 年，国有企业下岗职工 610 万，其中 418 万人在非国有企业中再就业，占 68.5%。1998 年底，科技型中小企业已经超过 7 万户，占全国中小企业总数的 15.22%。在 20 世纪 90 年代以来的经济快速增长中，工业新增产值的 76% 以上是由中小企业创造的❸。1999 年，国务院在国家经贸委下增设了中小企业发展司，主要承担“制定扶持政策，指导企业改革，组织对外交流，建立服务体系的职能”❹。从 1999 年到 2003 年，国家共投入 33 亿财政资金，支持了全国 4 946 个科技型中小企业项目，有力地促进了中小企业的创业与发展❺。2001 年末，全国有 248.5 万个小企业（从业人数少于 50 人的企业）。2002 年，第九届全国人民代表大会常务委员会第二十八次会议通过了《中华人民共和国中小企业促进法》，目的是改善中小企业经营环境，促进中小企业健康发展。

近年来，我国中小企业快速、健康和持续发展，对经济增长的贡献越来越大。随着我国电子商务的发展，2005 年，中小企业电子商务交易额达到 2 766 亿元，同比增长 56.7%，已经占据中国电子商务市场交易额的 38%左右。2006 年底，我国中小企业创造的最终产品和服务的价值占国内增加值的 58%, 社会零售额占 59%, 上缴税收占 50.2%, 提供就业机会占 75%, 出口额占

---

❶ 百度文库：http://wenku.baidu.com/view/c06700c0312b3169a551a455.html?from=search

❷ 陈灏．中国中小企业融资困境与制度创新研究 [D]. 福建师范大学 ,2013.

❸ 李伟舫．浅析我国中小企业现状与发展 [A]. 天津市电视技术研究会．天津市电视技术研究会 2014 年年会论文集 [C]. 天津市电视技术研究会 ,2014:3.

❹ 陈涛．我国中小企业现状与发展研究 [D]. 重庆大学 ,2003

❺ 刘志龙，陈鹏，籍莉．我国中小企业现状与分析 [J]. 市场论坛 ,2010,03:17.

全国出口的68%[1]。2008年，随着世界经济形势的风云变幻，中国中小企业发展面临巨大压力，尤其是东部沿海地区出口型中小企业困难更为突出，部分行业和企业大量出现了减产、停产或倒闭现象，针对这一情况，国家发改委，国家工信部和财政部发布了中小企业发展专项资金，促进中小企业的专业化、精细化，以及与产业链上的大企业实现产业协同和技术创新，当年，中央财政安排了35亿元资金，实际支出资金49.9亿[2]。北京时代计世资讯发布的《2010年中国中小企业信息化建设及IT应用趋势报告》显示，2009年年末，我国中小企业共1 030万户，主要分布于广东省、江苏省和浙江省，这三个省份的中小企业约占全国的25%。2009年，国务院下发了《关于进一步促进中小企业发展若干意见》，用于改善国际金融危机冲击下的中小企业经营环境，帮助中小企业克服困难和转变发展方式。2009年下半年，工信部、财政部、发改委、商务部对中小企业的补贴由原计划的20亿增加至60亿以上，在国家一系列宏观调控政策刺激经济发展举措实施推动下，我国中小企业发展呈现稳步回升，2009年四个季度中型企业景气指数都在临界值以上，分别为105.8 、116.8、123.3、131.2，2009年四个季度小型企业景气指数在前两个季度都在临界值以下，后两个季度则高于临界值，分别为96.4、98.6、107.1、112.8[3]。2009年电子商务发展迅猛，中小企业电子商务交易额达11 278亿元，同比增速达21.7%[4]，约为2005年的4倍。根据第二次经济普查数据，中小微企业占全国企业总数的99.7%，其中小微企业占97.3%，中小企业创造的最终产品和服务价值已占到国内生产总值的60%，纳税约为国家税收总额的50%[5]。2010年，工业和信息化部发布了《国家中小企业公共服务示范平台管理暂行办法》，各省市纷纷加快了中小企业公共服务平台建设与示范平台认定工作，目前已累计培育和支持省级中小企业公共服务平

---

❶ 刘志龙，陈鹏，籍莉．我国中小企业现状与分析[J]. 市场论坛，2010,03:18.

❷ 陈成天．支持中小企业融资的财政政策研究[D]. 财政部财政科学研究所，2015.

❸ 中国中小企业协会：http://www.ca-sme.org/content/Content/index/id/3636

❹ 2010年中国中小企业信息化建设及IT应用趋势报告：百度文库 http://wenku.baidu.com/view/8e68b07ea26925c52cc5bfde.html

❺ 中国工业和信息化部：http://www.miit.gov.cn/n973401/n1234620/n1234623/c3843771/content.html

台 7 000 余家，省级示范平台 2 400 余家，2011 年以来，工信部已认定国家示范平台 511 家[1]，其中综合平台 112 家，行业平台 97 家，专业平台 302 家。2011 年至 2015 年，全国各省市示范平台平均服务企业数量年均增长 51.6%，带动就业人数年均增长 23.9%。根据第三次经济普查的数据，2013 年年末，从事第二产业和第三产业的小微企业法人单位 785 万个，占全部企业法人单位 95.6%，其中，位居前三位的行业是：工业 234.2 万个，批发业 169.8 万个，零售业 103.1 万个。小微企业从业人员 14 730.4 万人，占全部企业法人单位从业人员 50.4%[2]，其中，位居前三位的行业是：工业 7 403.6 万人，建筑业 1 675.4 万人，批发业 1 457.8 万人。小微企业法人单位资产总计 138.4 万亿元，占全部企业法人单位资产总计 29.6%。其中，位居前三位的行业是：工业 40.8 万亿元，租赁和商务服务业 36.8 万亿元，房地产开发经营 18.7 万亿元[3]。2014 年，国务院推出了小微企业税收优惠措施，在对月销售额不超过 2 万元的小微企业、个体工商户和其他个人暂免征收增值税、营业税的基础上，将月销售额 2~3 万元的也纳入暂免征税范围，近两年来，政府进行了一系列行政审批和收费整顿工作，取消清理了大量不合理收费，进一步为企业特别是小微企业减负添力。2016 年 7 月，中国中小企业协会发布了二季度中国中小企业发展指数（SMEDI）为 92.0[4]，如图 1-1 所示，表明市场状况尚待改变、企业投资意愿不强、企业效益下滑，中小企业发展指数平稳探底的态势将持续。2016 年，工业和信息化部、中国银行制定了《促进中小企业国际化发展五年行动计划（2016 — 2020 年）》，提出要推进各地中小企业主管部门和中国银行各分支机构建立合作机制，强化信息共享和政策协同，发挥中国银行“中小企业跨境撮合服务平台”的作用，创新金融支持方式，改善金融服务，促进中小企业融入全球市场，利用全球要素。2016 年，工业和信息化部发布了《促进中小企业发展规划（2016 — 2020 年）》，明确了以提

[1] 中国中小企业信息网：中小企业简报第 5 期（总 143 期）http://www.sme.gov.cn/cms/news/100000/0000000249/2016/7/4/a93dabcd36ba4fceb9e14780369fbbdc.shtml

[2] 中国国家统计局：http://www.stats.gov.cn/tjsj/zxfb/201412/t20141216_653657.html

[3] 中国国家统计局：第三次全国经济普查主要数据公报（第一号）http://www.stats.gov.cn/tjsj/zxfb/201412/t20141216_653709.html

[4] 中国中小企业协会：http://www.ca-sme.org/content/Content/index/id/12333

质增效为中心，以提升创业创新能力为主线，推动供给侧结构性改革，优化发展环境，促进中小企业发展的指导思想，对今后长期促进中小企业持续健康发展具有重要的指导意义。

图 1-1　中国中小企业发展指数（2010Q4-2016Q2）

（资料来源：中国中小企业协会）

综上所述，中小企业在我国经济发展中的地位和作用显而易见。首先，中小企业是保持国民经济平稳较快发展的重要力量。中小企业发展，既是改革开放的重要成果，也是改革开放的重要力量。中小企业是数量最大、最具活力的企业群体，中小企业所占 GDP 比重、纳税比例，充分说明在经济建设中不仅要重视发展“顶天立地”的大企业，更要重视发展“铺天盖地”的中小企业。随着我国经济发展，中小企业在改革开放中的作用日益增强，量大面广、机制灵活的中小企业参与竞争，形成了充满活力的市场环境，为充分发挥市场在配置资源中的基础性作用创造了条件。其次，中小企业是关系改善民生与社会稳定的重要基础。实践证明，中小企业发展好的地区，往往也是人民生活较为富裕的地区，也是率先实现小康的地区。目前，中小企业提供了 80%以上的城镇就业岗位。国有企业下岗失业人员 80% 以上在中小企业实现了再就业，大量农民工主要在中小企业务工。近年来不少高校毕业生也把中小企业作为就业的重要选择，相当数量军队退役人员在中小企业实现就业。大企业随着自动化程度越来越高，在提高生产效率和增加财政收入方面作用突出，但在解决就业方面的作用却逐渐减小。发展中小企业，使广大人民群众从发展中得到实惠，过上更加富裕的生活，有利于促进社会的和谐安定。最后，中小企业是推动创新和转变发展方式的关键。中小企业贴近市场，活跃在市场竞争最激烈的领域，与市场有着本质的联系，是构建市场经济体制的微观基础，它的发展为社会主义市场经济创造了多元竞争、充满活力的环境。近年来，我国65%的发明专利、75%以上的新产品开发都是由中小企业完成的❶。当前，中小企业创新活动更加活跃、创新领域更加广泛，不仅在原有的传统产业中保持旺盛活力，而且在信息、生物、新材料等高新技术产业和信息咨询、工业设计、现代物流、电子商务等服务业中成为新兴力量。要完成转变发展方式、提高发展质量的任务，要鼓励“大众创业、万众创新”，仅指望大企业是不行的，必须大力支持中小企业发展，充分调动和发挥中小企业在促进经济发展方式转变和实施创新发展战略中的重要作用。

同时，我们还应认识到，中小企业在我国现阶段的发展中面临很多问题。首先，资金问题，资金的匮乏与融资渠道不畅是我国中小企业发展的首要瓶颈问题。根据调查，80%以上的中小企业认为从金融机构获得贷款较难和很难❷。截至2016年8月6日，笔者在中国知网上以“中小企业融资”为关键词进行检索，得到检索结果如图1-2所示，笔者又对2002—2015年的结果制做成Excel图标如图1-3所示，从中可以看出，自金融危机以来，中小企业融资方面的研究显著增多，政府采取一系列措施解决中小企业融资难的问题后，相关研究又有明显减少，一方面从侧面反映出中小企业融资问题在经济下行压力下的突出性，另一方面又能跟现实情况相吻合。其次，中小企业普遍人力资源质量不高。中小企业大多没有健全的人力资源管理制度，同时限于经济实力，对人才的选育用留往往投入较少。同时，中小企业还缺乏健全的职能部门与监督机构，激励和约束机制往往比较松散，这些共同造成了中小企业往往有很高的员工离职率，而主动离职的员工经常是中小企业没能留住的优秀人才。在人力资源作为企业第一资源的情况下，低质量的人力资源成为制约中小企业发展的又一瓶颈问题。最后，中小企业的管理效能较低。中小企业经营者的管理能力和经营水平常常是制约企业发展的另一个因素，加之上面所述的低质量的人力资源管理，管理效能低几乎是个必然结果。同时，缺乏对经济发展的敏感性与企业经营的长远战略眼光，缺乏企业变革的勇气和对新技术的怀疑甚至是抵制也是导致中小企业发展遇阻的重要原因。

---

❶ 中国工业和信息化部：http://www.miit.gov.cn/n973401/n1234620/n1234623/c3843771/content.html

❷ 陈灏．中国中小企业融资困境与制度创新研究[D]．福建师范大学，2013.

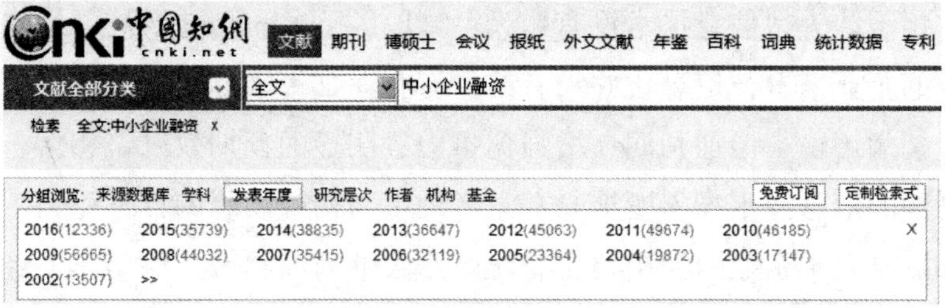

图 1-2　“中小企业融资”在中国知网上的检索结果

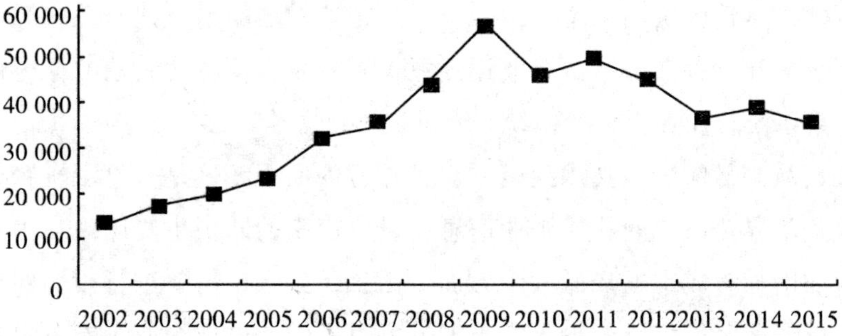

图 1-3　“中小企业融资”在中国知网上的检索结果折线图

第二节　中小企业管理信息系统

一、信息系统与企业

20 世纪 80 年代，信息革命兴起，信息技术逐渐成为企业的关键资源，信息系统在企业中的应用更是以前所未有的速度迅速扩散。信息系统作为企业企图借以提高竞争力的经营管理利器，企业在信息技术上的投入占到了新资产投入的 50% 以上。但是，查斯曼（Strassman）提出的“生产率悖论”指出：企业对信息技术的投入和企业的投资回报率之间没有明显的关联。Nicholas G.Carr 博士在《哈佛商业评论》中指出：大量地投资信息技术已经无法为公司取得竞争优势，并不能为投资者带来竞争优势，更大的是为公司带来沉重的财务负担，认为“信息技术没有明天”（IT doesn't matter）。从已经建立了信息系统的企业来看，信息化并没有给所有企业都带来如降低成本、提高产品质量、扩大销售、增加利润、增强竞争力等明显的预期效果，相反，有些企业被高额的信息技术投入所拖累却只实现了与初始设想的目标相去甚远的一部分功能，有些企业因为进行信息化改革失败而面临破产倒闭。但经济的全球化大大增加了信息的价值，企业要想在激烈的国际国内竞争中生存下去，必须快速准确地了解市场的需求、消费者的偏好、新技术的发展动态、时尚前沿等信息，从而不断生产出符合市场需求的产品来保持和扩大市场份额。因此，从这个层面来说，信息资源是企业发展的重要战略性资源，企业信息系统的建立势在必行。企业逐渐意识到，企业信息化失败的原因往往不在于信息系统，而在于信息系统与企业的匹配契合。

如何从高额的信息技术投资中得到相应的回报？这是一直困扰企业的问题，也是学界热议的问题。企业信息化投资带来的回报主要体现在为企业带来收入的增加和成本的降低两个方面。信息化投入也需要进行投资回报率分析，使得企业对信息化的投入产出能够一目了然，这样企业领导者也能够更好地进行决策。但笔者看到过不少厂家提供给用户的信息化建设的解决方案，厚厚的方案书里面虽然对用户实际情况进行了很好的调研和分析，挖掘出了企业的需求，也拿出了很好的IT解决办法，整体的技术架构设计也非常不错，但是却基本上都没有提到投资回报率，这是由于企业信息化带来的收益往往很难预测。随着信息技术的飞速发展和日益广泛的应用，用户能否充分有效的使用信息技术，直接决定信息技术在企业中的潜力发挥的程度，即用户对于信息技术的使用情况是企业基于信息技术的投资绩效的关键决定因素（Chircu & Kauffman，2000）[1]，可以说信息技术对于组织影响的驱动力，不是来自信息技术投资，而是来源于信息技术的实际使用（Devaraj & Kohli，2003）[2]。因此，企业在信息技术上的投入最终能否获得收益，取决于信息技

❶ Chircu A M, Kauffman R J. Limits to value in electronic commerce-related IT investments[C]// System Sciences, 2000. Proceedings of the 33rd Annual Hawaii International Conference on. IEEE, 2000: 10 pp. vol. 2.

❷ Devaraj S, Kohli R. Performance impacts of information technology: is actual usage the missing link?[J]. Management science, 2003, 49(3): 273-289.

术用户的有效使用。

信息系统在企业的应用，会带来组织结构的变化，业务流程的再造以及管理职能的改变，对于信息系统用户个体来说，需要付出学习使用信息系统的时间成本，将会面临转换工作职能、调整工作岗位、失去工作权力甚至失业的危险。对于这一系列变化，用户自身多倾向于抵制使用信息系统，这就会导致信息系统在应用实施过程中，遇到重重阻碍，应用效率低下，导致难以达到企业预期的投资回报效果。所以，合理地制定企业信息化战略规划，明确企业信息化给企业带来变化的不同阶段，清楚当前所处阶段与下一阶段的区别，促进企业与信息系统的有效融合是企业信息化成功的必要前提。企业不能仅仅关注信息系统的获取，还应该重视如何降低用户对信息系统的抵制，促进用户对信息系统的接受和持续使用。

二、中小企业管理信息系统

从成长过程及演化机制上看，我国企业信息系统建设总体上起步晚于美国等西方国家，中国企业所面临的特有环境特征在信息化成长过程中留下独特的烙印，既有信息化程度较高的先进者，也有尚处于起步阶段的后来人。在我国，企业的信息化现状差异很大：有信息化起步早却发展缓慢的企业，也有信息化起步晚却发展迅速的企业；即使同时信息化的企业，其信息化发展状态也千差万别。按照美国学者 Nolan 提出的“四阶段模型”，信息系统在企业的成长过程可以分为初装期（Initiation）、蔓延期（Contagion）、控制期（Control）和集成期（Integration）[1]。杜鹃（2010）通过研究发现中国企业信息系统宏观成长的大环境是中国社会的变革，而我国社会变革是由科技体制弊端多、市场法制环境不健全、情报信息和服务系统不完整、教育培训环境不稳定等共同决定的。我国企业信息系统宏观成长过程与诺兰模型基本相似，但时间滞后近 20 年[2]，并且信息技术对于经济增长的推动作用大致要在 3 年左右才会显现。在企业信息化实践中，有的企业能够平稳地度过这些时期并

[1] Nolan,R.L.Managingthecomputerresource:Astagehypothesis.CommunicationofACM,16,7(July1973)

[2] 杜娟 . 基于 PEST 的中国企业信息系统宏观成长过程研究 [D]. 吉林大学 ,2010.

能保证把企业信息化的进步与企业的进步紧密的联系起来，最终使之良性循环，有些企业却在某个阶段跌跌绊绊，始终不能很好的与信息化有效融合。于宝君（2008）对我国信息系统宏观成长过程特征进行了研究，发现中小型企业开始成为信息化建设的重要力量，并且随着发展，中小型企业所占比例有持续上升的态势，多数企业的信息系统以局部应用为主，从发展趋势上看，企业的信息系统应用将以整体资源集成性应用（如 ERP）为主，同时多层次、多类型应用比例均衡共存的局面[❶]。

从系统建设与软件选型上看，我国中小企业管现信息化建设的总体水平相对来说还比较低，大部分中小企业的管理信息系统应用还处在单项应用和部分集成应用。造成这种情况的原因是多方面的：有资金实力的原因，中小企业由于自身资金实力所限，往往不能承受动辄十几万甚至上百万的全面集成软件，况且企业信息化还要支付信息系统的建设规划费用、后续的维护费用和软件扩展等费用；有人才的原因，中小企业往往不具备既懂信息技术又精通企业各方面管理的复合型人才，且中小企业员工普遍缺乏对信息管理系统的深入理解，认为没有信息系统企业一样也能发展的很好；也有硬件建设薄弱的原因，中小企业管理信息系统基础设施的建设相对较为薄弱，很难整合企业的信息流用于决策；还有业务流程和管理不规范的原因，灵活是中小企业的优点之一，同时也是中小企业推行信息化的障碍之一，业务流程和管理不规范也经常是许多中小企业管理信息系统建设失败的原因之一。麻雀虽小五脏俱全，理论上说，中小企业管理信息系统应具备齐全的功能，这是因为单项应用和部分集成使用往往是站在部门的观点和立场上看待问题，而没有站在中小企业的系统观点上，信息孤岛依然存在且信息的全面性完整性无法得到保证。然而，由于中小企业业务流程和管理不规范的问题，全面集成的软件往往使中小企业陷入困境，这似乎是一个悖论，这大概就是现阶段我国中小企业只有 10% 左右实施了 ERP[❷]的原因吧。ERP 自 20 世纪 90 年代被美国提出之后发展迅速，几乎成为大型企业的必备解决方案，目前正朝着 ERP Ⅱ的方向跃进。ERP 作为主流的企业信息化解决方案，包括了生产管理、

❶ 于宝君．企业信息系统成长过程及演化机理研究 [D]. 吉林大学 ,2008.

❷ 赵晓晖．我国中小企业信息化发展现状与对策研究 [D]. 燕山大学 ,2013.

供应链管理、人力资源管理、财务管理、客户关系管理等企业日常业务的集成模块，适用于工业、商业、医药流通等不同企业类型的企业。目前我国面向中小企业的ERP系统有：针对中型企业的用友U8+系列，针对小微型企业的用友畅捷通T+系列，针对中小企业的金蝶K/3 Wise，针对小型企业的金蝶KIS等。除ERP外，Excel作为一款常见的轻型软件，也被广泛用来进行企业管理决策。另一种在中小企业常用的信息系统就是企业OA系统，企业OA技术门槛较低，在我国有非常多的品牌，如华天动力协同OA、伟峰OA、蓝晓OA等。面对如此纷繁复杂的管理信息系统，中小企业在缺乏内行信息管理人才的情况下，应该如何选择信息系统呢？季高荣（2012）认为中小企业管理信息系统建设软件选择应该遵循简单、便宜、专业、安全[1]四大特点。于小兵（2012）在研究国外常见软件评价模型的基础上，根据我国中小企业的特点，提出了成本性、功能性、易用性、安全性、可维护性和灵活性共6个维度的中小企业信息化软件综合指标体系并设计了信息化软件选型方法[2]。

三、中小企业公共服务平台

近年来，中小企业对于信息服务的需求庞大且增速快，《2005年中国中小企业信息化建设及IT应用趋势报告》显示，2004年中小企业信息服务方面的投入达到126.7亿元，同比增长31.7%。截至2009年，无信息化应用（无PC采购、网络构架和企业网页）的中小企业比例已大幅减至8.8%，但其中19.4%的中小企业是单机应用，37.2%的中小企业只是搭建了基础网络，主要是查找信息、收发邮件和OA等基本应用[3]。由于中小企业资金实力相对薄弱，一些软件厂商推出了租用ERP的服务，如金蝶云ERP等。同时，2009年，为了支持中小企业的发展，国务院发布了《关于进一步促进中小企业发展的若干意见》，工业和信息化部软件与集成电路促进中心（CSIP）于

[1] 季高荣．中小企业管理信息系统建设研究[D]. 安徽大学,2012.

[2] 于小兵．中小企业信息化软件选型研究[J]. 现代制造工程,2012,10:37-40.

[3] 2010年中国中小企业信息化建设及IT应用趋势报告：百度文库 http://wenku.baidu.com/view/8e68b07ea26925c52cc5bfde.html

2009年12月启动了国家中小企业公共服务平台的建设工作。2011年，工业和信息化部印发的《关于加快推进信息化与工业化深度融合的若干意见》指出："完善面向中小企业的研发设计平台，提供工业设计、虚拟仿真、样品分析、检验检测等软件支持和在线服务。加快研发、推广适合中小企业特点的企业管理系统。推动面向中小企业的信用管理、电子支付、物流配送、身份认证等关键环节的集成化电子商务服务。建立并完善一批面向产业集群的技术推广、管理咨询、融资担保、人才培训、市场拓展等信息化综合服务平台。鼓励开展适合中小企业特点的网络基础设施服务，积极发展设备租赁、数据托管、流程外包等服务[1]。"2011年3月至2014年8月，工信部先后分四批认定511家中小企业公共服务平台为国家示范平台，这些平台分为三类：综合平台为面向多行业多领域中小企业提供涵盖信息、技术、人才、融资等多种类型服务的平台；行业平台为针对具体单一行业提供多种服务的平台；专业平台为面向多行业多领域中小企业提供专业性、针对性服务的平台，如融资服务、人才服务、市场服务等。除了国家设立的中小企业公共服务平台以外，还有商会/协会搭建的中小企业公共服务平台、产业联盟搭建的中小企业公共服务平台等，有些企业自身便是市场化的企业服务平台。这些中小企业公共服务平台除了提供技术创新、融资担保、教育培训等服务外，很重要的一个作用就是提供中小企业的信息化服务，如国家中小企业公共服务示范平台（http://www.smecn.org.cn/）就可以提供信息咨询、市场推广、软件资源等信息服务。这些中小企业公共服务平台，通过政府和企业之外第三方的专业服务，让企业摆脱自身条件所限，获得更强大的信息化服务。

[1] 工业和信息化部：关于加快推进信息化与工业化深度融合的若干意见 http://www.miit.gov.cn/n1146295/n1652858/n1652930/n3757016/c3759856/content.html

第二章　移动办公

第一节　从 PC 终端 MIS 到移动办公

MIS，即管理信息系统。移动办公出现之前，中小企业的企业信息化绝大多数要依靠 PC 终端来实现，包括单机应用和有线接入。1941 年，多才多艺的美国女演员海蒂·拉玛和她同样多才多艺的音乐家丈夫乔治·安太尔对她们发明的无线电“跳频技术”申请了专利，高通公司后来在此基础上研发出 CDMA，最终演变成 3G 技术。2008 年，苹果公司推出 iPhone 3G，自此，智能手机的发展开启了新的时代。随着 3G 技术的出现和智能手机的普及，移动办公才逐渐登上历史舞台。

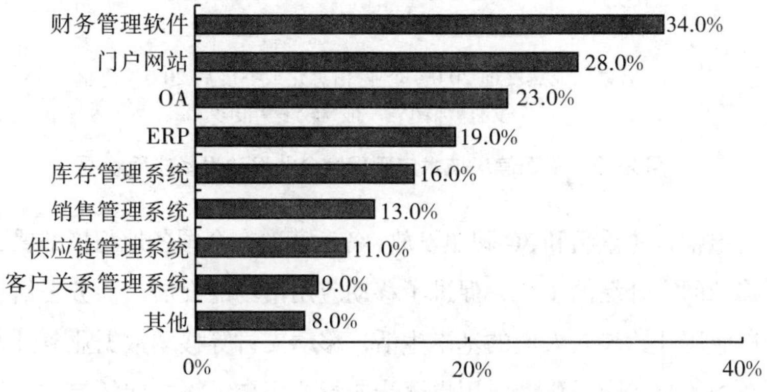

图 2-1　2010 年中国小企业信息化系统应用状况

（资料来源：赛迪顾问中国中小企业信息化发展调查，2010/11）

根据赛迪顾问发布的《中国中小企业信息化发展白皮书》，2010 年，我国中小企业信息化系统应用状况如图 2-1 所示。报告同时指出，中小企业经营机制灵活、市场应变能力强、经营形式多样化的特点，在经济下行压力增加的情况下，更需要以轻型管理实现企业高效运营，传统的软件购买之后必须在企业中进行部署、实施，短则数周，长则数月甚至数年，这种高投入且高风险的软件应用模式与轻型管理需求已开始表现出不相适应。

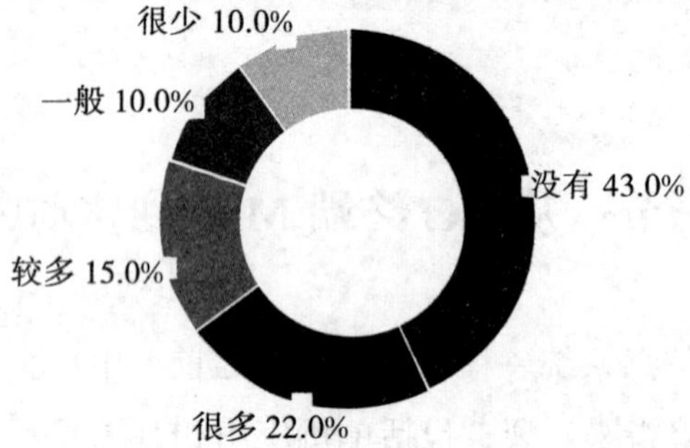

图 2-2 2010 年企业移动设备的使用情况

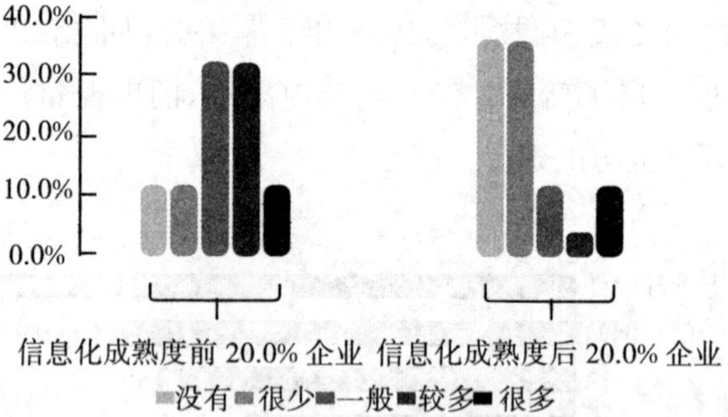

图 2-3 不同信息技术应用程度企业移动设备应用状况

随着电信行业重组和 3G 牌照发放，各运营商在全国各地积极部署 3G 网络，推进了移动网络升级的步伐，促进了移动应用市场的发展。商务、信息服务等各种各样应用开始渗入人们的基本生活，移动支付等移动数据业务开始带给个人用户新的体验。同时移动应用也逐步向行业用户纵深方向拓展，以物流和流通行业为代表的高流动性及服务性行业对移动应用需求尤其强烈，移动应用开始与企业的管理及业务系统紧密结合，特别是向企业的应用系统纵深发展，融入移动应用的行业解决方案日益增多，移动应用开始逐渐得到企业的认可。根据用友软件发布的《2010 年中国企业信息化指数调研报告》，2010 年中国企业移动设备使用情况如图 2-2 所示。报告显示，按照使用程度区分，有 8.9% 的企业使用移动接入设备次数很多，有 18.5% 的企业使用次数较多。信息化成熟度低的企业超过 70% 没有或者很少应用移动设备，而信息化成熟度高的企业在使用较多和一般的比例达到了 64%，如图 2-3 所示。此时的中国企业，已有 80.7% 的企业尝试使用移动接入设备[1]（移动商务、手持移动设备等），但由于企业间的信息化基础设施建设不同、信息化技术人才储备不同、员工对于信息化及移动信息化的理解程度不同，故导致企业间移动设备应用状况差别很大。

第二节 企业移动信息化与移动办公

一、企业移动信息化

移动信息化研究中心认为中国的移动信息化规划建设是沿着“基础建设、智能设备产业化 → 政务服务试点、电子商务先行 → 全行业拓展”这一条发展线路铺开的。其将移动办公政策分为三个阶段。

（1）起步阶段（2005 年—2010 年）：加强移动通信基础网络建设，促进智能终端产业化。

（2）推进阶段（2011 年—2013 年）：进一步开放电信服务，促进移动电信产业化；支持移动电子商务发展，政府公共事业服务尝试引入移动终端优化服务体验。

（3）发展阶段（2014 年—2015 年）：充分利用移动互联技术提升执法监管与服务保障能力（普惠金融等），鼓励生产制造业融入移动互联网技术（智能制造等）。

国际数据公司 IDC 在 2013 年发布的《中国企业级移动应用市场 2013-2017 年预测与分析》中将企业级移动应用的建设确定了两个衡量指标，横向的建设阶段维度主要依据移动应用建设的复杂程度来划分；纵向的成熟度维度，主要按项目普及率、用户规模、功能模块数量等指标来考核。按照这两个衡量指标，将企业级移动应用建设划分为三个阶段（如图 2-4 所示）。

[1] 2010 年中国企业信息化指数调研报告：百度文库 http://wenku.baidu.com/view/4e28306248d7c1c708a14555.html?from=search

（1）基础应用：在移动应用建设的初期阶段，大部分企业客户会尝试建设一些基础类应用，如移动办公、手机邮箱等，满足管理者或企业员工的办公需求，这个阶段的特征是基于现有业务系统的移动化扩展，面向小规模用户人群，主要是中高层管理者；项目的投入有限、建设周期较短，一般三到五个月就可实施完毕。早期的基础应用，企业客户大都采用与小的移动应用开发商合作的方式，定制开发移动 OA、移动 ERP、移动 CRM 等扩展应用；后续传统的 OA/ERP/CRM 厂商在新版本软件中都内置了移动组件，简单部署即可使用；基础应用没有特殊的业务属性，主要集中在信息浏览、日程安排、工作流审批等通用功能，适用于大多数政府和企业客户。

（2）业务应用：部分行业客户会把移动应用引入具体业务场景中，通过部署移动应用帮助基层员工更好的开展工作，典型应用场景包括银行推出的移动展业、保险公司的移动查勘理赔以及快速消费品行业的移动市场数据采集应用等。这类应用的特点是与具体业务工作紧密相关，成为员工日常工作必不可少的辅助手段，能大幅提升工作效率。这类应用有可能与企业现有 IT 系统集成，也可独立部署实施，形成新型的行业应用；由于用户人群主要面向基层员工，其用户规模较为庞大，对系统的稳定性、可靠性有较高要求。业务应用领域由于客户需求复杂、多样、难于统一，且初期投入有限，目前主要是由国内的小型移动应用开发商建设实施，大的软件厂商在这个领域没有竞争优势。业务应用阶段具有非常明显的行业属性，需要从业厂商熟悉客户的业务特点，同时具备成熟的解决方案，目前在国内行业市场已经涌现出一批新兴的移动应用开发商，如意贝斯特、融易通、大唐云动力等；

（3）统一移动应用平台：在移动应用建设的成熟阶段，企业会考虑构建统一移动应用平台，因为随着移动应用项目的增多，企业会发现有些基础功能可以复用，合并基础服务，减少总体投入，以及降低运维成本。统一应用平台在网络接入、软件发布、升级更新、用户管理、设备管理以及安全保障等方面可进行集中管控，更好的支撑最终用户使用。统一移动应用可从目前的移动中间件平台发展演化，它既是软件应用的开发平台，也是运维支撑平台，有实力的企业可以基于这个平台自行开发移动应用[1]。

[1] IDC 研究：http://www.idc.com.cn/prodserv/detail.jsp?id=NTE2

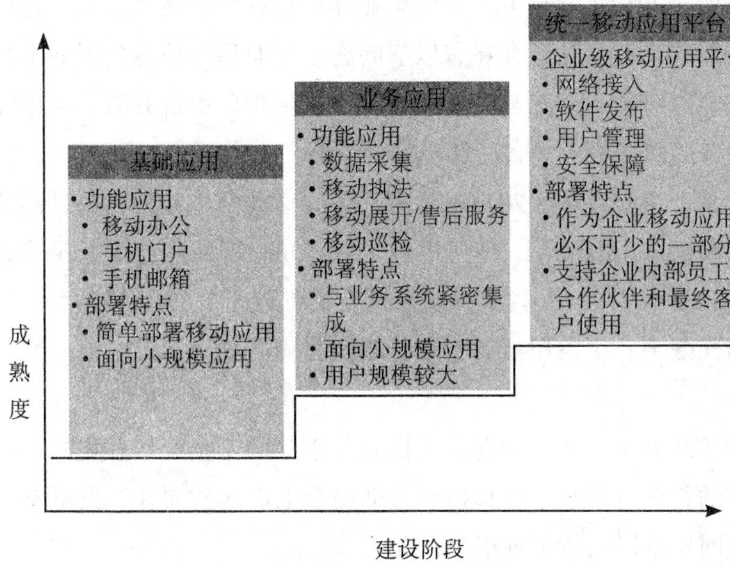

图 2-4　企业级移动应用建设三阶段

《2014—2015 年企业级移动信息化发展状况研究报告》认为，企业级移动信息化是指企业用户在面向内外部服务对象的过程管控中，基于现代移动通信技术、移动互联网技术构成的综合通信平台基础上，通过移动智能终端与其他终端，如 PC、服务器等多平台的信息交互沟通，实现管理、业务以及服务的移动化、信息化、电子化和网络化，向企业内外部提供高效优质、规范透明、适时可得、电子互动的全方位管理与服务的方式。企业级移动信息化当前的整体特点是：行业用户对移动信息化建设兴趣浓厚、移动 CRM 成为用户试水移动信息化的首选、提升领导管理效率、主动迎合市场变化是用户推动移动信息化部署的最主要驱动力、二次开发适用性问题在移动信息化应用中突出。

马小闵（2007）指出，企业移动信息化是将信息采集、移动与管理三个部分进行有效的集合，企业移动信息化的应用主要体现在企业资源管理系统的移动信息化、客户关系管理的移动信息化和办公移动信息化三个方面。

韦宝峰，梁楠郁等（2013）认为，企业移动信息化应用的远景目标就是要“无线”延伸企业信息化，企业员工和用户能够有效突破传统办公的时空限制，利用智能终端随时随地处理各种业务，从而提高工作效率。

刘腾蛟（2014）在研究了中国企业移动信息化的现状及发展趋势后，认为中国企业移动信息化还存在着以下问题：企业移动信息化规划不足、移动应用开发能力有限、缺乏整体企业移动信息化管理平台方案、移动应用与现有企业服务脱离、没有完备的移动安全策略。

任永学，李晓宇等（2014）认为，企业移动信息化的终极目标是实现员工在任何时间（Anytime）、任何地点（Anywhere）处理与业务相关的任何事情（Anything）的“3A”模式，使企业全员都处于“3A”状态下，可大大提升企业运作效率、决策质量及企业整体快速应变能力，更好地了解和满足客户需求。

刘培（2016）认为，企业移动信息化不等同于企业信息化的移动版。它不是简单的将现有信息系统移植到移动终端上以达到便利，更重要的是要将移动互联网思维以及技术真正融入其中。

企业移动信息化是移动互联网的发展与企业信息化融合的结果，移动信息化在企业层面的应用被称作企业级移动信息化，上述报告与文献中提到的“企业移动信息化”与“企业级移动信息化”的概念十分接近，略有区别，但无论在社会研究还是学术研究中，对“企业移动信息化”与“企业级移动信息化”这两个概念并没有非常权威的表述。

二、移动办公

通常来说，移动办公是指利用移动办公技术来完成跨越地域、时间和情景约束的特定工作内容的一种现代办公方式。移动办公及其近似概念如“移动 OA”“移动商务”等，存在很大的相似性，当前研究大多对此不加区分。

根据百度百科的定义“移动办公”也可称为“3A 办公”，也叫移动 OA，即办公人员可在任何时间（Anytime）、任何地点（Anywhere）处理与业务相关的任何事情（Anything）[1]。

李丹峰（2014）认为，移动办公自动化系统，主要通过手机等移动终端处理日常办公业务，比如公告通知，消息提醒，处理待办的业务流程，工作

[1] 百度百科：http://baike.baidu.com/link?url=xZPlmaWYXoug_jvzsQsIoZwx_u_P99xBv41wxfPCpbtqay9qJCiZmOdEarIHHmlW2_Cg-PE_EuVS1WIoLrmc-K

审批，公文的传阅，通讯录管理，即时消息，给员工提供交流平台等，真正实现随时随地全天候移动办公，使得企业领导和用户更方便、快捷的办公，提高工作效率。

万飞（2015）通过对比远程办公、远程移动办公、移动商务等有关移动办公的近似概念后，根据移动办公服务对象的性质、企业业务范畴及移动设备技术等对移动办公进行了分类和举例，进一步明晰了移动办公的内涵和外延，但并没有明确提出移动办公的具体定义。

综上所述，对于移动办公的研究，社会研究要多于学术研究，并且，二者研究侧重不同。移动办公的社会研究主要站在市场的角度侧重于移动办公的使用现状、软件分类、市场分布和未来市场预测等；移动办公的学术研究主要站在学术的视角侧重于移动办公平台的搭建、语言的编写问题。对于移动办公的定义，社会研究与学术研究也各有观点。笔者通过对社会研究中的研究报告阅读和整理发现，社会研究中所提到了很多类似的概念，如“移动OA”“移动商务”“远程移动办公”等。但笔者认为“企业移动信息化”“企业级移动信息化”的表述最接近企业移动办公的定义。在学术研究方面，对于移动办公研究的学者较少，还未提出较为完善的定义。

笔者通过研究认为，“企业移动信息化”是在移动互联网发展情境下企业信息化发展的趋势和结果，“企业级移动信息化”是企业信息化在企业层面上的信息化表征，而“移动办公”则是企业级移动信息化的具体应用。本章在后续的章节里引述了社会研究报告（如国际数据中心 IDC 研究、移动信息化研究中心、中国软件网 & 海比研究等）的内容，其研究报告并未对“企业移动信息化”“企业级移动信息化”“移动办公”三者的概念加以区分，故本书下面章节从严谨的角度出发，直接引述其报告内容，对“企业移动信息化”“企业级移动信息化”“移动办公”的概念亦不做区分。

本书认为，移动办公是指：在移动互联网技术下，办公人员利用移动终端进行各类业务处理的一种现代办公方式。这种办公方式主要通过在手机等移动终端上安装企业信息化软件，使移动终端具备与 PC 终端一样的办公功能，是继电脑无纸化办公、互联网远程化办公之后的新一代办公模式。移动办公最大的特征是：You can do Anything for Anytime and Anywhere，即我们通常所说的“3A”。

第三节 移动办公软件的分类

根据国际数据公司 IDC 的研究（http://www.idc.com.cn/home.jsp），其将中国社交化移动办公软件按产品功能划分为以下三个主要类型。

（1）移动平台类：通过 SDK 或 Open API 的方式，可以与自身或其他厂商的各类系统集成，从而扩大产品的功能覆盖。此类产品以金蝶云之家（KINGDEE Cloud Hub）和阿里钉钉（Ali Dingding）为主要代表。

（2）客户关系管理类：以销售和客户管理为主打功能，目标用户为销售管理者及销售人员。纷享销客（fxiaoke）、销售易（xiaoshouyi）、红圈营销（Hecom）、外勤 365（waiqin365）以及用友超客（Yonyou chaoke）是此类产品的典型代表。

（3）协作办公类：此类产品数量众多，如明道（Mingdao）、今目标（Jinmubiao）、iWorker、北森 Tita、Worktile、Teambition、群策、企明岛、石墨等。从产品的功能特点、目标客户量级还可以划分为团队级产品和企业级产品。

《2015 中国移动办公软件测评报告》将中国移动办公软件分为四大主流类型。

（1）移动 OA：就是传统老牌办公软件的延伸，它们普遍品牌知名度高，拥有庞大的客户基础，但是产品严重依赖 PC 端，操作复杂，用户体验不佳。

（2）企业协作移动平台：注重企业内部管理，简化流程，提高效率，力图打造扁平化的管理结构，产品契合移动互联思维，用户体验友好性强，界面简约易操作，但是市场接受度有待提高。

（3）团队协作类管理软件：自由灵活，适合团队、项目组使用，简单易上手，但权限安全、管理等方面有待完善。

（4）垂直细分类软件：偏重某一功能模块发力，如销售、外勤、文档分享等，在瞄准领域深耕细作，但是不太适合整体移动办公需求。

《2016 中国移动办公全景报告》将移动办公软件分为五大类（如图 2-5 所示）。

（1）通用型工具：指各行业、各企业通用业务的移动办公软件，主要包括销售及客户服务、行政及办公管理（OA、HR、财务等）、生产及运营管理。

（2）行业专项工具：指针对不同行业设计的移动办公软件，主要包括政府行业、能源电力行业、制造行业、金融行业、商贸行业、医疗行业等。

（3）生产加速型工具：主要包括内容、交流、任务管理、联系人、开发工具、性能测试等。

（4）安全与管控：主要包括 MDM、MEM、MAM、EMM、数据传输、策略等。

（5）综合解决方案：主要包括开发、安全管控、应用设计等。

张璇，季志毅（2015）认为，移动办公平台分为以下三类。

（1）审批决策类：通过与企业现有业务系统进行接口整合，实现对办公 OA、ERP 等系统中审批流程的汇集。

（2）门户信息类：进行移动端的企业信息新闻、公告、内刊、市场资讯等发布，实现内部知识共享，不仅可以成为企业文化建设的新阵地，还可以搭建内部信息高效传播、信息实时共享的新平台。

（3）沟通自助类：为企业全员提供邮件、企业通讯录、日程管理、云端笔记、云平台等工作自助服务，便于员工利用碎片化时间处理常规化事务，使员工工作模式移动化，鼓励员工实践中的多样性，提高工作效率。

第四节　移动办公系统在中国的发展现状

一、移动办公系统近年来发展迅速

中国软件网与海比研究联合推出的《2015 移动办公男神报告》结果显示，近年来中国移动办公发展迅速，移动办公人员数量从 2012 年开始大幅增长，2015 年中国移动办公人数 3.94 亿，比 2014 年增长 10.2%，预计 2016 年年末移动办公人数将比 2015 年增加 13%，将达到 4.45 亿人。移动办公人员普及率，即占全国劳动力人数的 43.06%，预计 2018 年左右，移动办公人员数量将超过微信用户数量。平均每人 2.75 个工作 APP，在线 3.39 小时。在移动办公终端方面，APP 使用时间已超过 PC，58% 的员工使用时以 APP 为主 PC 为辅，55% 的移动办公为部门应用，人力资源等职能部门应用比例较高。

根据国际数据公司 IDC 的研究（http://www.idc.com.cn/home.jsp），中型企业市场（企业员工人数 250~999 人）处于混战格局。近年来金蝶云之家和阿里钉钉先后加大投入冲击市场，今目标在获得融资后也持续发力，这三家在中型企业用户数量上极为接近，如图 2-6 所示。

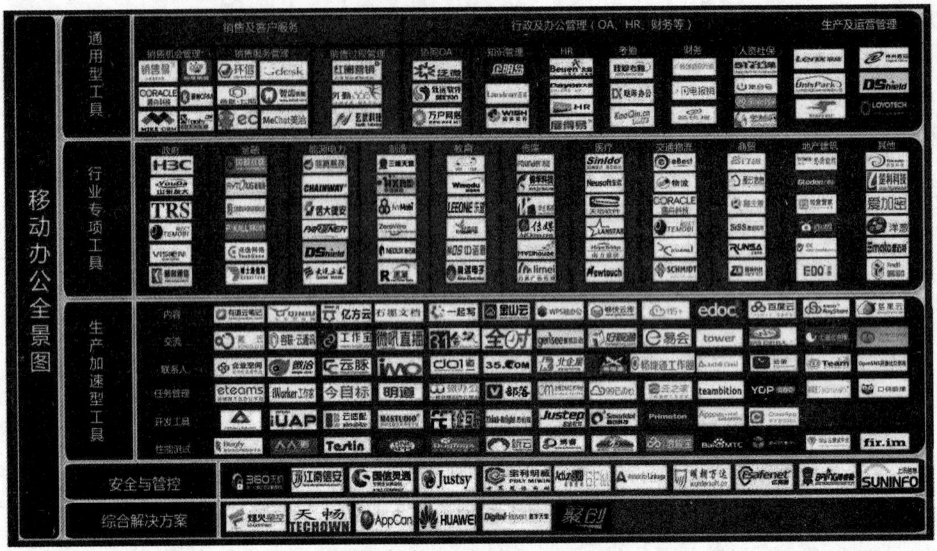

图 2-5　2016 中国移动办公全景报告列举的移动办公软件

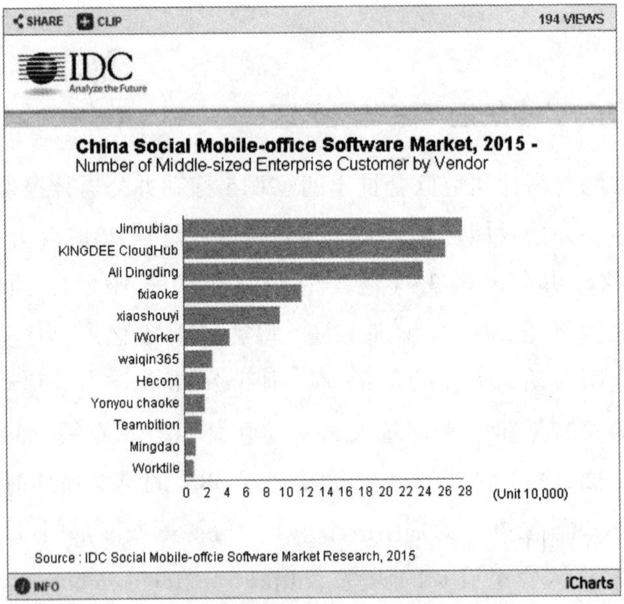

图 2-6　2015 年中国中型企业移动办公软件市场情况

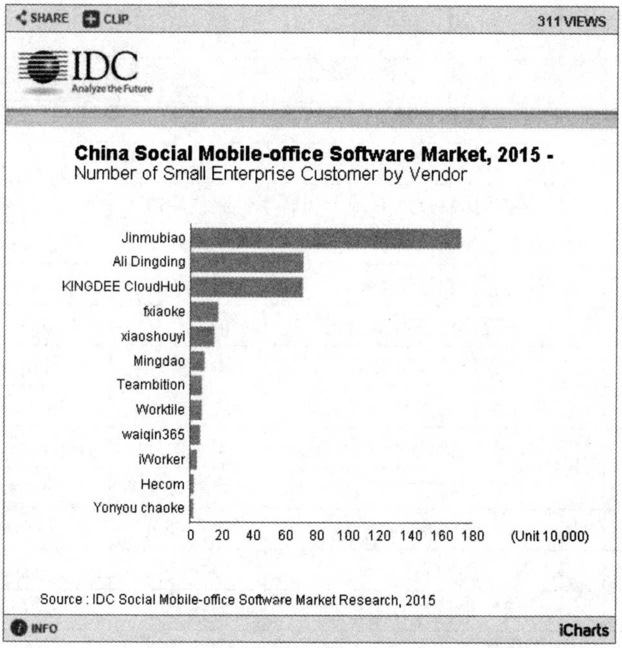

图 2-7　2015 年中国小型企业移动办公软件市场情况

在小企业市场（企业员工人数少于 250 人），移动办公软件产品的基础功能已可满足企业的大部分需求，而产品费用往往才是小企业考虑的首要问题。因此企业用户数量排名前三的厂商均采用免费模式，今目标暂居市场第一，阿里钉钉和金蝶云之家分别排在第二、三名，如图 2-7 所示。

从产品的注册用户数量来看，阿里钉钉和金蝶云之家两个平台类产品排在市场的前两位。阿里钉钉从 2015 年年初正式发布了 1.1 版本以来，凭借免费的产品策略、良好的用户体验和阿里强大的品牌效应，在短短一年时间迅速累积到了 1 500 万的注册用户。金蝶云之家也凭借其在企业级市场优秀的用户基础和品牌认知度，在 2015 年年末累积到 1 000 万的注册用户[1]。

《中国移动办公软件选型报告（2015）简报》列举了 50 款移动办公软件（如表 2-1 所示）进行了比较评析，最终在其选型报告中推荐了 10 款评分最高移动办公软件。

---

[1] IDC 研究：2015 年中国社交化移动办公软件市场呈爆发式增长，未来市场空间广阔 http://www.idc.com.cn/about/press.jsp?id=OTUw

表2-1 中国移动办公软件选型报告（2015）简报列举的50款移动办公软件

移动办公产品	隶属公司	功能定位	产品网址
钉钉	阿里巴巴	沟通通讯	http://www.dingtalk.com
Tita	北京北森测评技术有限公司	人力管理	http://www.tita.com
随办	上海移品信息技术有限公司	企业移动协作	www.ioffice100.com
明道	上海万企明道软件有限公司	企业社交	www.mingdao.com
今目标	北京亿企通信息技术有限公司	移动 OA	www.jingoal.com
微洽	杭州微洽科技有限公司	企业社交	www.weqia.com
Tower	成都彩程软件设计有限公司	团队协作	https://tower.im
Teambition	上海汇翼信息科技有限公司	团队协作	www.teambition.com
Podio	Citrix	团队协作	www.podio.com
云之家	金蝶软件	企业社交	www.yunzhijia.com
chatter	Salesforce	协作办公	www.salesforce.com
Slack	美国企业	协作办公	slack.com
好团队	杭州快米科技有限公司	协作办公	www.haoteam.net
企信	深圳市康拓普信息技术有限公司	即时通讯	www.dyqx.com
推事本	智慕时代科技（成都）有限公司	移动 OA	web.tuishiben.com
微团队	行客诺（北京）科技有限公司	协作办公	www.wetuandui.com
企业 QQ	腾讯	企业沟通	b.qq.com
正点办公	广州驿元信息科技有限公司	移动办公	www.yikeoa.com
工作圈	畅捷通信息技术股份有限公司	移动办公	gzq.chanjet.com
红圈营销	和创（北京）科技有限公司是	销售管理	www.hecom.cn
EC	腾讯	移动 CRM	www.workec.com
时效宝	宸唯软件开发（上海）有限公司	外勤管理	www.shixiaobao.com
业务掌中宝	终端通（北京）有限公司	外勤管理	www.ttcrm.com
快消总管	杭州蔓藤网络科技有限公司	移动销售	www.51kuaixiao.com
51 外勤	北京紫辰友创软件有限公司	外勤管理	www.51waiqin.com
小步外勤	成都小步创想畅联科技有限公司	外勤管理	www.magiqmobile.com
第一企信	珠海佳米科技有限公司	即时通讯	www.dyqx.com
口袋助理	深圳市深信服电子科技有限公司	移动办公	www.kd77.cn
我加助手	上海我加网络科技有限公司	企业版微信	www.addit.cn
口袋办公	中国移动	协同办公	www.koudaibangong.com
V 企	广东马上信息科技有限公司	移动办公	www.vqi.cn
eteams	泛微旗下	移动 OA	www.eteams.cn
销售易	仁科互动	销售管理	www.xiaoshouyi.com
纷享逍客	北京易动纷享科技有限责任公司	销售管理	www.fxiaoke.com

（续表）

移动办公产品	隶属公司	功能定位	产品网址
Trello	Fog Creek	团队协作	www.trello.com
Worktile	北京易成星光科技有限公司	团队协作	worktile.com
速办	厦门易用软件技术有限公司	手机办公	www.yjbys.com
Yammer	2012 年被微软收购	企业社交	www.yammer.com
班聊	上海易睦网络科技有限公司	企业内部通讯	www.workchat.com
外勤助手	中国电信	外勤管理	www.waiqin.com.cn
打天下	北京沃力森信息技术有限公司	外勤管理	www.xtools.cn
聆客在线	广州市品高软件开发有限公司	企业信息化	www.bingolink.biz
外勤 365	南京掌控网络科技有限公司	外勤管理	www.waiqin365.com
iWork365	上海晖硕信息科技有限公司	任务协作	www.iwork365.com
妙云	深圳金芒技术有限公司	移动互联	www.veryclouds.com
18 云办公	杭州笛佛软件有限公司	办公协作	www.18bg.com
工学坊	《商业评论》杂志社	企业社交	www.gongxf.com
91 云办公	网龙网络公司	移动办公	91cloud.softonic.cn
Gleasy 格子云	厦门格畅科技有限公司	协同办公	www.gleasy.com
Tower	彩程设计	团队协作	tower.im

移动信息化研究中心 2015 年 CIO 生态调查显示，47.1% 的受访 CIO 表示，移动性能为业务带来极大的推动作用，并认为它能明显提升企业与客户之间的沟通效率，对市场和品牌的建设作用显著。调查还显示，超过 93% 的 CIO 表示对移动化的认可，34.8% 的 CIO 已经完成了移动办公的导入。而就未来一年的发展，58.7% 的 CIO 表示，他们正在部署或者已经开始测试移动办公系统，并且这些移动办公系统与业务的结合非常紧密，下一步对企业整体的移动信息化部署工作将全面展开。

移动信息化研究中心的研究指出，随着移动应用在适配的应用环境中的价值凸显，并且在各行业的实践中得到正面印证，相关的应用部署条件逐步开始成熟，企业用户内外部业务需求的发展对信息交互的及时性要求越来越高，促使更多的企业用户开始对移动办公产生兴趣。根据其 2013—2015 年的研究数据，对移动办公在 1~3 年内无规划的企业数量呈现崩塌式消亡，与此同时，已经部署和正在部署的企业高歌猛进，占比已经超过 40%，如图 2-8 所示。另外，根据其 2014—2015 年的研究数据，从企业用户在移动 OA 与移动 CRM 部署情况来看，2015 年已经完成测试并成功部署移动 OA 与移动 CRM 较 2014 年有了翻倍的增长速度，同时，移动 CRM 系统的部署速度要远远快于移动 OA 系统，如图 2-9、图 2-10 所示。

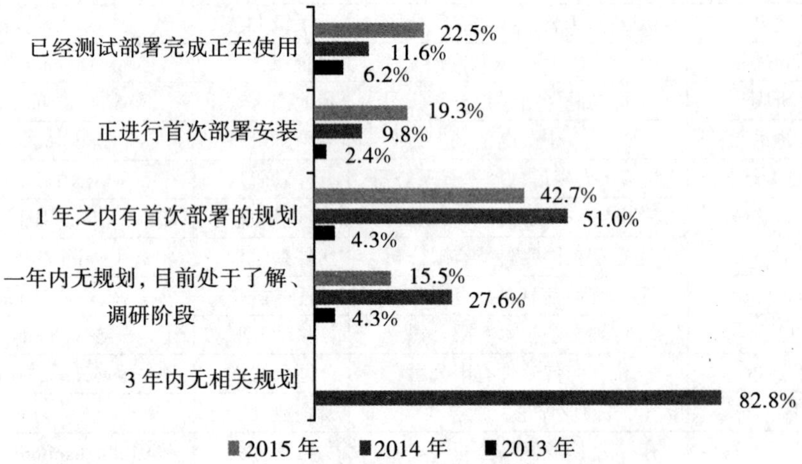

图 2-8 2013—2015 企业用户移动办公部署情况

（数据来源：移动信息化研究中心，2015/07）

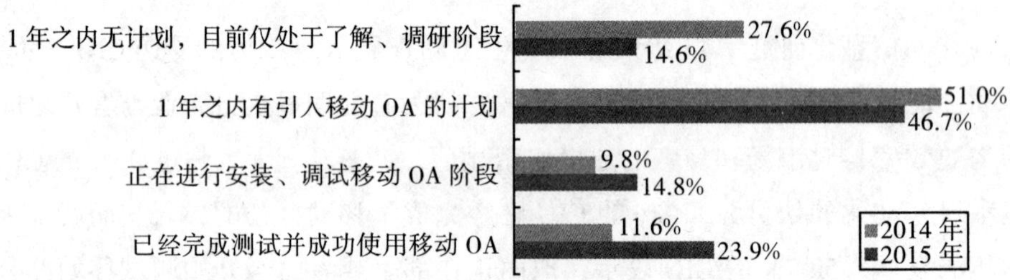

图 2-9 2014 年—2015 年企业用户移动 OA 部署规划情况

（数据来源：移动信息化研究中心，2015/06）

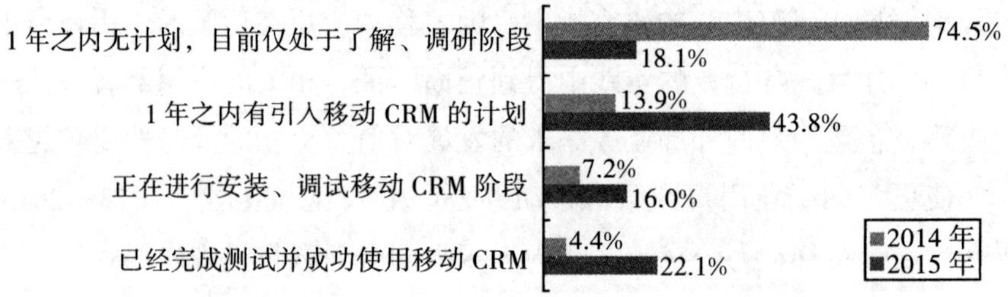

图 2-10 2014 年—2015 年企业用户移动 CRM 部署规划情况

（数据来源：移动信息化研究中心，2015/06）

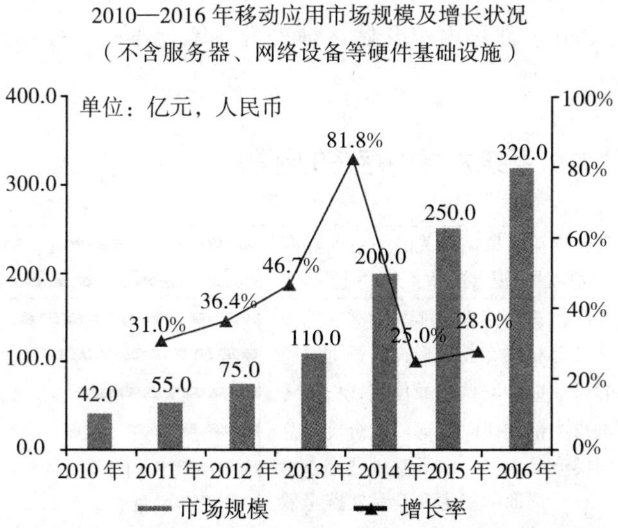

图 2-11　2010—2016 年移动应用市场规模及增长情况

（数据来源：移动信息化研究中心，2015/07）

移动信息化研究中心的数据显示，自 2010 年以来，中国移动应用市场规模呈现了快速的增长，尤其是 2014 年，增长率为近年来增长的峰值 81.8%。2015 年—2016 年，中国移动应用市场增长率逐渐趋于平稳，但增长的绝对市场规模依然庞大，分别为 50 亿和 70 亿人民币，如图 2-11 所示。

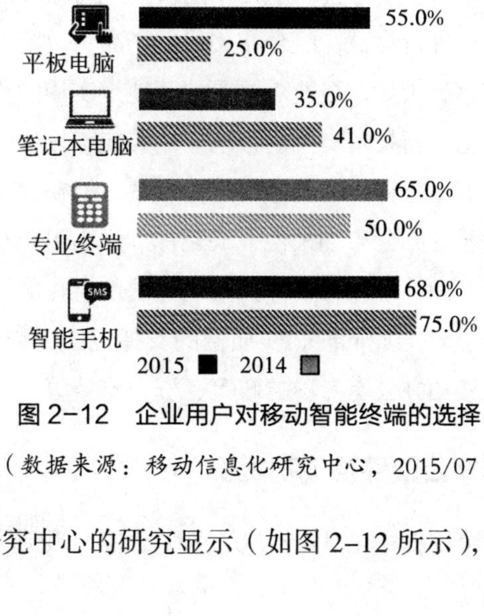

图 2-12　企业用户对移动智能终端的选择

（数据来源：移动信息化研究中心，2015/07）

移动信息化研究中心的研究显示（如图 2-12 所示），智能手机作为普适性移动终端依然是移动办公的首选终端，但专用终端逐渐成为移动办公的重要选择，同时 Pad 的使用度也开始逐渐提升，笔记本对于移动办公而言，不再是不可取代的终端。

二、移动办公系统发展中存在的问题

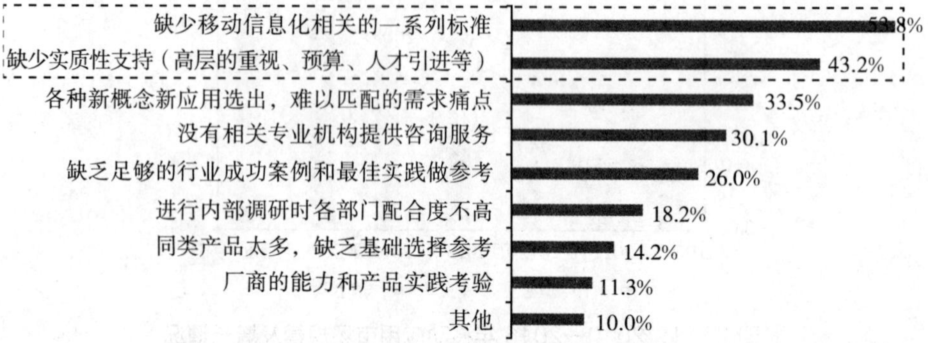

图 2-13　移动办公规划推进的障碍

（数据来源：移动信息化研究中心，2015/07）

根据移动信息化研究中心的研究结果（如图 2-13 所示），无论是技术支撑还是实践经验，移动办公的实质性工作效果显著，全面推行移动办公，还欠缺“标准”与“支持”。移动办公概念的的深度普及，以及相关成熟应用、实践案例的不断验证，企业和员工对移动办公所能带来的价值抱有极高的期待。企业用户方面：企业愿意为移动化进行尝试，配合相关移动产品、政策的实施，但是企业已经对过度的概念包装感到厌烦，企业需要更加落地、实用的移动办公产品。供应商方面：大量的新概念、新技术支持的移动应用铺向市场，已经开始向企业不同业务需求提供种类繁多，有针对性的移动解决方案，但缺少一个关键环节——标准与实际的支持。对移动办公市场来说，缺乏标准成为阻碍移动办公发展的首要问题。最核心的安全方面，现在移动办公沿用传统信息化的等保标准，但这一标准并不适用于移动办公。与此同时，实质性的支持也成为移动办公推进的障碍，多数的企业并没有对移动办公有专项的政策、资金支持等。

三、常见移动办公软件及成功案例

根据上文对国际数据中心 IDC 研究、移动信息化研究中心、中国软件

网 & 海比研究等机构发布的研究报告，我们已经对我国移动办公软件的发展现状有了较为清晰的认知，下面本书对我国目前常见的办公软件进行列举介绍，以便更清晰的呈现我国移动办公发展的全貌。

（1）钉钉（http://www.dingtalk.com）。钉钉是阿里巴巴集团专为中国企业打造的免费沟通和协同的多端平台，目前有 150 万用户。主要功能有：聊天 IM（其中澡堂模式是其特色功能）、DING、电话会议、工作（包括审批、签到、公告、日志、管理日历）、钉邮 C-mail 和开放平台。其作用主要有：提高沟通效率、节约办公成本、确保沟通安全、异地沟通问题、异地团队管理、个性协同办公、多人频繁沟通。上海 UM 中好是一个以创意与执行见长的整合传播公司，其总经理胡凯表示，对于广告公司而言，内外部沟通有一些独特的地方，效率底下的沟通造就了无休无止的加班。钉钉的已读未读功能，能够更大的提升效率，而最大程度减少了等待的时间，可以不用无限制的等反馈，从而不再成为“加班狗”❶。中公教育安徽分校校长王清林表示，在做公务员培训时，只需把学员的号码直接导入钉钉后台，一个 DING 消息群发过去，所有的学员都能接到信息，利用钉钉的已读未读功能可以掌握学员对信息的已读和未读情况，没有读的，再次发送 DING 电话，原来 5 个人加班干 6 个小时的工作，现在一个人用钉钉 5 分钟就搞定了，效率提高了好几十倍，大大节省了办公成本❷。

（2）今目标（http://www.jingoal.com）。今目标以永久免费、不限用户数、不限时间为卖点，以简单易用免部署免安装、支持 5 000+ 员工同时协同办公、11 年安全运营银行级别保障、赠送 2 000G 大容量存储空间为特点进行宣传，目前已是 260 万家企业所采用的移动办公平台。其主要功能有：绩效管理、渠道管理、招聘过程管理、销售过程管理、项目管理、资源调度，其特色功能为可跨企业沟通协同。以连锁经营行业为例，今目标认为其存在以下四大行业痛点：通知下达无跟踪确认影响执行效果、营业数据多又乱汇总管理难度大、巡店管理流于形式管理隐患大、门店多人员分散考勤统计难。并有针

---

❶ 钉钉成功案例，内容详见：http://s.dingtalk.com/market/dingtalk/home/case.php?spm=a3140.7807311.1998739075.4.nG0UJr&caseid=zhonghao

❷ 钉钉成功案例，内容详见：http://s.dingtalk.com/market/dingtalk/home/case.php?spm=a3140.7807311.1998739075.31.nG0UJr&caseid=zhonggong

对性的提出了四条解决方案：一是传达到位，有效执行；二是门店数据，清晰展示；三是巡店管理，有效落地；四是智能管理门店出勤。上海弘仁汽车销售服务有限公司的付强表示，目前其公司在上海有6个4S店，开会成本非常高，采用网络化办公，不需要把时间精力花费在路上，坐在办公室，甚至在家时，都可以登录系统，随时召开多人会议、查询最新公用文档，解决了很多时间、空间上的问题，大大节省了时间及人力成本[1]。

（3）云之家（http://www.kdweibo.com）。云之家是金蝶集团下属公司，以组织、消息、社交为核心，开放接入第三方合作伙伴，向企业提供丰富的移动办公应用，连接企业现有业务（ERP），帮助中国企业快速实现移动化转型，约有200万家企业用户。据IDC数据称，金蝶云之家是我国起步最早、专业性最强、用户数量最多的移动办公平台[2]。金蝶云之家提供的主要服务有：VIP在线服务、企业认证、云之家导入、在线培训和ERP部署。在食品行业中，阿一波公司的门店遍布全国20多省份，其紫菜、酱菜、鸡精、海苔调料等食品销往全国，销售人员外勤业务量巨大却难以有效管理。在使用云之家后，阿一波结合CRM客户拜访、门店巡访、外勤签到等沟通，完美地解决了异地销售管理的问题，同时能促进沟通与协作功能，整合信息[3]。

（4）纷享逍客（https://www.fxiaoke.com）。原名“纷享销客”，以“移动办公，自在纷享”为理念。改名后，由移动销售管理工具升级为一站式移动办公平台，在企业微信、外勤签到、互动日志、审批、指令、分享、日程等免费基础通讯协同模块的基础上，开发了最贴近中国企业需求的移动CRM、小助手系列、项目管理等增值功能，通过建立开放平台，满足企业的多样化需求。其主要功能有：移动CRM、移动协作、纷享百川等。其中，移动CRM具备销售过程记录、客户资源沉淀、销售协作融合、业务智能管理等功能；移动协作具备专属工作日志、快捷移动审批、即时话题分享、一键手机考勤、便捷报数系统等功能；纷享百川含有非对称通知体系、百川网盘、百川企信等。纷享逍客约有40万家企业在使用，其产品服务价格如其官网登载所示：

---

❶ 今目标行业成功案例，内容详见：http://www.jingoal.com/case/chain.htm#navlist2

❷ 金蝶云之家介绍，云之家官网：http://www.kdweibo.com/home/?m=open&a=about

❸ 金蝶云之家成功案例，内容详见：http://www.kdweibo.com/home/?m=open&a=caseList

https://www.fxiaoke.com/price/index.html。

（5）tita（http://www.tita.com）。tita.com 是国内第一家企业级的工作计划管理平台，隶属于中国人才管理第一品牌北森人才管理旗下，于 2011 年初上线。tita.com 可以帮助企业在线管理工作计划，通过任务推进、项目管理、发布进展、总结报告等过程操作来帮助计划的完成，通过 PDCA 质量管理理论，实现企业员工统一工作计划和项目管理，整合北森独有的人才管理测评基因，通过人才鉴别技术判断员工的基本要素，再结合 tita 的工作要素，有效提升企业执行力水平。其主要功能模块有：计划管理、任务安排、工作动态流、项目协作、企业短信等，主要集中于计划、任务、项目、文件四个方面。其宣传特色在于：平台化服务、数据安全、平台稳定、低成本零风险、服务完善、值得信赖。其项目价格详见 tita 官方网站：http://help.tita.com/ProPrice/VersionPrice?phone=4006-503-180&distributorid=0&email=kefu%40tita.com。

由于国内移动办公系统分类众多且品牌繁多，本书在《中国移动办公软件选型报告》推选出的 10 款软件中对其中 5 款进行了选介，力求通过这常用的 5 款市场占有率较高的软件反映我国移动办公系统的大致状况，在移动办公平台发展迅猛的今天，市场上仍会有优秀的移动办公系统脱颖而出，不断涌入用户的视野，本书对其他移动办公平台不再做一一介绍。

第五节　中小企业在采纳与抵制行为中关注的重点

一、采纳问题

国际数据公司 IDC 在 2013 年发布的《中国企业级移动应用市场 2013—2017 年预测与分析》中对不同行业最终用户的采购行为进行了全方位的分析。

（1）政府用户：北方地区政府的主管领导趋于保守，由于国家相关部委对移动应用尚无明确政策，贸然建设系统存在一定安全风险，所以对移动应用持观望态度。相比之下，华南和华东地区的政府主管领导较为开放，广州和上海地区的部分政府单位已经做了很多尝试。从使用者的角度来看，基层公务人员以年轻人居多，对智能手机的操作很熟悉，也期望能够在工作中使用手机；30~40 岁左右的中层领导属中间阶层，对智能手机不排斥甚至也感兴趣；50 岁以上的主管领导对智能手机比较陌生，思路较为保守，不太愿意尝试移动应用。从政府移动应用的若干项目来看，主要是因为主管领导对移动应用比较重视，愿意创新尝试，并推动移动应用在本部门或地区落地实施。

（2）医疗行业：移动应用主要在部分三甲医院有试点项目，但上规模的项目较少。大部分医生和护士对移动应用持排斥态度，尤其是医生，因为移动应用改变了其日常的工作习惯，需要重新学习使用，所以项目实施初期会抵制，但应用一段时间之后，确实感觉到便利，能够接受移动应用。医院的 IT 主管对移动应用往往都比较关注，也愿意尝试；但主管领导，如科室主任或院长，考虑到安全和庞大的预算，大多持谨慎态度，少部分会买一些设备配发给部分科室试用，大部分医院院长对移动应用都持观望态度，短期之内不会建设。总体来讲，医疗行业对移动应用的态度还较为保守，只有医院管理层的重视，以及追求精细化管理，企业级移动应用才可以有效部署推广。

（3）金融行业：银行和保险行业用户对移动应用持欢迎态度，且已经开始部署建设面向行业的移动应用。由于金融行业竞争激烈，金融服务类机构已经把移动应用作为提高运营效率、提升客户服务水平的关键辅助手段，大部分企业均已建设或准备部署面向公众客户的自助服务客户端以及面向内部员工的移动展业、移动理赔服务。除国有五大银行因主管机构的安全政策约束之外，很多银行和保险用户均把移动应用作为自身 IT 战略的重要组成部分。

（4）快速消费品行业：快消品厂商很重视移动应用建设，在外资厂商和国内大的厂商的带动下，很多快消品厂商已经开始筹建市场营销数据采集系统，甚至区域经销商、批发商也开始使用智能手机采集产品的店面表现。快消品行业产品生命周期短、周转率高、可替代性强，市场竞争非常激烈，移动应用能帮助营销部门实时获取市场情况、及时调整营销策略，所以移动应用已成为快消品行业必不可少的营销服务手段，IT 和营销主管均对移动应用非常关注。

（5）电信行业：电信运营商作为解决方案提供商，积极推动移动应用在政企用户的落地，但其自身的移动应用建设还处于起步阶段，运营商对移动应用的认知还仅仅停留在手机邮箱和移动办公层面上，没有涉及太多业务应用。中国移动在移动应用建设上较为领先，中国电信和中国联通较为保守。

（6）制造行业：移动应用在制造业领域的案例不多，部分用户在市场营销环节进行了试点尝试，但并未大规模投入。典型的制造业厂商为汽车和制药，国内已有部分客户部署了销售自动化系统。制造业用户对移动应用的态度是感兴趣，但对行业内移动应用的情况了解不多，希望有厂商能提供成熟的解决方案。

（7）能源行业：电力和石化行业用户对于移动应用比较感兴趣，但大部分较为谨慎，以通用类解决方案为主，行业应用较少。能源行业用户对于移动应用的发展趋势和技术方向较为感兴趣，其 IT 规划中也包含了移动应用，尤其是移动应用平台战略，希望能够支撑整个公司在移动应用领域的建设应用。

（8）零售行业：用户对移动应用的认知有限且普遍对价格比较敏感，所以暂缓建设移动应用，需等待后续方案成熟，费用降低之后再考虑。部分用户会为高层领导建设移动办公服务，但与零售业务相关的项目很少。与线下销售不同的是，电子商务企业纷纷推出了面向消费者的 B2C 应用，为减缓客户流失，提供多种服务渠道。大部分电商都是采取跟随战术，跟随大厂商步伐，不盲目探索新领域❶。

同时，IDC 的《中国企业级移动应用市场 2013—2017 年预测与分析》还指出，行业用户主要采用三种方式建设移动应用项目。

（1）项目建设：用户出资采用项目方式建设移动应用，总体投入较大、建设周期较长。包括标准化产品实施的通用解决方案（移动办公、移动 ERP、移动 CRM 等）和根据客户的业务需求定制开发的移动应用。由于行业用户的需求复杂多样，必须通过定制开发方式才能满足用户的实际业务需求，这在行业类移动应用项目上是比较普遍的建设方式。

（2）SaaS 服务：针对一些成熟行业，需求较为固定和统一，有些厂商提供托管服务。用户不需自己单独建设移动系统，可快速部署实施，初期投入较少，建设周期短，能在短期内满足用户需求。缺点是功能不够灵活、数据安全性差。目前在快消品行业，有些软件厂商与电信运营商合作，面向部分预算有限的快消品厂商提供 SaaS 服务，按每月收取服务费用。

（3）BOT（Build－Operate－Transform）模式：主要集中在政府行业，

❶ IDC 研究：http://www.idc.com.cn/prodserv/detail.jsp?id=NTE2

政府用户委托厂商自行投资建设 IT 项目，并负责运营，经过一段时间后移交给政府客户。适用于初期没有资金预算、但可以通过政策上的支持来鼓励企业参与政府移动化项目建设的政府单位[1]。

根据 IDC 的研究预测与分析，最终用户在选择供应商时，会考虑如下因素。

（1）业务理解能力：即要求厂商对用户的业务有一定洞察力，具备行业积累；尤其是行业类移动应用往往与用户的业务紧密相关，厂商要熟悉用户的业务特点。

（2）成功案例：移动应用总体上还处于起步阶段，市场尚不成熟，用户希望厂商有成功实践的基础，降低项目风险。

（3）厂商实力：政府和大型企业用户要求与具备一定实力的厂商合作，主要考察厂商的解决方案水平、售后服务能力、开发团队的稳定性，是否能够与客户进行长期合作，配合用户在未来几年的移动应用的持续发展。

（4）价格：价格也是最终用户考量的重要因素之一，如果厂商报价与用户预算之间的差距较大，客户会选择延缓建设甚至取消项目。

（5）安全：移动应用需要通过无线通讯网络传输数据，客户非常关注数据传输、终端设备以及账号的安全性，尤其是政府和国有企业，涉及信息安全，如果没有完善的安全保障措施，移动应用项目无法立项建设。

（6）用户体验：移动应用主要运行在智能手机和平板电脑上，设备的屏幕尺寸、处理器性能以及操作方式与桌面应用差别较大，客户非常关注用户操作体验，如果移动应用不能提供便利的操作，那么最终用户会有抵触甚至放弃使用；移动应用早期阶段有很多不成功案例，糟糕的用户体验也是其中主要的一个原因，尤其是面向中高层的移动办公应用[2]。

中国软件网与海比研究联合推出的《2015 移动办公男神报告》结果显示，目前移动办公系统获取渠道主要为：公司统一安装、微信和专业网络媒体，如图 2–14 所示。而就用户采纳选型因素来说，排前三位的是：易用性、产品功能适合度和价格，如图 2–15 所示。就微型企业而言，移动办公软件选型考虑的因素主要为：易用性、产品功能适合度和价格，如图 2–16 所示。

---

❶ IDC 研究：http://www.idc.com.cn/prodserv/detail.jsp?id=NTE2

❷ IDC 研究：http://www.idc.com.cn/prodserv/detail.jsp?id=NTE2

就小型企业而言，移动办公软件选型考虑的因素主要为：易用性、产品功能适合度和价格，如图 2–17 所示。而就中型企业而言，移动办公软件选型考虑的因素主要为：易用性、产品功能适合度和数据安全，如图 2–18 所示。

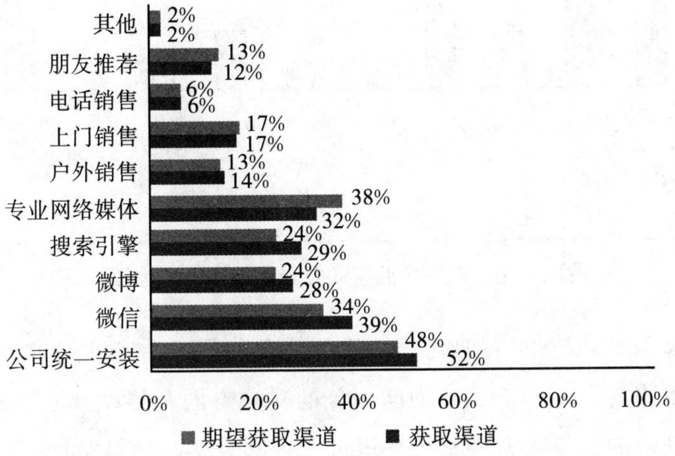

图 2–14　移动办公软件获取 / 期望获取渠道

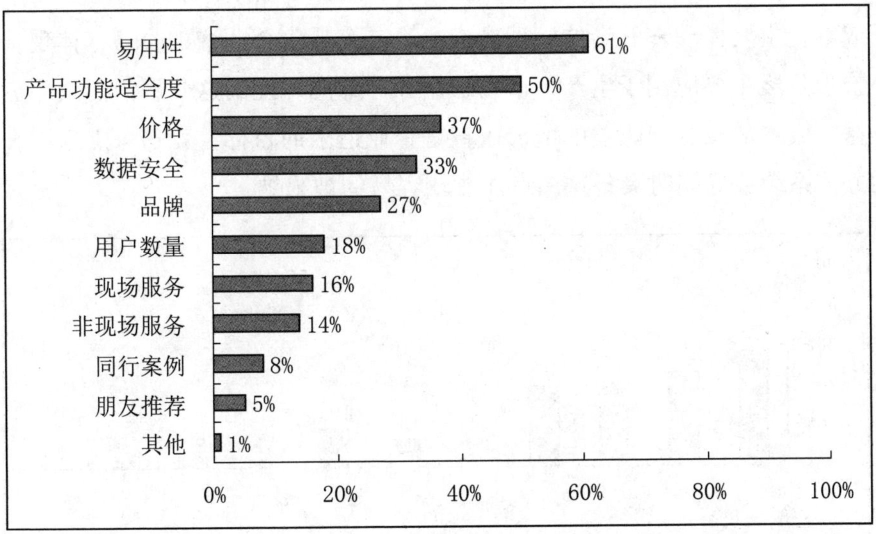

图 2–15　用户采纳选型考虑因素分布

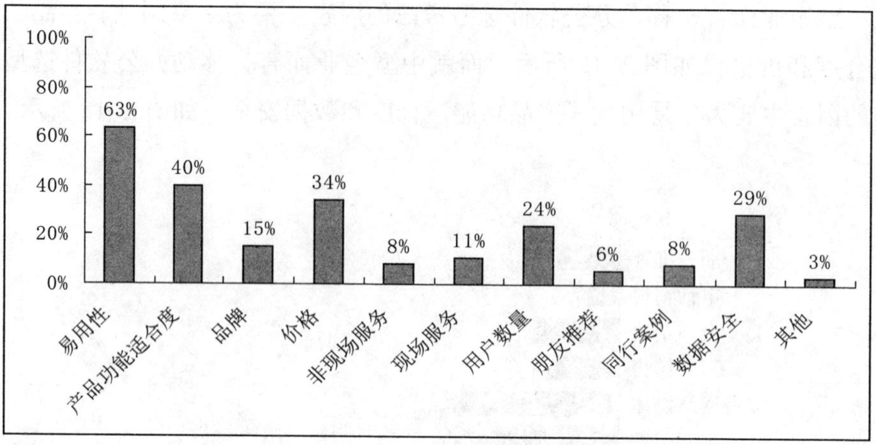

图 2-16 微型企业移动办公软件选型考虑因素

在对于移动办公的采纳问题，移动信息化研究中心在《2016 年中国移动办公全景报告》中指出，在面向服务的对象方面，移动办公首先是满足了领导移动办公的需要，方便了领导审批、查阅等实时信息掌控；其次体现在，对生产、业务部门的助推作用，提升生产效率、推动业务增长是移动办公价值的重要直观体现。所以，移动办公系统的采纳问题上，领导的支持与管理层的认可推动是至关重要的。从企业部署移动办公目的来看，第一个是节省了成本，主要体现在领导的管理成本；第二个是为企业增加收益，体现移动办公现阶段主要应用于生产、市场、业务等部门，提高这些部门的效率创造收益。成本的减少与收益的增加一直是企业追求的目标，就这一点来看，移动办公系统最好同时具备这两点才能较容易的被采纳。

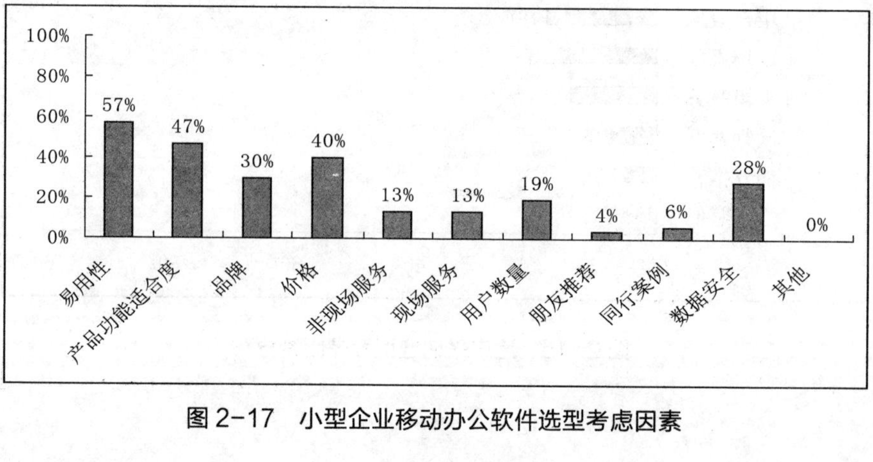

图 2-17 小型企业移动办公软件选型考虑因素

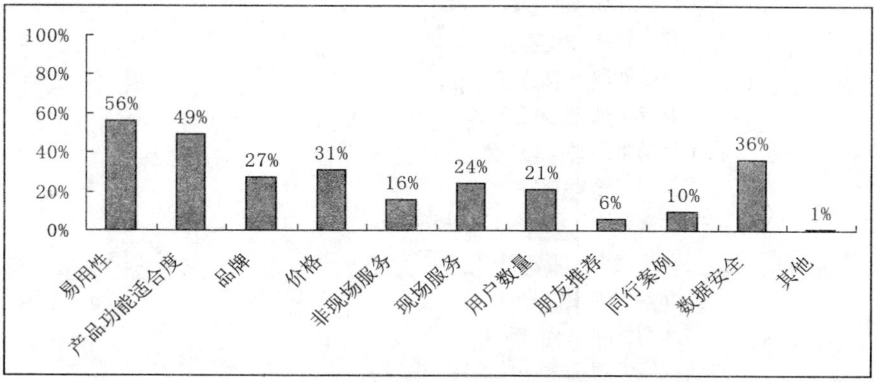

图 2-18 中型企业移动办公软件选型考虑因素

中国软件网与海比研究联合推出的《2015 移动办公男神报告》结果显示，在移动办公软件已用功能方面，排前三位的分别是：69% 的员工使用沟通协作功能，36% 的员工使用日程安排功能，33% 的员工使用客户沟通协作功能。在移动办公软件期望功能方面，排前三位的分别是：41% 的员工对同事沟通协作功能有期待，37% 的员工对实现免费通话有期待，27% 的员工对实现日程安排功能有期待，如图 2-19、图 2-10 所示。另外，60% 的员工期望统一工作 APP。

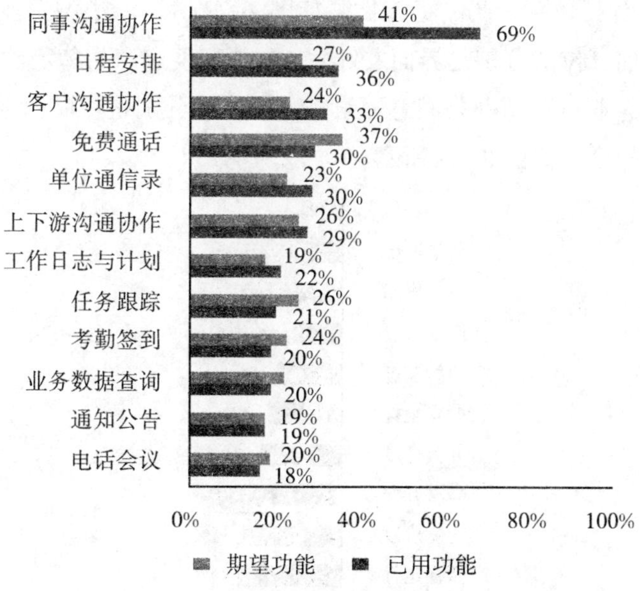

图 2-19 用户采纳中的期望功能与已用功能调查

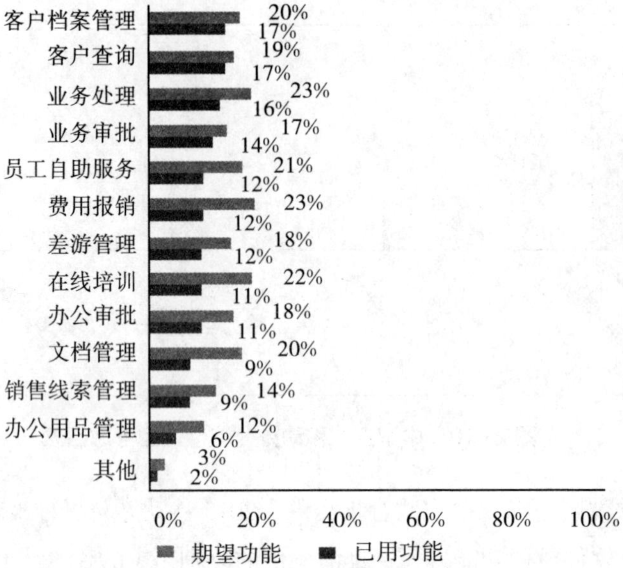

图 2-20 用户采纳中的期望功能与已用功能调查

中国软件网与海比研究联合推出的《2015 移动办公男神报告》结果显示，移动办公满意方面，排前三位的分别是产品稳定性、功能广度和界面友好性，如图 2-21 所示。其中，微型企业对移动办公满意因素排前三位的分别是功能广度、界面友好性和产品稳定性，如图 2-22 所示。小型企业对移动办公满意因素排前三位的分别是界面友好性、功能广度和产品稳定性，如图 2-23 所示。中型企业对移动办公满意因素排前三位的分别是产品稳定性、功能广度和服务支持度，如图 2-24 所示。

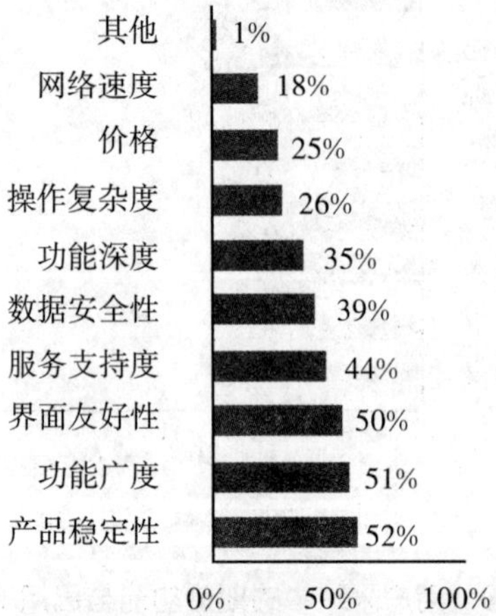

图 2-21 移动办公满意方面调查

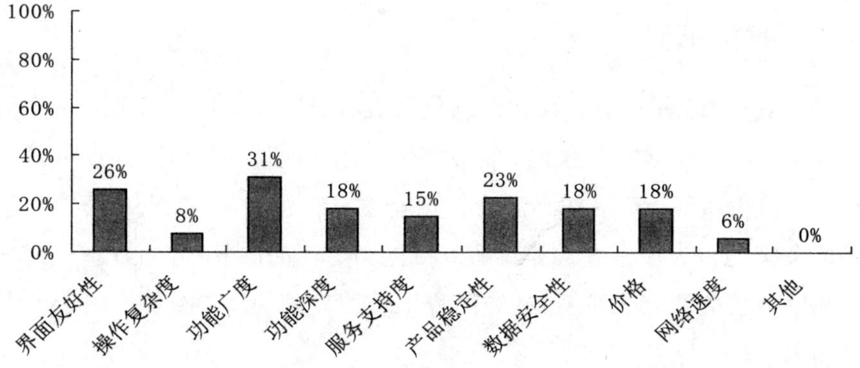

图 2-22　微型企业对移动办公满意因素调查

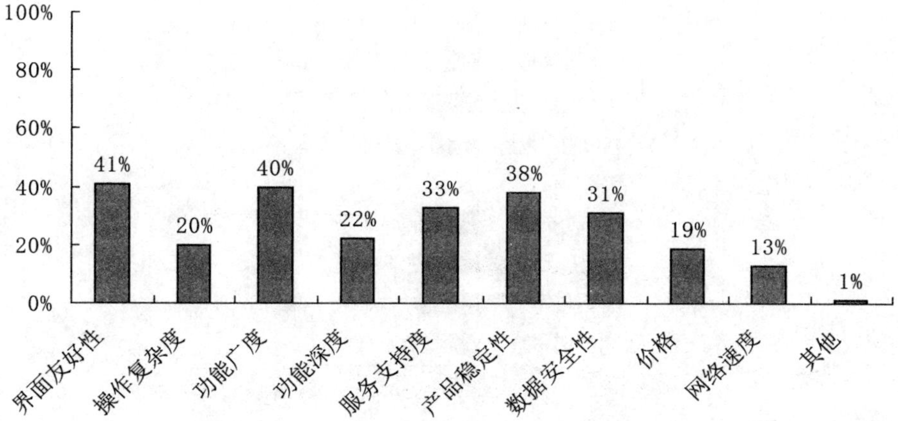

图 2-23　小型企业对移动办公满意因素调查

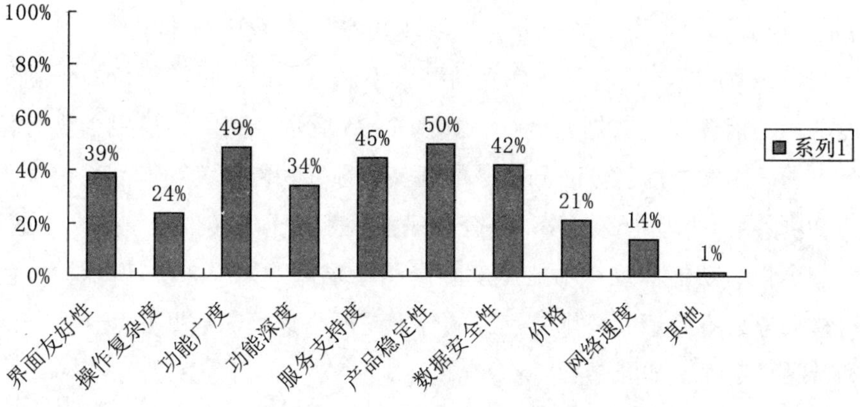

图 2-24　中型企业对移动办公满意因素调查

二、抵制问题

《2014—2015 年企业级移动信息化发展状况研究报告》指出，在移动办公系统安全产品关键能力方面，企业与个人用户应该注意以下几点考量：用户最关注身份认证类产品的灵活性和安全性等关键能力、数据加密类产品最重要的关键能力为加密方式和对防入侵能力、产品的易用性是用户对 MDM 类产品的首要关注点、在 MAM 产品方面，用户最关注于企业应用于个人应用的隔离。

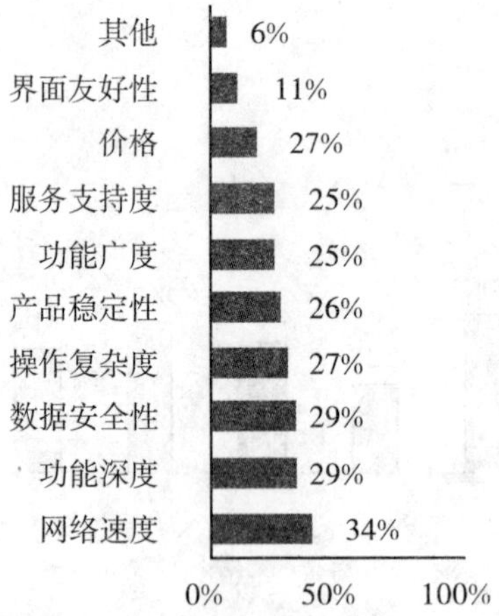

图 2-25 移动办公不满意方面调查

中国软件网与海比研究联合推出的《2015 移动办公男神报告》结果显示，“80 后”“90 后”员工对数据安全性要求更高，不满意率达 33%。另外，根据《2015 移动办公男神报告》，移动办公不满意方面，排前三位的分别是网络速度、功能深度、数据安全性，如图 2–25 所示。其中，微型企业对移动办公不满意因素排前三位的分别是数据安全性、功能广度和产品稳定性，如图 2–26 所示。小型企业对移动办公不满意因素排前三位的分别是网络速度、数据安全性、功能深度、功能广度和产品稳定性，如图 2–27 所示。中型企业对移动办公不满意因素排前三位的分别是网络速度、数据安全性、功能深度和产品稳定性，如图 2–28 所示。

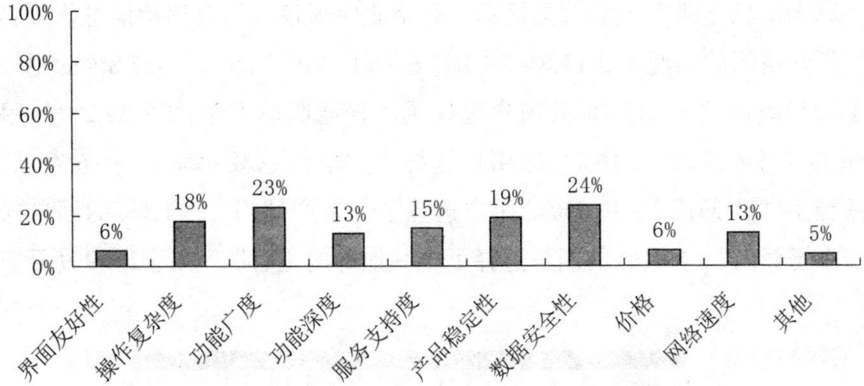

图 2-26　微型企业对移动办公不满意因素调查

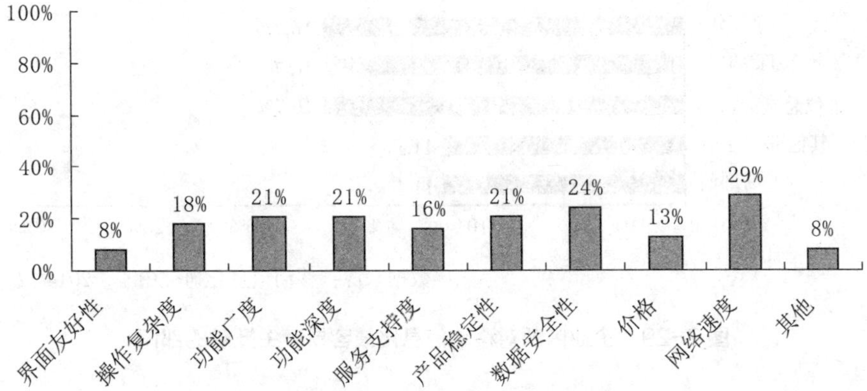

图 2-27　小型企业对移动办公不满意因素调查

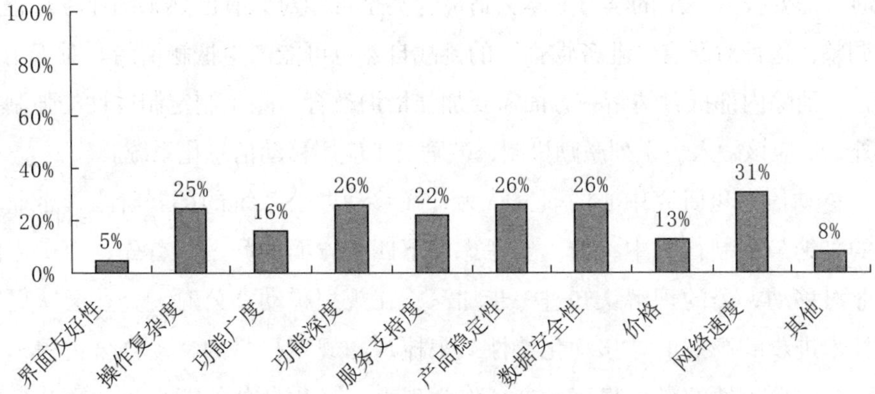

图 2-28　中型企业对移动办公不满意因素调查

移动信息化研究中心数据显示，在企业内部各部门对移动信息化最容易产生抵触情绪的问题上，27.8% 的用户选择了“销售部门”；27.8% 的用户选择了“行政部门”；27.8% 的用户选择了“普通职员 / 员工”；22.2% 的用户选择了“财务部门”；16.7% 的用户选择了“单位总裁 / 副总”；16.7% 的用户选择了“IT 部门”；16.7% 的用户选择了“生产部门”；11.1% 的用户选择了“市场部门”；11.1% 的用户选择了“其他部门主管”，如图 2–29 所示。

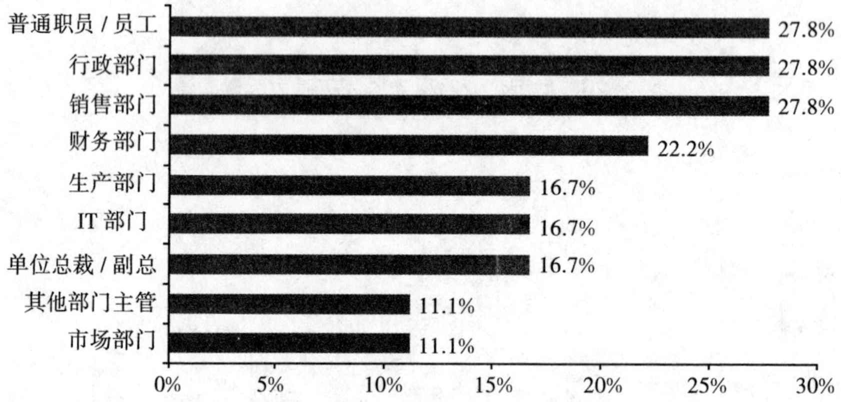

数据来源：移动信息化研究中心，2014/12

图 2–29 企业内部对移动信息化最容易产生抵触的部门

移动信息化研究中心认为，基层员工和业务部门对移动信息化产生抵触情绪的原因在于，这些部门大多具有固定的业务流程，在面对新的移动信息化系统时，需要投入一定的学习成本去适应，甚至可能对原有已熟悉的业务流程进行调整，这种对原有“业务惯性”的挑战自然也可能产生抵触情绪。对于用户而言，消除内部抵触情绪一方面需要加强培训教育，除了制定制度性的强制要求外，更应该融入一系列激励机制，鼓励员工应用移动信息化系统。

移动信息化研究中心的研究认为，在移动办公系统的部署阶段，企业用户的采纳与抵制行为中，着重要考虑以下四个方面的问题。首先，由于当前企业对移动办公的理解认知进一步加深，在规划移动办公时，企业会从更符合技术进步和高效的“移动化特性”来梳理和规划自身的移动办公进程；其次，企业更理性的考虑将移动办公作为现有信息化办公的能力延伸而非彻底颠覆，因此移动办公系统与传统信息化系统的有机融合、平滑对接问题开始成为企业规划移动办公时需要解决的重要环节；再次，企业意识到移动办公是一个更加贴近最终使用者的办公方式，使用者的个人使用习惯会影响移动办公的实施落地，因此包括员工接受能力、使用意愿、流动性等相关的用户体验逐渐成为企业在规划阶段考虑的重点。最后，在安全问题上，随着更加完善和可靠地移动安全解决方案不断出现，专业的第三方安全机构在一定程度上帮助企业在规划阶段缓解了安全顾虑。而在移动办公系统的实施阶段，企业用户的采纳与抵制行为中，存在以下几点忧虑。一是移动办公既要对现有业务系统改造的同时还要保障原有业务系统的稳定与连续性，成移动办公实施阶段的第一个问题；二是随着移动开发人才渐增，而统一的移动开发平台开放性逐渐提高，企业自主开发移动应用门槛降低，中大型企业开始倾向于自主开发移动办公应用；三是企业对部属的移动应用需求较高的兼容能力，既要保障移动数据和原有数据的联动性使数据价值尽可能被挖掘，又要使得移动办公与传统桌面办公成为有机整体，从而达到传统办公与移动办公的平滑过渡；四是目前移动办公系统在安全管控方面缺乏相关的安全标准作为参考，而安全管控建设的不足也实质性的阻碍了移动信息化的发展。

在对于移动办公的抵制问题，移动信息化研究中心在《2016 年中国移动办公全景报告》中指出，目前移动化需求并不突出的部门最易对移动信息化产生抵触情绪，包括“售后服务”“行政部门”“财务部门”等，如图 2–30 所示。

图 2–30　企业内部对移动信息化最容易产生抵触的部门

（数据来源：移动信息化研究中心，2015/07）

第六节 中小企业移动办公采纳与抵制行为初探

为了进一步了解中小企业对移动办公的采纳和抵制问题，在查阅整理社会研究中相关研究报告的基础上，笔者对此进行了初步访谈和问卷调研，以便对中小企业对移动办公的采纳和抵制问题进行初步研究，从而对进一步做定量研究奠定基础。

一、访谈及结论

（1）访谈目的

初步对中小企业信息化现状及移动信息化使用情况进行第一手资料的收集，总结中小企业对于移动办公采纳和抵制问题的关注点。

（2）访谈对象

限于访谈难以大规模进行，在样本的选取上，本次访谈选取了山东地区主要是济南地区的中小企业 30 家进行访谈，其中济南 21 家，临沂 6 家，青岛 3 家。访谈对象选自企业的中层及以上管理人员，优先选取负责企业信息化工作的管理人员。

（3）访谈方法

采取个别访谈法，访谈问题大多采取开放式提问，答案由被访谈者自由发挥，这样可以减少干扰及受访者被诱导的可能性。访谈时间不多于 60 分钟 / 人。访谈结果由访谈结束后整理。

（4）访谈的问题设计

① 您所在企业的管理信息系统都有哪些？

② 您所在企业的管理信息系统主要有哪些功能模块？

③ 您所在的企业有没有移动办公系统的应用？

④ 您所在的企业移动办公系统主要有哪些功能模块？

⑤ 您所在企业应用的移动办公系统的优点和值得改进的地方有哪些？

⑥ 相对来讲，哪些部门更容易接受移动办公系统？哪些部门更抵制移动办公系统？

⑦ 您认为其接受和抵制移动办公系统的原因主要是哪些?

（5）访谈结论

在访谈的30家企业中，有3家中型企业，27家小型企业，其中有2家小型企业没有企业管理信息系统，故在以下的统计中，将这2家排除出样本数。剩余的28家企业中，财务软件/企业管理信息系统的财务模块是其企业管理信息系统的主要应用，涵盖全部28家企业，占到了100%。3家中型企业全部安装了集成的ERP系统，但3家中型企业的ERP系统并未全部涉及企业的所有部门，而都是有侧重的应用其中的几个模块。小型企业中有2家安装了集成的ERP系统，占小型企业样本的8%，也是有侧重的应用其中的几个模块。3家中型企业中，有1家的销售部使用了纷享逍客的移动办公系统，占中型企业样本的33.34%，小型企业中有12家尝试使用过或正在使用移动办公系统，占小型企业样本的48%。小型企业使用移动办公系统中，主要使用的功能为日常办公功能如通知推送、考勤打卡、免费电话等。关于移动办公系统的优点，受访者提到最多的关键词（部分是笔者根据受访者所述提炼的关键词）是“免费使用”，其次是“方便快捷”和“随时随地”。关于移动办公值得改进的地方，受访者的回答则是五花八门，笔者根据受访者所述话语意思的提炼认为，受访者对移动办公系统的功能广度和产品适用度有较大期待。访谈中，笔者发现，往往学历较高的员工更容易接受移动办公，而学历较低的员工较容易抵制移动办公，就部门而言，行政部门和人力资源部门较为容易接受移动办公，而销售部门较为抵制移动办公。对于接受移动办公的原因，根据受访者回答的关键词及笔者对关键词的提炼，最多的关键词是“简单易用”“免费功能”“方便有用”。对于移动办公的抵制原因，根据受访者回答的关键词及笔者对关键词的提炼，最多的关键词是“不会使用”“使用麻烦”“数据安全”。

访谈中，笔者发现，受访的小型企业中大部分都缺乏良好的企业信息化发展规划，虽然有些经营管理者或企业中层已经充分意识到企业信息化的重要性，但面对小型企业员工对企业信息化的整体认知水平，推行企业信息化的过程中还是会遇到很大阻力。小型企业经营管理者大多对企业信息化的具体规划和实施并不专业，而小型企业员工普遍对于企业是否信息化和怎样信息化比较淡漠。基层员工关心的多是自己的工作岗位是否能被保留、自己的工作任务是否增加了难度、自己的工作内容是否变得复杂化等。中层学历较高的管理者留在小型企业除了对薪资待遇感到满意、感觉能够受到重用、离家近等因素外，还认为在小型企业中工作时间较为自由及工作制度并不严苛，如果企业的移动信息化有可能打破了这种自由并采取了规范化的企业流程，自然会被这些中层人员所抵制。总之，中小企业的信息化和移动信息化都与中小企业的管理生态有关，在二三线城市的中小企业，移动信息化发展缓慢带有一定的必然性。移动办公在中小企业的应用往往停留在一些免费使用的功能模块上，移动办公并未成为多数小型企业办公的一种必备方式，而只是一种辅助方式，多数带有一些尝鲜的意味。所以笔者推测，在一些移动办公系统开始收费或大幅提高收费后，很多小型企业将会出现弃用现象。

（6）本次访谈的局限

本次访谈积累了一些第一手的资料，使笔者对中小企业的移动办公有了更为深切的认识，但存在着一些局限。

一方面，样本的局限。由于访谈难以大规模的进行，本文在选取样本时只选择了山东地区的 30 家样本，这 30 家样本无法反应我国中小企业对移动办公的接受和抵制问题的全貌，只能是管中窥豹，可见一斑。在这 30 家企业中，中型企业的样本过少，无法反映中型企业移动信息化发展的情况，只能对中型企业的移动办公情况做一个初步了解。本次访谈的企业都是来自山东省且济南占据了大部分，中小企业的发展表征与当地的经济社会发展是联系在一起的，济南中小企业的移动办公发展情况与北京中小企业移动办公发展情况必然有差异，本次访谈样本的分布上也存在局限。在访谈的过程中，发现只有 12 家小型企业使用过或正在使用移动办公系统，目前我国市面上的移动办公系统众多，很难通过 12 家小型企业来了解不同品牌移动办公系统的市场占有率问题。故只能说，本次样本的选择只能达到本次访谈的目的，要想对中小企业移动办公情况做进一步了解，还要通过增大研究样本数量和样本合理分布来实现。

另一方面，受访者的局限。移动办公是近年来兴起的一种新型办公方式，本书上文也提到关于它的定义时指出至今还没有学者提出权威的定义。在访谈过程中，笔者注意到，大部分受访者对于“移动办公”“移动商务”“远程

OA”并没有很大的区分。在访谈过程中，访问者与受访者对相关概念理解的差异，必然会使访谈结果有一定误差。访谈过程中，笔者还发现，一些小型企业的管理者认为企业的成功不一定非要进行信息化，小型企业灵活可以充分发挥小企业实现弹性工作制度的优势，不一定非要学习大企业进行信息化。这就导致很多小型企业对于移动办公采用了实用态度，能提高效益则拿来用用且只用免费功能模块，一旦收费了就换其他免费移动办公软件或者直接弃用。这些对企业移动办公的看法往往停留在移动办公是否能提高效率的层面上，缺乏对移动办公系统的深入思考，故笔者在问及一些关于移动办公的问题时，受访者的回答五花八门且比较模糊，加之受访者拒绝对访谈内容进行录音，不便于访谈资料的整理。

二、问卷及结论

基于上述访谈的局限，为了进一步了解中小企业对于移动办公的采纳和抵制问题的原因，笔者根据研究报告、访谈的结果及前人的研究成果设计了研究问卷。由于移动办公的采纳和抵制问题是比较新的研究问题，缺乏前人的较成熟研究成果，本书对这两个研究问题采用因子分析的方法，试图初步得出中小企业对移动办公系统本身问题采纳和抵制的原因，本次问卷调研对于其他原因造成的采纳和抵制行为则不做研究。

（一）采纳问题

（1）问卷设计

第一部分：基本信息。

是否使用过移动办公系统：分为是、否两组。

被调查者所在企业类型：分为大型企业、中型企业、小型企业、微型企业4组。

被调查者年龄信息：分为“60后”“70后”“80后”“90后”4组。

被调查者学历情况：分为本科以上、本科、大专、高中以下4组。

第二部分：问卷信息。采用李克特五点法，如表2-2所示。

表2-2 中小企业在移动办公系统采纳中的关注重点调查问卷

项　　目	非常不同意	不同意	中立	同意	非常同意
A1. 我公司希望在有同类企业使用成功的情况下使用移动办公系统	1	2	3	4	5
A2. 同行的成功经验使我公司更容易选择使用移动办公系统	1	2	3	4	5
A3. 身边企业或员工的成功使用案例对我公司移动办公软件的选型很重要	1	2	3	4	5
A4. 在移动办公软件选型时，我公司很注重软件的品牌和生产厂商	1	2	3	4	5
A5. 我公司在移动办公系统选型时很注重它的功能	1	2	3	4	5
A6. 我公司很看重移动办公系统的功能是否能适合本企业	1	2	3	4	5
A7. 我公司会尽量选取功能符合本企业业务流程的移动办公软件	1	2	3	4	5
A8. 我认为我公司现使用的移动办公系统较容易上手	1	2	3	4	5
A9. 即使新入职的员工也能比较容易的使用我公司现用的移动办公系统	1	2	3	4	5
A10. 我感到我公司现用的移动办公系统操作很简洁	1	2	3	4	5
A11. 我公司现用的移动办公系统使用起来很简便	1	2	3	4	5
A12. 我能很容易地使用我公司的移动办公系统完成一些工作	1	2	3	4	5
A13. 我公司现用的办公软件比较容易被学会使用	1	2	3	4	5
A14. 我感觉我对学会使用我公司现用的办公软件没有大的压力	1	2	3	4	5
A15. 我的同事们通常都能使用我公司现用移动办公系统完成相应工作	1	2	3	4	5

（续表）

项　　目	非常不同意	不同意	中立	同意	非常同意
A16. 我认为我公司移动办公系统的价格比较合理	1	2	3	4	5
A17. 购买使用我公司现用的移动办公系统没有给我公司带来很大的财务压力	1	2	3	4	5
A18. 我对我公司现用移动办公系统的性价比感到满意	1	2	3	4	5
A19. 我公司在选取移动办公系统时非常看重它的价格	1	2	3	4	5
A20. 我希望移动办公系统的一些功能一直停留在目前的价格	1	2	3	4	5
A21. 系统办公系统的出品厂商对我公司移动办公软件的选型很重要	1	2	3	4	5
A22. 我公司认为较有实力的厂商推出的移动办公系统更可靠	1	2	3	4	5

（2）数据收集

问卷采用电子问卷形式进行发放，采取滚雪球抽样法（Snowball Sampling）的方式，回收 220 份有效问卷。在第一部分“是否使用过移动办公系统”中，回答“否”即停止答题，“被调查者所在企业类型”中，回答“大型企业”和“微型企业”，视为无效问卷被排查出来。另外，在回收的问卷中，如果出现连续 7 道题选择同一答案的，视为无效问卷。完成问卷用时短于 90 秒的问卷，亦视为无效问卷。回收的有效问卷样本描述性分析如表 2-3 所示。

表2-3　样本描述性分析

项目	样本分布	样本数	百分比	累计百分比
企业类型	中型企业	37	16.8%	16.8%
	小型企业	183	83.2%	100%

（续表）

项目	样本分布	样本数	百分比	累计百分比
年龄情况	“60 后”	22	10%	10%
	“70 后”	35	15.9%	25.9%
	“80 后”	97	44.1%	70.0%
	“90 后”	66	30%	100%
文化程度	本科以上	6	2.73%	2.73%
	本科	45	20.45%	23.18%
	大专	129	58.64%	81.82%
	高中及以下	40	18.18%	100%

利用 SPPSS19.0 进行分析，问卷的可靠性分析与巴来特球形检验如表 2-4、表 2-5 所示。α 系数 0.888，KMO 系数 0.841，说明问卷适合进行因子分析。

表2-4 信度分析

Reliability Statistics

Cronbach's Alpha	N of Items
0.888	22

表2-5 KMO系数与巴来特检验

KMO and Bartlett's Test

Kaiser-Meyer-Olkin Measure of Sampling Adequacy		0.841
Bartlett's Test of Sphericity	Approx. Chi-Square	2323.487
	df	231
	Sig.	0.000

解释的总方差如表 2-6 所示，共有 5 个因子的特征根大于 1，应提取 5 个因子，这 5 个因子可以解释原始变量 64.307%，碎石图如图 2-31 所示，

在第 6 个因子后开始变平稳。

表2-6 解释的总方差

Total Variance Explained

Compon-ent	Initial Eigenvalues			Extraction Sums of Squared Loadings			Rotation Sums of Squared Loadings		
	Total	% of Variance	Cumulative %	Total	% of Variance	Cumulative %	Total	% of Variance	Cumulative %
1	7.125	32.386	32.386	7.125	32.386	32.386	4.090	18.589	18.589
2	2.480	11.275	43.660	2.480	11.275	43.660	3.045	13.842	32.431
3	1.890	8.590	52.250	1.890	8.590	52.250	2.511	11.414	43.846
4	1.528	6.944	59.195	1.528	6.944	59.195	2.297	10.440	54.286
5	1.125	5.113	64.307	1.125	5.113	64.307	2.205	10.022	64.307
6	.891	4.048	68.356						
7	.873	3.967	72.323						
8	.690	3.136	75.459						
9	.670	3.046	78.505						
10	.615	2.798	81.302						
11	.554	2.518	83.820						
12	.499	2.268	86.089						
13	.449	2.040	88.128						
14	.426	1.936	90.065						
15	.382	1.739	91.803						
16	.330	1.501	93.305						
17	.320	1.456	94.760						
18	.284	1.293	96.053						
19	.260	1.183	97.237						
20	.233	1.057	98.294						
21	.202	.920	99.214						
22	.173	.786	100.000						

Extraction Method: Principal Component Analysis

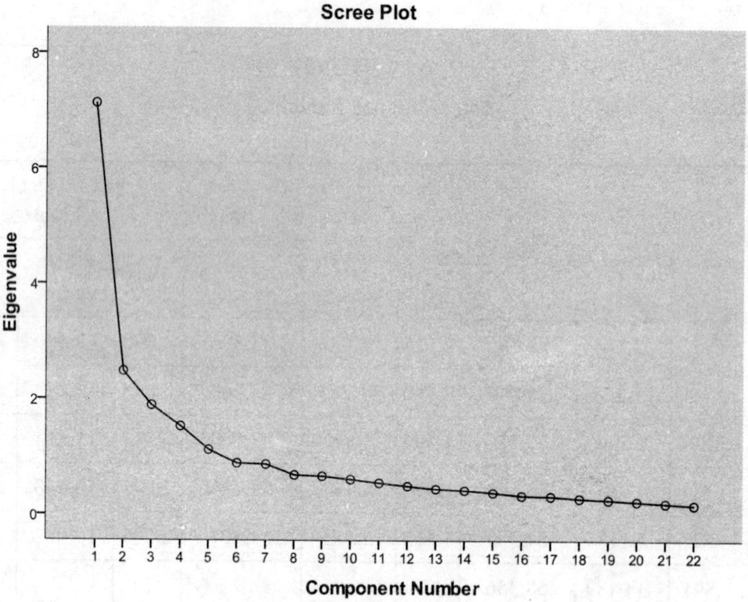

图 2-31 碎石图

根据旋转成分矩阵（如表 2-7 所示），将因子进行归类命名。

表2-7 旋转成分矩阵

Rotated Component Matrix[a]

	Component				
	1	2	3	4	5
A8	0.787	0.086	0.052	−0.072	0.131
A10	0.774	0.166	−0.051	0.028	0.168
A12	0.754	0.158	0.193	−0.008	0.090
A15	0.668	0.369	0.217	0.061	0.060
A11	0.605	0.111	0.428	−0.018	0.127
A13	0.603	0.156	0.311	−0.046	−0.138
A9	0.537	0.226	−0.251	0.050	0.062
A14	0.527	0.470	0.206	−0.030	0.170
A17	0.113	0.854	−0.041	0.088	0.058
A18	0.251	0.723	0.103	−0.148	0.077

（续表）

	Component				
	1	2	3	4	5
A16	0.229	0.662	0.419	0.065	0.043
A20	0.337	0.619	0.298	0.085	0.190
A19	0.394	0.574	0.426	0.027	0.063
A6	0.000	0.285	0.768	−0.026	0.182
A5	0.124	0.085	0.757	0.064	0.303
A7	0.243	0.145	0.548	0.196	0.210
A21	0.000	−0.010	−0.029	0.913	−0.007
A22	−0.092	0.009	0.143	0.852	−0.028
A4	0.054	0.037	0.030	0.793	0.153
A2	−0.035	0.076	0.165	0.018	0.816
A3	0.194	0.088	0.205	0.080	0.782
A1	0.194	0.105	0.148	0.033	0.747

a. Rotation converged in 6 iterations.

第一个因子在 A8、A9、A10、A11、A12、A13、A14、A15 上有较大载荷。将其命名为 F1 简便易用，如表 2-8 所示，Cronbach's Alpha=0.864。

表2-8　F1：简便易用

问题编号	具体内容
A8	我认为我公司现使用的移动办公系统较容易上手
A9	即使新入职的员工也能比较容易地使用我公司现用的移动办公系统
A10	我感到我公司现用的移动办公系统操作很简洁
A11	我公司现用的移动办公系统使用起来很简便
A12	我能很容易地使用我公司的移动办公系统完成一些工作
A13	我公司现用的办公软件比较容易被学会使用
A14	我感觉我对学会使用我公司现用的办公软件没有大的压力
A15	我的同事们通常都能使用我公司现用移动办公系统完成相应工作

第二个因子在A17、A18、A16、A20、A19上有较大载荷。将其命名为F2费用合理，如表2-9所示，Cronbach's Alpha=0.850。

表2-9 F2：费用合理

问题编号	具体内容
A16	我认为我公司移动办公系统的价格比较合理
A17	购买使用我公司现用的移动办公系统没有给我公司带来很大的财务压力
A18	我对我公司现用移动办公系统的性价比感到满意
A19	我公司在选取移动办公系统时非常看重它的价格
A20	我希望移动办公系统的一些功能一直停留在目前的价格

第三个因子在A6、A5、A7上有较大载荷。将其命名为F3功能适合，如表2-10所示，Cronbach's Alpha=0.736。

表2-10 F3：功能适合

问题编号	具体内容
A5	我公司在移动办公系统选型时很注重它的功能
A6	我公司很看重移动办公系统的功能是否能适合本企业
A7	我公司会尽量选取功能符合本企业业务流程的移动办公软件

第四个因子在A21、A22、A4上有较大载荷。将其命名为F4厂商实力，如表2-11所示，Cronbach's Alpha=0.820。

表2-11 F4：厂商实力

问题编号	具体内容
A4	在移动办公软件选型时，我公司很注重软件的品牌和生产厂商
A21	系统办公系统的出品厂商对我公司移动办公软件的选型很重要
A22	我公司认为较有实力的厂商推出的移动办公系统更可靠

第五个因子在 A2、A3、A1 上有较大载荷。将其命名为 F5 成功案例，如表 2-12 所示，Cronbach's Alpha=0.763。

表2-12　F5：成功案例

问题编号	具体内容
A1	我公司希望在有同类企业使用成功的情况下使用移动办公系统
A2	同行的成功经验使我公司更容易选择使用移动办公系统
A3	身边企业或员工的成功使用案例对我公司移动办公软件的选型很重要

综上所述，根据因子分析的定量研究，笔者认为，中小企业在移动办公系统选择中主要考虑系统本身的以下 5 方面：简便易用、费用合理、功能适合、厂商实力、成功案例。

（二）抵制问题

（1）问卷设计

第一部分：基本信息。

被调查者所在企业类型：分为大型企业、中型企业、小型企业、微型企业 4 组。

被调查者年龄信息：分为“60 后”“70 后”“80 后”“90 后”4 组。

被调查者学历情况：分为本科以上、本科、大专、高中以下 4 组。

第二部分：问卷信息。采用李克特五点法，如表 2-13 所示。

表2-13　中小企业抵制问题问卷设计

项　目	非常不同意	不同意	中立	同意	非常同意
B1. 我认为移动办公系统只有个别部分功能符合我公司的业务情况	1	2	3	4	5
B2. 我认为移动办公系统在功能的广度上有待进一步开发	1	2	3	4	5
B3. 因为移动办公系统的功能太少而被我或我公司拒绝使用	1	2	3	4	5

（续表）

项　　目	非常不同意	不同意	中立	同意	非常同意
B4. 我担心使用移动办公系统会泄露我的个人信息而不想使用	1	2	3	4	5
B5. 我公司担心移动办公系统会泄露公司的一些重要信息而不想使用	1	2	3	4	5
B6. 我认为移动办公系统会对公司的信息安全带来很大风险	1	2	3	4	5
B7. 我公司认为为了保证数据信息安全而不能使用移动办公软件	1	2	3	4	5
B8. 我认为我公司现使用的移动办公系统使原有的业务流程变得混乱	1	2	3	4	5
B9. 我认为我公司使用移动办公系统后业务处理变得更麻烦了	1	2	3	4	5
B10. 我认为移动办公系统使用前后我公司的业务不能很好对接	1	2	3	4	5
B11. 我公司现用的移动办公系统使用起来很简便	1	2	3	4	5
B12. 我认为我公司移动办公系统不能与原有信息系统很好的对接	1	2	3	4	5
B13. 我认为我公司使用的移动办公软件的业务处理没有以前的简便	1	2	3	4	5
B14. 我认为我公司使用移动办公系统后没有很好地保证原有业务的连贯性与持续性	1	2	3	4	5

（2）数据收集

同采纳问卷一样，抵制问卷亦采用电子问卷形式进行发放，采取滚雪球抽样法（snowball Sampling）的方式，回收 198 份有效问卷。在第一部分“被调查者所在企业类型”中，回答“大型企业”和“微型企业”，视为无效问卷被排查出来。另外，在回收的问卷中，如果出现连续 7 道题选择同一答案的，视为无效问卷。完成问卷用时短于 90 秒的问卷，亦视为无效问卷。回收的有效问卷样本描述性分析如表 2–14 所示。

表2-14　抵制问卷描述性分析

项目	样本分布	样本数	百分比	累计百分比
企业类型	中型企业	43	21.71%	21.71%
	小型企业	155	78.29%	100%
年龄情况	“60 后”	17	8.59%	8.59%
	“70 后”	41	20.71%	29.3%
	“80 后”	89	44.95%	74.25%
	“90 后”	51	25.75%	100%
文化程度	本科以上	5	2.53%	2.53%
	本科	38	19.2%	21.73%
	大专	102	51.52%	73.25%
	高中及以下	53	26.75%	100%

同样，利用 SPPSS19.0 进行分析，问卷的可靠性分析与巴来特球形检验如表 2-15、表 2-16 所示。α 系数 0.860，KMO 系数 0.830，说明问卷适合进行因子分析。

表2-15　信度分析
Reliability Statistics

Cronbach's Alpha	N of Items
0.860	14

表2-16　KMO系数与巴来特检验
KMO and Bartlett's Test

Kaiser-Meyer-Olkin Measure of Sampling Adequacy		0.830
Bartlett's Test of Sphericity	Approx. Chi-Square	1075.331
	df	91
	Sig.	0.000

解释的总方差如表 2-17 所示，共有 3 个因子的特征根大于 1，应提取 3 个因子，这 3 个因子可以解释原始变量 59.662%，解释力不是非常强，基本达到要求，说明笔者的问卷可以进一步设计。碎石图如图 2-32 所示，在第 3 个因子后开始变平稳。

表2-17 解释的总方差

Total Variance Explained

Component	Initial Eigenvalues			Extraction Sums of Squared Loadings			Rotation Sums of Squared Loadings		
	Total	% of Variance	Cumulative %	Total	% of Variance	Cumulative %	Total	% of Variance	Cumulative %
1	5.095	36.393	36.393	5.095	36.393	36.393	3.584	25.600	25.600
2	2.044	14.597	50.989	2.044	14.597	50.989	2.592	18.512	44.112
3	1.214	8.673	59.662	1.214	8.673	59.662	2.177	15.550	59.662
4	0.870	6.212	65.875						
5	0.765	5.468	71.342						
6	0.670	4.789	76.132						
7	0.616	4.401	80.533						
8	0.543	3.879	84.412						
9	0.496	3.541	87.953						
10	0.455	3.253	91.206						
11	0.363	2.591	93.797						
12	0.336	2.402	96.199						
13	0.294	2.099	98.298						
14	0.238	1.702	100.000						

Extraction Method: Principal Component Analysis.

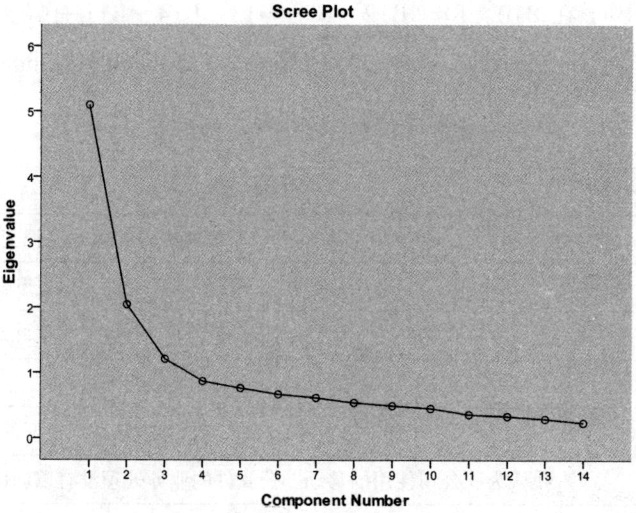

图 2-32　碎石图

同样的方法，根据旋转成分矩阵（如表 2-18 所示），将因子进行归类命名。

表2-18　旋转成分矩阵

Rotated Component Matrix[a]

	Component		
	1	2	3
B10	0.817	0.000	0.131
B8	0.806	0.077	0.081
B12	0.719	0.264	0.079
B9	0.648	−0.183	0.153
B13	0.639	0.302	−0.091
B14	0.579	0.383	0.190
B11	0.562	0.477	0.135
B6	0.033	0.829	0.113
B5	0.074	0.813	0.243
B7	0.429	0.533	0.210
B4	0.112	0.524	0.350
B2	−0.022	0.147	0.808
B3	0.190	0.205	0.796
B1	0.178	0.218	0.733

a. Rotation converged in 5 iterations.

第一个因子在B10、B8、B12、B9、B13、B14、B11有较大载荷。将其命名为F1与原有业务衔接，如表2-19所示，Cronbach's Alpha=0.755。

表2-19 F1：与原有业务衔接

问题编号	具体内容
B8	我认为我公司现使用的移动办公系统使原有的业务流程变得混乱
B9	我认为我公司使用移动办公系统后业务处理变得更麻烦了
B10	我认为移动办公系统使用前后我公司的业务不能很好对接
B11	我公司现用的移动办公系统使用起来很简便
B12	我认为我公司移动办公系统不能与原有信息系统很好的对接
B13	我认为我公司使用的移动办公软件的业务处理没有以前的简便
B14	我认为我公司使用移动办公系统后没有很好地保证原有业务的连贯性与持续性

第二个因子在B6、B5、B7、B4有较大载荷。将其命名为F2信息安全，如表2-20所示，巧合的是，Cronbach's Alpha也是0.755。

表2-20 F2：信息安全

问题编号	具体内容
B4	我担心使用移动办公系统会泄露我的个人信息而不想使用
B5	我公司担心移动办公系统会泄露公司的一些重要信息而不想使用
B6	我认为移动办公系统会对公司的信息安全带来很大风险
B7	我公司认为为了保证数据信息安全而不能使用移动办公软件

第三个因子在B2、B3、B1有较大载荷。将其命名为F3功能广度，如表2-21所示，Cronbach's Alpha=0.843。

表2-21 F3：功能广度

问题编号	具体内容
B1	我认为移动办公系统只有部分功能符合我公司的业务情况
B2	我认为移动办公系统在功能的广度上有待进一步开发
B3	因为移动办公系统的功能太少而被我或我公司拒绝使用

综上所述，根据因子分析的定量研究，笔者认为，中小企业在移动办公系统使用中出现抵制思想或抵制行为主要考虑系统本身的以下 3 方面：与原有业务衔接、信息安全和功能广度。

第七节 移动办公系统在中国的发展趋势

《2014—2015 年企业级移动信息化发展状况研究报告》认为，移动办公系统在中国的发展主要有以下四个趋势。

（1）移动信息化已逐步成为企业信息化建设的“标配”：未来企业在日常经营中将不可避免融入到全社会“移动化”浪潮之中，这也要求企业必须进行改变以适应外部移动化应用需求。而随着智能终端的普及和移动通信网络技术或将开创一个新的时代。未来企业级移动化应用将成为信息化标配之一，并体现出更为突出的应用价值。

（2）平台化成为企业级移动信息化的发展趋势：伴随着早期移动信息化应用的逐步成熟，越来越多的行业用户开始扩大移动信息化应用领域和应用范围，开始将公司整体业务融入到移动信息化体系之后，并进一步与 PC 时代的信息化应用深度整合；同时，移动信息化的快速发展也倒逼企业业务流程进一步优化，将原有业务流程“移动化”，各类业务之间的融合特性将更为显著。越来越多的移动信息化厂商开始推出平台化产品，基于移动信息化平台开发越来越多的针对性应用功能，部分移动信息化领先的企业甚至是开始构建移动信息化基础性支撑平台。

（3）移动信息化将进入精耕阶段，基于移动数据的挖掘价值将日益凸显：伴随着移动信息化的快速发展，企业内将逐步积淀越来越多的移动应用数据，而这些带有位置信息、并具有更多业务属性特点的数据将成为未来企业深化移动信息化应用的重要突破口。

（4）“行业性”属性在移动信息化产品中将更为突出：目前的产品多数还是围绕着企业边缘业务系统进行发展，针对企业核心业务系统实现移动化的需求一时还不能充分满足，企业希望未来能有更多融合行业特点并紧贴核心业务系统的移动应用方案推出。

根据国际数据公司IDC在2013年发布的《中国企业级移动应用市场2013—2017年预测与分析》的研究，2013年中国企业级移动应用解决方案的市场规模为US$930.7M，2017年的市场规模将达到US$4 146.5M，2013—2017年的复合增长率为45.3%。而2013—2015年是企业级移动应用的建设高峰期，经过三年的高速发展后，2016年市场将进入回调期，增速回落，到2017年将形成具备一定规模的市场。IDC中国企业级系统与软件研究部分析师王楠对中国社交化移动办公软件市场在未来两到三年内的预测为：2016年用户数量将继续保持高速增长，整个市场仍有很大发展空间。免费和收费产品将长期共存，中小企业以及创业团队需要免费的产品降低运营成本；大型企业和高端客户希望通过付费方式，来对所购买的产品和服务做出保障。另外BAT会加紧布局，腾讯的企业QQ、微信企业号早已抢占市场；阿里钉钉在2015也增长强劲；百度预计不久也将发布企业移动产品。对于其他厂商来说，BAT对企业市场的入侵，既可能带来市场竞争也可能拥有合作的机会。资本市场将继续关注社交化移动办公领域。随着市场的扩大，未来将有更多融资、上市活动发生。企业级移动应用未来的发展呈现四个趋势。

（1）行业应用广泛普及：移动应用发展的初期阶段，用户主要建设移动办公、手机邮箱等通用解决方案，在认识到移动应用的重要性和便利性之后；会加大在自身业务领域的投入，移动应用会深入整合到现有业务系统之中或产生很多新的移动应用，面向更多的用户人群，实现企业信息化的移动延展。

（2）企业应用商店：随着移动应用项目的增多，客户将面临软件发布的困扰。常规的应用商店审核周期长，影响了移动应用的及时部署，且许多移动应用涉及企业自身的业务，不便于公开；所以未来企业会寻求建立自有应用商店，供内部员工或合作伙伴使用。

（3）移动企业管理MEM：BYOD策略的推行以及移动用户人群的增多，企业会更重视移动安全方面的问题，加大对移动设备和移动应用的管理，移动设备和移动应用管理厂商将从中受益。目前国内外已经有很多厂商开始加大在这一领域的投入，通过自主研发或并购方式，增强MEM实力。

（4）HTML5将成为主流：未来几年基于手机客户端的原生应用还将占据主导地位，尤其在行业应用中，HTML5在解决了易用性和可靠性问题，同时得到更多移动 OS 和手机设备厂商的支持的前提下，将成为未来移动应用开发的主流技术。除了部分特种设备（如 PDA）和特殊业务场景需求（离线应用）之外，绝大多数移动应用将通过 HTML5 技术开发❶。

《2016 年中国移动办公全景报告》指出，移动办公未来发展趋势主要有以下六个方面。

一是企业移动信息化的实践强调以“移动”为纽带，以“沟通”为目的，强调“协同合作”的价值体现；二是基于移动信息化技术与应用的创新，移动办公逐渐帮助支撑传统企业实现互联网化转型；三是移动信息化已逐渐成为企业信息化建设的“标配”；四是平台化建设成为企业级移动信息化的发展的方向；五是“走向深水区、实现行业化”的趋势在移动信息化产品中将更为突出；六是企业用户将在企业互联网化中进行更多的投入。

英国投行 GP Bullhound 发布的 2016 年预测报告认为：企业办公形式正在向移动办公转变。预测到 2017 年年底企业移动化的需求增长超过供应的 5 倍，谷歌估计全球 80% 的劳动力（约 30 亿）进行物理或无电脑的日常工作。移动办公软件开发商面临的最大商机将是开发出相应的移动应用程序，帮助“没有办公桌的”员工提高工作效率，改善连接状态❷。

综上所述，近年来移动办公在我国发展迅猛，这与我国中小企业的具体情况是分不开的。首先，移动办公很多功能的免费使用迎合了资金实力薄弱的中小企业，使其能在中小企业中得到迅速的推广；其次，中小企业的日常业务流程大同小异，具有较强的模式化，使得移动办公系统的模块能较容易与之契合便于其采纳；再次，不同类型的移动办公软件进行了很好的市场细分，使得不同行业、不同类型的企业都有能与之对应的移动办公系统；最后，“互联网 +”在我国大力提倡，移动互联网思维开始逐渐被中小企业所理解，移动应用的开发逐渐走向成熟化，这些都为移动办公的发展奠定了坚实的基础。诚然，任何新事物在走向历史舞台的时候都不是完美的，都会有一个日臻成熟完善的过程，移动办公也是一样。在中小企业移动办公的采纳问题中，限于中小企业自身的一些特征如企业人员互联网思维滞后、资金实力有限往

❶ IDC 研究：http://www.idc.com.cn/prodserv/detail.jsp?id=NTE2

❷ 知识库：http://www.useit.com.cn/thread-11440-1-1.html

往停留在免费试用版本 / 功能、经营管理者本身缺乏移动信息化思维对移动信息化重视不够等，移动办公在中小企业的推广中还存在着一些问题，这些问题诸如移动办公的免费模块不再免费而是变为有偿服务后部分中小企业开始出现卸载弃用、中小企业的员工由于自身的惰性不愿尝试改变而产生的抵制行为等。但这些并不影响移动办公在中小企业发展的未来中大行其道。移动办公系统以其便捷、高效、灵活的特征必然进一步改变我国中小企业的办公生态，同时移动办公平台之间必然存在着激烈的竞争。那些资金链充沛、研发能力强、市场细分科学的移动办公平台将会在市场竞争中生存下来并通过市场兼并而发展壮大，同时，移动办公的应用在我国中小企业中将会呈现常态化。

第三章　文献综述

第一节　移动办公系统用户行为研究理论

一、移动办公系统使用行为

IS（Information System）即信息系统，狭义的信息系统指的是用于组织管理工作中各个环节的计算机软件，广义的信息系统是指利用计算机硬件、软件，网络通讯设备和技术，进行信息的收集、传递、存贮、加工、维护和使用的系统。包含简单的信息系统或信息技术，比如，即时通信软件(如微信，QQ)，常用办公软件（如微软的 office 系列软件，金山的 WPS 系列软件）等，本书的研究所指的信息系统涉及组织管理、生产、研发设计等领域的大型的信息系统或信息技术，比如 OA、MRP、MRPII、ERP、CRM、EDI、CAD、MES、CIMS 等。这些信息系统或信息技术的使用，需要用户具备相应的知识技术基础，并花费时间精力进行系统的操作学习，会给用户带来工作以外的学习压力，同时，从组织层面上来说，会涉及组织业务流程再造，组织结构的调整，组织人员的岗位更换，即复杂信息系统或信息技术具有技术复杂性和实施过程复杂性。移动办公系统属于企业办公自动化系统在移动互联网时代的演进版本，因此，属于信息系统研究范畴。

使用（Usage）指的是“应用某物的行动、状态或方法”（来自《韦氏大辞典》），信息系统使用指的是用户应用信息系统的行为、状态或方法。Davis（1989）[1]将使用行为定义为个人用户利用一项特定信息技术的行为。在信息系统领域用户行为研究中，学者们都遵循“态度影响行为意向，行为意向影响使用行为”的研究逻辑，因此信息系统使用行为是行为决策的结果。本书

---

[1] Davis F D. Perceived usefulness, perceived ease of use, and user acceptance of information technology[J]. MIS quarterly, 1989: 319-340.

的研究中，将使用行为定义为：用户接受信息技术/信息系统之后的行为状态，既包括接受后的初步使用，也包括持续使用。

在信息系统领域研究信息系统用户行为的成熟理论中，关于用户使用的IT/IS出现多种的表述形式，如技术接受模型、技术接受和使用的统一理论中将信息系统称为技术（Technology），在期望确认模型中，将IT/IS称为IS(Information System)，在抵制行为理论研究中，将IT/IS称为IS(Kim & Kankanhalli,2009）[1]或IT（Lapointe & Rivard ,2005）[2]，虽然上述理论中探讨的都IT/IS范畴下的内容，但是出于对表述的简洁性方面的考虑，都未使用“IT/IS”的称呼。本书的研究IT/IS中的具体一类系统——移动办公系统，因此，本书的研究采用“移动办公系统使用行为”这一较为简洁的名称来代指研究对象，研究的理论基础均来源于信息系统行为研究领域的成熟理论。

二、信息系统抵制理论

（一）信息系统抵制行为的概念

早期研究信息系统实施的学者已经认识到抵制是一个关键变量[3]。在对于20个信息系统期刊或与信息系统相关的期刊的回顾中提到，在过去的25年中有45篇文章提到抵制是系统实施中的重要问题[4]。关于信息系统抵制行为的定义，一些学者给出了不同的阐述，如表3-1所示。

---

[1] Kim H W, Kankanhalli A. Investigating user resistance to information systems implementation: A status quo bias perspective[J]. Mis Quarterly, 2009, 33(3): 567-582.

[2] Lapointe L, Rivard S. A multilevel model of resistance to information technology implementation[J]. Mis Quarterly, 2005: 461-491.

[3] Keen PG. Information systems and organizational change[J]. Communications of the ACM. 1981,24(1):24-33.

[4] Lapointe L, Rivard S. A multilevel model of resistance to information technology implementation[J]. Mis Quarterly. 2005:461-91.

表3-1　信息系统抵制行为定义

信息系统抵制行为定义的不同角度	作者	信息系统抵制行为的定义
表现形式角度	Markus（1983）	试图阻止系统实施或系统使用，或试图阻止系统设计者达到其设计目标的行为
	Martinko et al.（1996）	用户对信息系统实施的抵制有很多种行为表现形式，常见的一种是用户坚持在使用新系统的同时使用低效的旧系统
	Enns et al.（2003）	当目标（指员工）企图避免去执行其被要求的行为时，抵制就会以争辩、拖延等行为表现出来
成因角度	Keen（1981）	抵制是系统均衡性的信号，均衡性是指（个体）认为改变的成本高于相应的收益
	Desanctis & Courtney（1983）	当人们经历了工作内容的改变或与他人相比下的权力的改变时，对 MIS 的抵制就会发生
	Joshi（1991）	当个体经历了不公或失去公平感时，就会抵制系统，具体表现为试图最小化自己的投入和他人的收益，同时试图增加他人的投入
	Ang & Pavri（1994）	对改变的抵制是在人们预期到消极结果时的一般性的心理反应
	Marakas & Hornik（1996）	抵制行为是当技术侵入了用户原有的稳定世界时，用户因恐惧和压力而产生的顽抗而隐蔽的行为
	Lee & Clark（1996—1997）	抵制无非就是惰性，但同时也来自于对新的、未被证明的系统的正常的怀疑

关于信息系统抵制行为的定义，主要有两个角度：从行为表现形式角度看，用户阻止信息系统项目实施或拒绝使用系统的显性的或隐形的行为称为信息系统抵制行为；从行为成因角度看，信息系统抵制行为是指用户面对新系统应用带来的改变（如工作内容、权力、决策方式、收益等的改变），产生怀疑、害怕、失去、威胁等心理反应，进而产生的消极行为。

（二）信息系统抵制行为的构成要素

Lapointe & Rivard 在 2005 年发表于 MIS Quarterly 的文章中，通过语义分析方法，对信息系统抵制的研究成果中关于信息系统抵制行为的定义进行分析，识别出五个抵制行为的基本构成要素：抵制行为（Resistance behavior），主体（Subject），客体（Object），感知威胁（Perceived threats）和初始条件（Initial condition）。

行为是抵制的首要维度，抵制行为的表现形式是信息系统抵制行为研究的核心元素，有些文献中也将其称为反应（reaction）（Ang and Pavri 1994）[1]。学者们逐渐将其定义为用户表现出对新信息系统项目实施的不满的一系列行为表现。研究文献中对信息系统抵制行为表现形式的描述众多，范围广泛，从冷漠（Keen 1981）[2]，到阻碍，到破坏行为（Ferneley and Sobreperez 2006）[3]，包括拒绝（Kim and Kankanhalli 2009[4]）和坚持原有的行为（Dos Santos and Sussman 2000[5]; Kim and Kankanhalli 2009[6]），以及多种形式的整合（Lapointe and Rivard 2005）。一些抵制行为比较温和或比较不明显，一些抵制行为比较明显但不具有破坏性，也有一些行为试图破坏新系统的正常运行。

抵制的主体指的是实施抵制行为的个体或群体。对抵制主体的研究，从心理学视角，抵制主体是个体，从政治视角，抵制主体是群体或组织。如Joshi（1991）；Marakas and Hornik（1996）；Martinko et al.（1996）等人研究的是以个体为主体的抵制行为，Lapointe and Rivard（2006）；Markus（1983）研究的是以群体为主体的抵制行为，Ang and Pavri（1994）[7]则是以组织为主

❶ Ang J, Pavri F. A survey and critique of the impacts of information technology[J]. International Journal of Information Management. 1994,14(2).

❷ Keen PG. Information systems and organizational change[J]. Communications of the ACM. 1981,24(1).

❸ Ferneley EH, Sobreperez P. Resist, comply or workaround? An examination of different facets of user engagement with information systems[J]. European Journal of Information Systems. 2006,15(4).

❹ Kim H-W, Kankanhalli A. Investigating user resistance to information systems implementation: A status quo bias perspective[J]. Mis Quarterly. 2009,33(3).

❺ Dos Santos B, Sussman L. Improving the return on it investment: the productivity paradox[J]. International journal of information management. 2000,20(6).

❻ Kim H-W, Kankanhalli A. Investigating user resistance to information systems implementation: A status quo bias perspective[J]. Mis Quarterly. 2009,33(3).

❼ Ang J, Pavri F. A survey and critique of the impacts of information technology[J]. International Journal of Information Management, 1994, 14(2): 122-133.

体来研究抵制行为。

抵制的客体是指抵制行为的目标。在特定系统的案例研究中，有些用户抵制的是系统本身以及系统的特性（Wagner and Newell 2007）[1]；有些用户抵制的系统给用户带来的显著的变化，比如权力的损失（Markus 1983），社会地位的损失（Lapointe and Rivard 2005）；而在系统实施的过程中，当系统被政治化以后，变成了用户和实施者之间的权力斗争的棋子，这时实施者本身也可能会成为用户抵制的对象。

感知威胁和用户在系统实施中感知到的消极评价有关。在研究各个领域中，当抵制发生时，都会使当事人或多或少的感知到威胁。Dent and Goldberg（1999）[2]提出，人们不是抵制改变，而是抵制改变将要带来的威胁。一些文献中用“巨大的情感痛苦”（Freud ,1919）[3]或者“对危险境遇的察觉”（Marakas and Hornik 1996）来形容感知威胁。雇员抵制改变是因为他们认为改变可能将会导致他们岗位的丢失、利益的损失或者权力的损失（Dent and Goldberg 1999）[4]。从感知威胁涉及的不同层面上来看，感觉到不公，是个人层面产生抵制的主要原因，而当团队感知到整个团队（部门）的权力有丧失的危险时，就会形成团队层面的抵制。

初始条件指的是与抵制的客体相关的，以及影响用户对情景评价的诸多环境特征。举例来说，Martinko et al.（1996）[5]根据归因理论提出，新的信息系统应用环境的变化以及用户之前的信息系统使用经验，都会最终影响用户

---

❶ Wagner E L, Newell S. Repairing ERP Producing Social Order to Create a Working Information System[J]. The Journal of Applied Behavioral Science, 2006, 42(1): 40-57.

❷ Dent E B, Goldberg S G. Challenging “resistance to change” [J]. The Journal of Applied Behavioral Science, 1999, 35(1): 25-41.

❸ Freud S. Turnings in the ways of psychoanalytic therapy[J]. Collected papers, 1919, 2: 392-402.

❹ Dent EB, Goldberg SG. Challenging “resistance to change” [J]. The Journal of Applied Behavioral Science. 1999,35(1):25-41.

❺ Martinko MJ, Zmud RW, Henry JW. An attributional explanation of individual resistance to the introduction of information technologies in the workplace[J]. Behaviour & Information Technology. 1996,15(5).

做出接受或抵制系统的决定。Hirschheim & Newman（1988）[1]认为信息系统实施中的政治特征和社会特征，以及用户天生的保守、组织的低效、用户的个人特征等因素，都是影响抵制行为的重要原因。

（三）信息系统抵制行为分类

Davidson & Walley 描述了 5 种与计算机的引入相关的抵制行为[2]，Tetlock 给出 6 种对系统实施的抵制行为，但都是对行为表现形式的描述，没有形成较为明确的分类。

Coetsee（1999）[3]对抵制行为分为了四个层次：冷漠（apathy），消极抵制（passive resistance），积极性抵制（active resistance）和侵略性的抵抗（aggressive resistance）。冷漠表现为不采取行动，距离感强和缺乏兴趣。消极抵抗是相当温和的抵制行为的表现，它们包括拖延战术，找借口，坚持先前行为和退出。积极性抵制虽然比较明显，但不具有破坏性，以明确地表达截然相反的观点为代表，同时还有要求别人干预或形成联盟。积极的抵抗行为，如内讧、制造威胁、罢工、联合抵制、试图破坏或直接造成破坏。

Lauer & Rajagopalan 在前人研究基础上，从行为表现形式角度将抵制行为分为两类：积极抵制和消极抵制[4]。积极抵制表现为表达个人的对系统担心和反对意见，或因不愿适应新系统而离开组织；消极抵制表现为勉强接受系统，采用权变的方法应对系统，个体相互暗地配合，故意导致系统出现故障。

较为全面的分类是由 Shang 提出的。他在 Lauer & Rajagopalan 的分类基础上，又加入了“行为结果是否具有破坏性”这一标准的考虑，将抵制行为分为两类：非破坏性抵制和破坏性抵制[5]。非破坏性抵制旨在消除用户与系统的关系，表现为申请调离现岗位或辞职，增加旷工或工作拖沓，和同事交

---

❶ Hirschheim R, Newman M. Information systems and user resistance: theory and practice[J]. The Computer Journal, 1988, 31(5): 398-408.

❷ Davidson RS, Walley PB. Computer fear and addiction: Analysis, prevention and possible modification[J]. Journal of Organizational Behavior Management. 1985,6(3-4):37-52.

❸ Coetsee L. From resistance to commitment[J]. Public Administration Quarterly, 1999: 204-222.

❹ Lauer T, Rajagopalan B. Examining the relationship between acceptance and resistance in system implementation[J]. 2002.

❺ Shang S, Su T. Managing user resistance in enterprise systems implementation[J]. 2004.

流消极的感受等，不会对系统造成实质性的破坏。而破坏性抵制则是直接阻止或破坏系统的实施或应用过程的行为，从表现的形式上又再细分为积极破坏性抵制和消极破坏性抵制。其中，前者是指直接破坏新系统的处理流程，如蓄意破坏工作流程、故意制作因粗心导致的错误；后者则通过被动消极的破坏，阻止组织新系统的实施进程，常见形式有：拒绝与其他雇员合作，忽视工作任务，在提高和工作相关的知识和技能上浪费时间并不付出有效的努力，接受质量低劣的绩效，不配合顾问的工作等。

现有文献中，关于信息系统抵制行为的分类，都从个人行为角度进行的分类。但是，信息系统项目是在组织环境下进行的，群体是组织的基层单位，群体行为对组织行为有着重大影响，因此，对用户信息系统抵制行为的研究应当包含个体行为和群体行为两个层面。虽然，Lapointe 和 Rivard 的研究中提及群体抵制行为，但主要是运用多层次分析法解释抵制现象中个体行为自下而上导致群体行为的多级本质，重在说明群体抵制行为的形成过程，并未对群体信息系统抵制行为的表现形式进行阐述。

用户对信息系统的抵制已成为阻碍系统成功实施的重要原因，所以关于用户抵制系统实施的原因方面的研究早已引起的学者们的关注。1954 年，Lawrence[1]在哈弗商业评论中提出"人们抵制的不是技术变化，而是伴随技术变化而产生的人与人之间关系的变化——社会变化"。他认为同时考虑技术和社会两方面因素是有效的面对组织变革的方法，高层管理者应将注意力从技术细节、任务分配等方面转向导致抵制行为的原因上。早期研究信息系统实施的学者认识到抵制是一个关键变量[2]。Kossek 等[3]认为抵制行为是一个需要清除的障

---

[1] Lawrence PR. How to deal with resistance to change: Harvard Business Review Case Services; 1968.

[2] Keen PG. Information systems and organizational change[J]. Communications of the ACM. 1981,24(1):24-33.

[3] Kossek EE, Young W, Gash DC, Nichol V. Waiting for innovation in the human resources department: Godot implements a human resource information system[J]. Human Resource Management. 1994,33(1).

碍，Marakas & Hornik 等人❶认为这是用户用以表达他们对系统将来可能出现缺陷的不满的方式。此后，学者们逐渐开始从案例中系统研究信息系统抵制的原因，也开始广泛应用心理学、行为科学等学科的理论解释信息系统抵制产生的内在原因和行为机理。下面将六个典型的信息系统抵制行为理论做一下梳理。

（四）三因素理论

在 IT 抵制行为原因研究领域，被普遍接受的观点是 Markus 提出的抵制三因素理论，即用户决定（People Determined）论，系统决定（System Determined）论，交互作用论（Interaction Theory）❷。用户决定论是指用户由于其性格、认知、经验、偏见等因素，主观上反对所有的信息系统，原因与某信息系统自身特性无关，而是由于用户主观上抵制任何可能带来组织变化的所有信息技术和信息系统。系统决定论是指用户对 IT 的抵制是由于系统设计本身的缺陷造成的（如系统操作性不强，用户界面不够友好等），这一方面的研究成果多鉴于人机交互（Human-Computer Interaction, HCI）领域。交互作用论认为：由于用户和信息系统的相互作用的结果，是导致用户抵制行为的根本原因，比如，工作的重新分配和权力的转移等。该理论的主导思想在于，影响组织中各种角色的员工抵制信息系统的根本原因，是由于信息系统的实施所带来的组织中的权力和责任的变化，使部门或个人的利益受到了威胁❸。所以，如果信息系统能为个人或部门带来利益的增加，即便是质量和性能存在缺陷，用户也不会抵制，反之，即使是技术和设计理念一流的信息系统，也会受到丧失利益的个人或部门的抵制。

（五）公平一实施模型

公平理论（或称社会比较理论）是激励理论中的典型代表，由美国行为科学家约翰·斯塔希·亚当斯提出，主要研究人的动机与知觉的关系，更具体的讲，研究组织中的员工对于报酬分配的公平性的感知对职工工作积极性的影响。该理论认为在组织中，人的工作积极性不仅仅与其个人的实际收

❶ Marakas GM, Hornik S. Passive resistance misuse: overt support and covert recalcitrance in IS implementation[J]. European Journal of Information Systems. 1996,5(3):.

❷ Markus M L. Power, Politics, and MIS Implementation[J]. Communications of the ACM, 1983,26(6): 430-444.

❸ 闵庆飞，仲秋雁，陆牡丹.ERP 实施中的抵制行为研究 [J]. 科技管理研究，2004(1):57-60.

入相关，同时个人会主观上将自身的劳动投入与实际所得报酬与他人进行比较，得到对公平与否的主观判断，如果感知到公平，个人的工作积极性将得到激发，反之，积极性将受到负面影响。

公平－实施模型为我们提供了一个理解信息系统用户抵制改变的理论分析。他解释了用户评价组织中的信息系统或新技术的实施的不同阶段。Joshi（1991）[1]使用社会科学中广泛应用的公平理论提出了公平应用模型 EIM（Equity-Implementation Model）（如表 3-2 所示）。公平理论认为任何一个交换关系中，个体常常关注自身的投入、收益以及交易的公平性，同时也常常与群体中的其他人比较相对收益是否相同。Joshi 从三个层次上分析个人衡量信息系统实施后自身利益变化的方法。第一层次：在信息系统实施后的投入和收益的变化比，即：信息系统实施前后个人的收益的变化减去实施过程中的个人投入的变化，结果是否为正。第二层次：个人收益的相对变化与上级管理者收益的相对变化对比结果是否公平。第三层次：个人的收益相对变化与组织内的其他个体收益的相对变化对比结果是否公平。其中，收益的相对变化是指收益的绝对变化值与预期应得收益的比值。如果用户通过对比，产生了不公平的心理，就会对信息系统实施带来的变化感到不满，进而表现出抵制行为。

表3-2 公平-实施模型

分析的层次	关注点	准 则	操作定义
1	自己	自己公平状态的改变	公平状态的净改变 = 产出的改变量 - 投入的改变量
2	自己和雇主	在自己和雇主之间公平的分享收益	自己的相对产出与雇主的相对产出的对比结果
3	自己和其他用户	与参照组中的其他用户对比，感到公平性不同	自己的相对产出与其他用户的相对产出的对比结果

注：相对产出的改变 = 产出的变化量 / 应得的赏罚；应得的赏罚 = 根据自己的贡献（投入）、功绩、公平性或其他准则衡量得出的产出期望值

❶ Joshi K. A Model of User's Perspective on Change: The Case of Information Systems Technology Implementation[J]. MIS Quarterly, 1991,15(2):229-240.

（六）消极抵制滥用理论

（1）理论基础

①被动攻击型人格障碍

被动攻击型人格障碍（Passive Aggressive Personality Disorder）是一种典型的人格障碍类型。其表现形式是非主动的攻击，而其所反映出的是个体的强烈的攻击倾向。具有此类人格障碍的个体往往有以下特点：性格固执；不直接表现出负面情绪，但是内心的不满甚至是愤怒十分强烈；以被动的方式对他人的要求表现出挑衅，表面上与人配合，实际上用拖延、敷衍等方式表现内心的不满，喜欢强词夺理，不守诺言；常常抱怨，但又缺乏自信，喜欢依赖于权威，处于绝对依赖与一意孤行这一对矛盾中，非常苦恼。

②信奉的理论（espoused theory）与使用的理论（theory in use）

在行为理论中，有一对理论称为信奉的理论与使用的理论，由 Chris Argyris 和 Donald A.Schon 在 1974 年共同提出[1]。当一个人被问到应该如何做时，通常其所宣称的自己所遵循的理论称为信奉的理论。而从一个人实际行动中所推出来的其所真正遵循的理论称为使用的理论。一个人所信奉的理论与其所使用的理论不一定一致，但当事人自己可能都觉察不到这种不一致性。比如，一个人相信坚持锻炼才能拥有健康的体魄，而实际生活中却缺乏锻炼，甚至抵触锻炼。导致这种不一致的原因比较复杂，受到情境、他人、自我、行为等诸多因素的影响。

（2）消极抵制滥用理论的内容

在情绪与抵制行为关系的研究中，Marakas & Hornik（1996）[2]认为个体对于信息系统实施的抵制源于其非理性的心理因素。两位研究者使用心理学的被动攻击行为理论和行动学中的一组对应理论——“被信奉的理论（espoused theory）”与“被使用的理论（theory in use）”——解释用户的消极抵制行为。被信奉的理论（即当事人宣称自己遵循的理论）和被使用的理论（即由当事人的实际行动推论出来的理论）指出，人们所做的事情不一定和他所信奉的理论一致，而当事人可能都觉察不到自己的不一致。Marakas & Hornik 提出“消极抵制

[1] Argyris C, Schon D A. Theory in practice: Increasing professional effectiveness[M]. Jossey-Bass, 1974.

[2] Marakas GM, Hornik S. Passive resistance misuse: overt support and covert recalcitrance in IS implementation[J]. European Journal of Information Systems. 1996,5(3).

滥用（PRM: Passive Resistance Misuse）”行为的研究框架，指出这种行为方式既不是出于犯罪意图，也不是为获取个人私利。其表现形式为表面上配合、接受新系统，而暗地里抵制甚至是破坏系统应用。用户在对信息系统应用的抵制或者破坏中感到喜悦，而这使用户感到了自己的力量，从而降低了威胁感、压力感。用户用这种看似对自己没有任何益处的行为来发泄因新系统实施而产生的内心挫败感和害怕，即表现出被动攻击型人格障碍的行为。Marakas & Hornik 将心理学与行动学的理论结合，应用到信息系统抵制行为的情绪因素的解释上，以独特的视角看待用户的抵制行为，即有时用户抵制是“情不自禁”而非“损人利己”。

（七）信息技术反应行为的归因模型

（1）理论基础

信息技术反应行为的归因模型应用归因理论和习得无助理论，来分析用户信息系统抵制行为的产生过程。

海德最早提出归因理论[1]，该理论的主要内容是：行为由环境压力或个体压力所决定，或者可同时归因于这两类因素。环境压力由“任务的困难程度”和“面对环境时的运气”共同构成；个体压力则是由个体的“能力”和个体的“努力”两方面决定。其中，“意向”和“努力去做”构成个体的“努力”，“意向”反映本努力的“质”，“努力去做”反映努力的“量”。个体根据环境压力和个体压力，即可归因出“能够”做某事或者“不能够”做某事。

1974 年，美国心理学家韦纳在《成就动机与归因理论》一书中提出：归因的基本原则是寻求事情的原因，对原因的不同解释会产生不同的香味。韦纳将对行为的归因分为三个维度：控制性、稳定性和控制点。控制性指的是事情发生的原因是个体可控的还是个体不可控的；稳定性指的是事情发生的原因是稳定的还是不稳定的。控制点指的是个体认为事情的发生是有个人所控制的还是由环境所控制。认为事情归因于个人自身的内部因素——这种类型的个体往往具有强烈的自我信念，相信自己的能力；而将事情归因于外部环境的个体，认为事情的结果主要由外部控制，缺乏自信。

习得无助理论由美国心理学家 Seligman 通过对动物的实验得出。该理论是对归因理论的发展，侧重研究无能为力的心态和行为的形成原因。无助

---

[1] Heider F. Interpersonal relations[J]. 1958.

感和悲观情绪不仅仅来源于个体特质，而是更大程度上取决于个体对事情的认知方式，当个体经历了某种无意识的学习，得到了失败或挫折的体验后，出现了情绪低落，行为动机减弱，积极性降低的消极心理状态。1978 年，Abramson 和 Seligman（1978）[1]提出习得无助归因重构理论，指出习得无助感不是由不可控的事件决定的，而是由对事情的消极归因心理造成的。

（2）归因模型内容

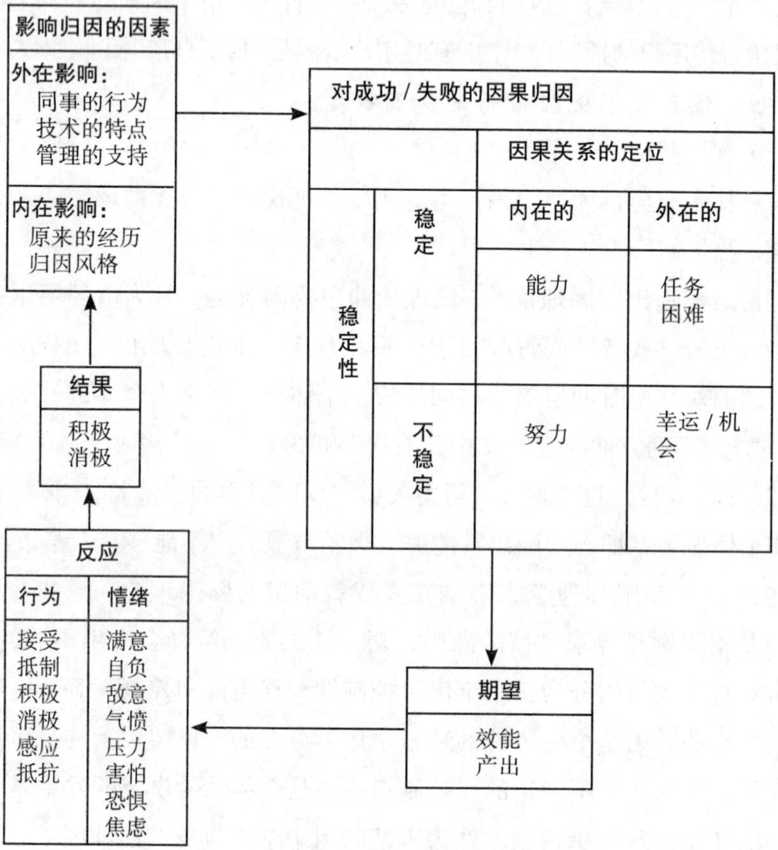

图 3–1　对信息技术反应行为的归因模型

Martinko 根据社会心理学中 F.Heider（1958）[2]和 B.Weiner（1974）[3]提出的

[1] Abramson LY, Seligman ME, Teasdale JD. Learned helplessness in humans: critique and reformulation[J]. Journal of abnormal psychology. 1978,87(1):49.

[2] Heider F. Interpersonal relations[J]. 1 958.

[3] Achievement motivation and attribution theory[M]. General Learning Press, 1974.

归因理论和 Martin E.P. Seligman（1978）[1]提出的习得性无助感理论解释用户抵制信息系统行为产生的过程。Martinko 设计了对信息技术反应行为的归因模型（AMRIT：An attributional model of reactions to information technology）（如图 3-1 所示），从模型中可以看出：至少有四个因素影响用户对信息系统实施的反应行为，这四个因素是：内在影响、外在影响、归因和期望。从诊断的角度来说，归因是这个模型中最核心的部分，归因的类型有多种，而且不同归因类型会导致抵制、接受、感应抵抗等不同的行为。同时，习得性无助感也会直接导致用户的抵制行为，如用户将失败归结于自身能力不足，将不会在以后的系统实施中投入更多的努力，因为他们认为新的信息系统的应用意味着新的挑战，而他们对于系统实施的成败的判断已经在正式开始之初，因为短暂的受挫就已经形成了对系统失败的习得无助感，所以会表现出抵制行为。Martinko 提出在系统应用之初，行为干预是缓解习得无助感的有效手段，能够有效减少用户初次使用系统是产生抵制行为的情况或缓解抵制行为的程度。而在系统应用之后，归因训练策略则是能有效改善用户内在的、相对稳定的归因模式的方法。

（八）基于纵向视角的信息系统抵制行为的演变路径模型

Lapointe 采用心理学中的语义分析研究法，识别出抵制的五个组成部分，并运用多层次分析法解释抵制现象中由个体行为自下而上导致群体行为的多级本质（如图 3-2 所示）。Lapointe 认为抵制行为有 5 个基本组成部分：行为、抵制客体、抵制主体、威胁和初始条件。初始条件与抵制客体相互作用，使抵制主体产生威胁认知，形成抵制行为。个体评估系统特征与个体或组织层面的初始条件，如果预测到威胁就会产生个体抵制行为。随着时间推移，由于受系统使用环境、大事件、系统拥护者的反应以及其他角色的行为的影响，个体抵制行为的初始条件和抵制客体都发生了改变，其中初始条件中增加了群体的层面，由于初始条件和抵制客体的改变，导致了抵制行为逐渐强化，并且相互影响，个体抵制行为向群体抵制行为演化。Lapointe 的基于纵向视角的信息系统抵制行为模型清晰了表明了个体抵制行为到群体抵制行为的形成路径，为群体抵制行为的研究提供一个很好的思路。

---

[1] Abramson L Y, Seligman M E, Teasdale J D. Learned helplessness in humans: critique and reformulation[J]. Journal of abnormal psychology, 1978, 87(1): 49.

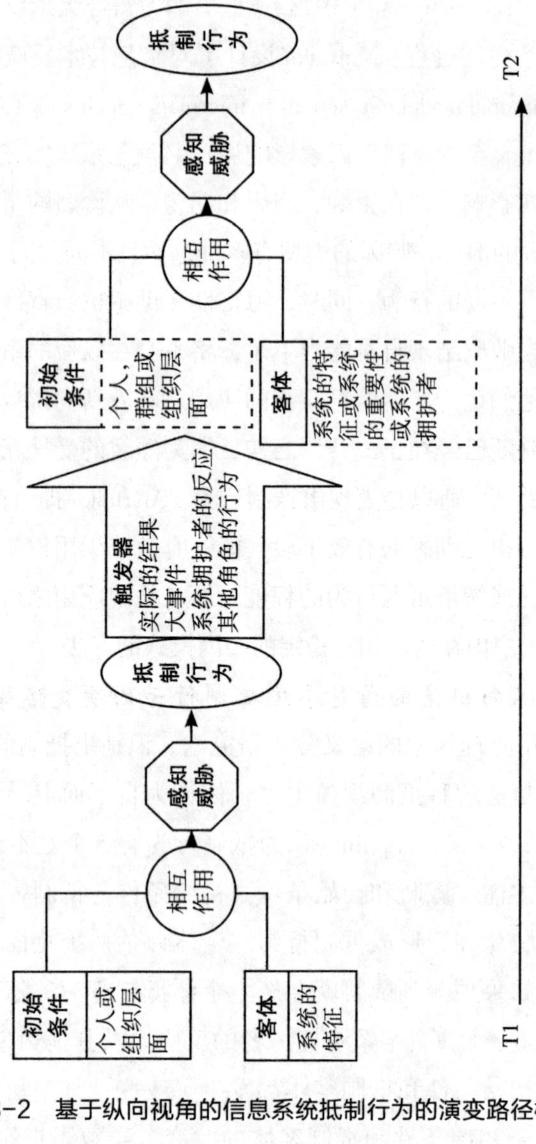

图 3-2 基于纵向视角的信息系统抵制行为的演变路径模型

（九）基于现状偏好理论的信息系统抵制行为模型

现状偏好（status quo bias）这一概念由 Samuelson 和 Zeckhauser（1988）[1]提出，指的是个体决策时倾向于维持现状或维持以前决策，而选择不作为的现象。

---

[1] Samuelson W, Zeckhauser R. Status quo bias in decision making[J]. Journal of risk and uncertainty. 1988,1(1):7-59.

“现状偏好”与“习惯”不同，习惯强调“无意识”和“重复行为”，是人们在长期的生活中逐渐形成的行为或行为倾向，不管是否有新的选择出现，习惯都会一如既往的出现。而现状偏好理论坚持“有限理性”的前提，指出：即使新的选择很有可能会带来更高的收益，人们在做决策时，由于安于现状，厌恶损失，会倾向于选择维持现状，而容易忽视更好的方案。这种行为不是无意识的，而是一种有限理性的决策偏差。现状偏好理论在消费者决策研究中得到广泛的应用。Inman & Zeelenberg（2002）[1]指出消费者由于对现状的偏好，倾向于选择购买过产品或服务的品牌，形成一定的品牌忠诚度。Kahneman,Knetsch & Thaler,（1991）[2]以及 Morewedge,Shu,Gilbert & Wilson（2009）[3]都指出消费的现状偏好倾向会影响消费者的经济理性，消费者宁愿保持消费现状，也不愿意更换购买其他等价的商品。

Kim & Kankanhalli（2009）[4]根据现状偏好理论，剖析了维持现状偏好理论产生的三种情境，并逐一分析出每种情境中的影响因素。在认知偏差情境中，损失规避是导致认知偏差的原因；在理性决策情境中，净收益、转移成本和不确定性共同影响理性决策；而心理投入情境则由沉没成本、社会规范和控制共同构成。他们将技术接受文献中的转化收益、感知价值、组织对变化的支持、面对改变的自我效能感和同事的观点等构念，加上独立提出的新的构念——转移成本（指的是人们在下一阶段做出的与上一阶段不同决策时所产生的成本），分别与三种情境中的构成要素进行对应，构建出基于现状偏好视角的 IT 抵制行为模型（如图 3-3 所示）。该模型中，转换成本既是用户抵制信息系统的重要直接原因，也调节“同事观点”“自我效能”与“用户抵制”之间的关系，同时还通过影响“感知价值”间接影响“用户抵制”。

---

❶ Inman JJ, Zeelenberg M. Regret in repeat purchase versus switching decisions: The attenuating role of decision justifiability[J]. Journal of Consumer Research. 2002,29(1).

❷ Kahneman D, Knetsch JL, Thaler RH. Anomalies: The endowment effect, loss aversion, and status quo bias[J]. The journal of economic perspectives. 1991,5(1):193-206.

❸ Morewedge CK, Shu LL, Gilbert DT, Wilson TD. Bad riddance or good rubbish? Ownership and not loss aversion causes the endowment effect[J]. Journal of Experimental Social Psychology. 2009,45(4).

❹ Kim H, Kankanhalli A. Investigating User Resistance to Information Systems Implemetation: A Status Quo Bias Perspective [J]. MIS Quarterly ,2009, 33(3):567-582.

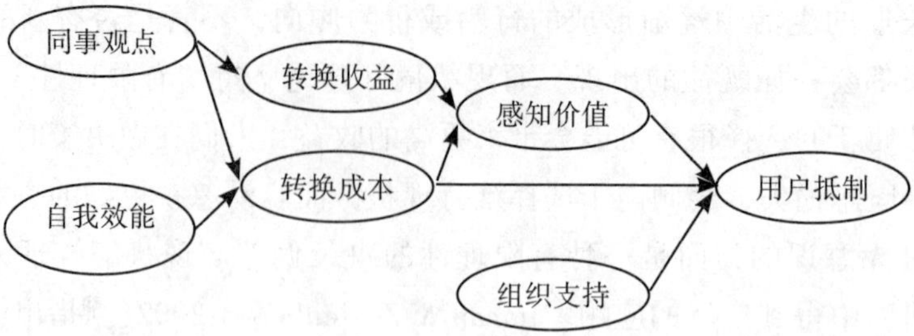

图 3-3　Kim & Kankanhalli 提出的基于现状偏好视角的信息系统抵制行为模型

三、技术接受理论

技术接受模型（Technology Acceptance Model, TAM）是由 Davis 基于理性行为理论（Theory of Reasoned Action, TRA）提出的用于解释使用者技术接受的理论模型。该模型自提出以来，被研究者广泛应用并充分验证，是信息系统用户行为研究领域中最精简易懂、影响力最大的理论模型之一（Venkatesh & Davis, 2000❶; 鲁耀斌和徐红梅，2006❷）。

在 TAM 模型（如图 3-4 所示）中，遵循计划行为理论提出的态度（AttitudeToward Using）影响行为意向（Behavioral Intention to Use），行为意向影响使用行为（Actual System Use ）的路径，感知有用性（Perceived Usefulness）和感知易用性（Perceived Ease of Use）共同对态度产生积极影响，同时感知易用性积极影响感知有用性，此外，感知有用对行为意向也有积极影响。

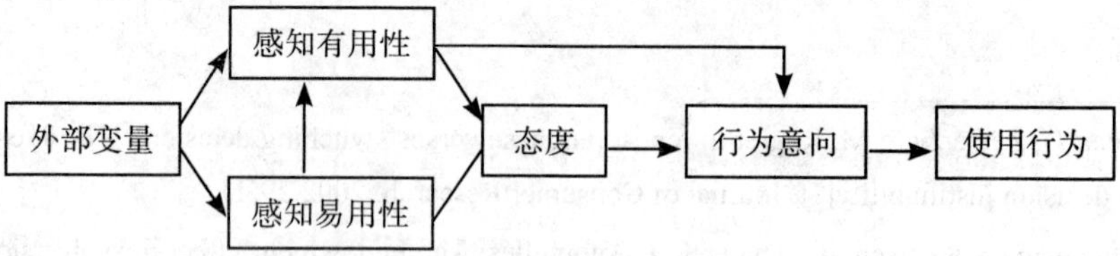

图 3-4　技术接受模型（TAM）

资料来源：（Davis et al., 1989; Davis et al., 1989）

❶ Venkatesh V, Davis FD. A theoretical extension of the technology acceptance model: four longitudinal field studies[J]. Management science. 2000,46(2):186-204.

❷ 鲁耀斌，徐红梅 . 技术接受模型的实证研究综述 [J]. 研究与发展管理 . 2006,18(3).

继 TAM 模型提出后，学者们对该模型进行了验证和在不同情境下的扩展研究，现将主要的研究结论进行总结（如表 3-3 所示）。

表3-3 技术接受模型的相关研究结论

研究者	主要研究结论
Subramanaina（1994）❶	只有感知有用性可有效预测未来的使用行为，感知易用性对使用行为的影响并不显著
Talyor & Todd（1995）❷	提出修正的技术接受模型。该模型重在区分使用经验对使用行为的影响，研究指出，有使用经验的用户比起缺乏使用经验的用户，其使用意向对使用行为的影响更显著，此外，态度与使用意向之间的关联性不显著
Chau（1996）❸	感知易用性对用户软件的接受行为影响更显著
Jackson（1997）❹	提出不同的参与类型对接受的影响各不相同。用户表面上的参与（实际暗地抵制）不会形成积极的态度和积极的使用意向，用户内在的参与对于积极态度和行为意向的形成有正向影响
Igbaria & Parasuraman（1996）❺	感知易用正向影响感知有用和行为意向，感知有用对使用行为有直接正向影响
Bajaj & Nidumolu(1997)	曾经的使用经历对感知易用有显著影响，是影响使用行为的关键因素之一
Agarwal & Prasad(1999)❻	个体特征（如受教育程度、使用经验、培训经历等）对技术接受模型总的感知变量有显著影响
Venkatesh & Davis（2000）❼	扩展了 TAM 理论，提出“社会影响过程”和“认知过程”两个影响用户接受的变量。其中，社会影响过程包括主观规范、自愿程度等，认知过程包括工作的相关性、系统输出的质量、输出结果的可见性等

❶ Subramanian G H. A Replication of Perceived Usefulness and Perceived Ease of Use Measurement*[J]. Decision Sciences, 1994, 25(5 - 6): 863-874.

❷ Taylor S, Todd P A. Understanding information technology usage: A test of competing models[J]. Information systems research, 1995, 6(2): 144-176.

❸ Chau P Y K. An empirical assessment of a modified technology acceptance model[J]. Journal of management information systems, 1996, 13(2): 185-204.

❹ Jackson J H. The world trading system: law and policy of international economic relations[M]. MIT press, 1997.

❺ Igbaria M, Parasuraman S, Baroudi J J. A motivational model of microcomputer usage[J]. Journal of management information systems, 1996, 13(1): 127-143.

❻ Agarwal R, Prasad J. Are individual differences germane to the acceptance of new information technologies?[J]. Decision sciences, 1999, 30(2): 361-391.

❼ Venkatesh V, Davis F D. A theoretical extension of the technology acceptance model: four longitudinal field studies[J]. Management science, 2000, 46(2): 186-204.

四、期望确认模型

期望确认模型（Expectation-Confirmation Model，简称 ECM）是在期望－确认理论（Expectation-Confirmation Theory，简称 ECT）的基础上发展起来的。期望－确认理论由 Oliver（1980）[1]提出，该理论认为消费者重复购买的意愿是由使用后形成的满意度决定，而满意度有期望和确认共同决定。该理论由 Churchill & Surprenant（1982）[2]做了进一步的扩充，形成了广为流行的 ECT 模型（如图 3-5 所示）。ECT 模型中使用前形成的期望影响使用后的感知绩效和期望确认，感知绩效同时对期望确认程度和满意度产生正向影响，期望确认程度也对满意度产生影响，满意度决定重复购买意愿。

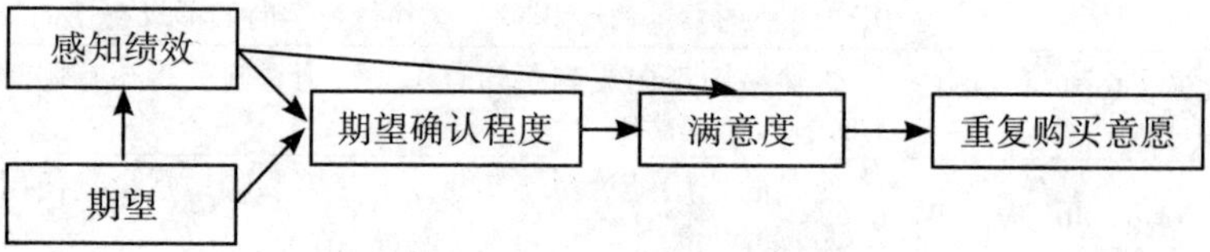

图 3-5　期望确认理论（ECT）

Bhattacherjee（2001）将 ECT 模型应用与信息系统用户行为研究中，提出了 ECM 模型（如图 3-6 所示）。Bhattacherjee 认为信息系统用户的持续使用行为与消费者的重复购买行为相比有着类似的心理认知过程。用户在使用信息系统前会形成初始期望，在使用后感知到的实际效用与初始期望的差异就是期望确认。如果确认度高，即系统的实际效能超过了初始期望，用户就会产生较高的满意度，进而增加持续使用系统的意愿。

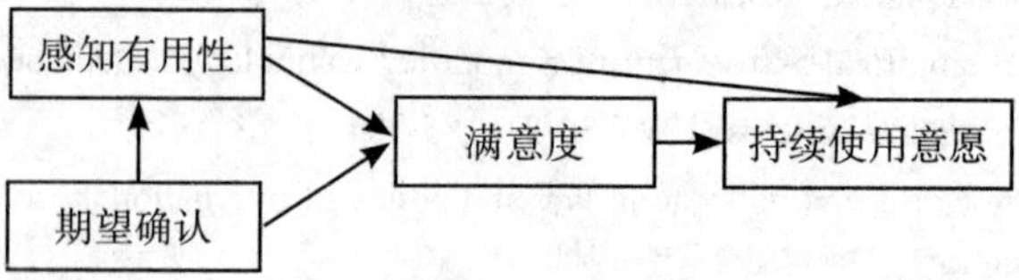

图 3-6　期望确认模型（ECM）

[1] Oliver R L. A cognitive model of the antecedents and consequences of satisfaction decisions[J]. Journal of marketing research, 1980: 460-469.

[2] Churchill Jr GA, Surprenant C. An investigation into the determinants of customer satisfaction[J]. Journal of Marketing research. 1982:491-504.

在期望确认模型的提出，为信息系统用户的采纳后的持续使用行为提供了分析的依据。此后，众多学者借鉴相关学科理论，对该模型进行了发展和完善，使该模型的适用范围得到进一步扩展。现通过表 3–4 对主要的研究成果进行总结。

表3–4 期望确认模型的进一步发展

文献来源	主要观点
Bhattacherjee & Premkumar（2004）❶	在 ECM 基础上，结合认知失调理论，构建起适用于使用前阶段和使用阶段的分阶段模型。该研究认为用户的信念和态度是影响持续使用行为的关键要素，而且信念和态度会随着时间的延续、使用经验的增加而发生改变。该模型的重要贡献在于揭示出使用前阶段的信念与态度对使用阶段的用户的持续使用行为的影响路径
Premkumar & Bhattacherjee（2008）❷	比较了技术接受模型与期望确认模型的不同。并将两个模型整合，构建了用户持续使用意愿模型，通过实证验证了该模型在用户持续使用意愿方面的解释力优于期望确认模型，满意度与持续使用意愿的相关系数比期望确认模型中的相关系数大大降低，即满意度对持续使用意愿的影响力降低
Lin & Bhattacherjee，（2008）❸	该研究基于网络外部性理论、技术接受模型，分析交互信息技术用户的持续使用行为，建立持续使用意愿模型。该模型提出了“互联网价值”直接影响持续使用意愿，同时“感知娱乐性”和“感知有用”位于互联网价值与持续使用意愿之间的中介变量
Bhattacherjee 等（2008）❹	利用持续使用模型，研究提供基础设施维护和提供技术支持等组织支持对组织中的用户持续使用意愿的影响。通过对医疗机构的调查研究，结果显示：组织的支持能有效的推动用户对信息技术的持续使用，其中，基础设施维护对感知有用有正向影响，技术支持对感知易用有正向影响
Limayem 等（2007）❺	将用户“习惯”变量引入持续使用模型，对该模型进行改进。而且，与大多持续使用行为研究模型中将“用户持续使用意愿”作为因变量所不同的是，将“用户持续使用行为”作为研究的因变量

❶ Bhattacherjee A, Premkumar G. Understanding changes in belief and attitude toward information technology usage: a theoretical model and longitudinal test[J]. Ibid. 2004,28(2):229-54.

❷ Premkumar G, Bhattacherjee A. Explaining information technology usage: A test of competing models[J]. Omega. 2008,36(1):64-75.

❸ Lin C P, Bhattacherjee A. Elucidating individual intention to use interactive information technologies: The role of network externalities[J]. International Journal of Electronic Commerce, 2008, 13(1): 85-108.

❹ Bhattacherjee A, Perols J, Sanford C. INFORMATION TECHNOLOGY CONTINUANCE: A THEORETIC EXTENSION AND EMPIRICAL TEST[J]. Journal of Computer Information Systems, 2008, 49(1).

❺ Limayem M, Hirt S G, Cheung C M K. How habit limits the predictive power of intention: the case of information systems continuance[J]. Mis Quarterly, 2007: 705-737.

第二节　信息系统用户行为研究新视角——信息系统使用的双因素理论

信息系统研究大多关注促使其采纳和应用的因素。大部分工作是研究有关系统应用的所有观点、导致系统满意度的因素和促进系统成功运行的其他观点，并提倡积极的态度来鼓励系统使用。但是，很少有研究关注到那些抵制系统应用的观点。这大部分是由于一个隐藏的假设，即抵制系统使用的因素是促进系统使用因素的对立面。Cenfetelli（2004）提出信息系统使用中同时存在推动因素和抵制因素，两者互相独立，而且在不同的组合情况下，两类因素对行为的影响也会有很多不同的结果。下面将 Cenfetelli 关于信息系统使用双因素理论的主要内容做一下介绍。

一、双因素简介

双因素概念在很多领域的研究中都得到了支持，其中在“工作满意度”以及“信任”的影响因素研究中应用得最为频繁。Herzberg（Herzberg, 1966）[1]提出了工作满意和不满意是两个独立的但不对立的概念。这种满意度的二元性被延伸到消费者领域，证明得出消费者的满意并不是其不满意的对立面。双因素结构的重要作用就是它将两个可能被认为是一个简单的双极构建划分成两个独立的部分。这种逻辑被 Lewicki, Mcallister, and Bies（1998）[2]应用到信任和不信任的分析中。在此，信任和不信任并不是对立的，都是对期望的信任度的一种衡量，具有各自的特征，不同的只是它们具有相反的意义，一个是积极的，一个是消极的，因此它们是相互独立的但又密切相关的构建。双因素的其他例子还包括积极情绪和消极情绪、悲观主义和乐观主义。

本书的研究中的双因素，指的是影响信息系统用户对信息系统感知的两

---

[1] Herzberg F I. Work and the nature of man[J]. 1966.

[2] Lewicki R J, McAllister D J, Bies R J. Trust and distrust: New relationships and realities[J]. Academy of management Review, 1998, 23(3): 438-458.

类因素——推动因素（Enablers）和抵制因素（Inhibitors）。推动因素，是指那些鼓励系统使用的有关系统设计和功能的外部导向型观点，抵制因素也是用户拥有的能够最终影响用户系统使用决定的有关系统属性的感知因素，但不同的是，抵制因素的一个显著作用就是能够完全阻碍系统的使用。推动因素的存在，会鼓励用户使用系统，若不存在，不会鼓励用户使用系统，但不一定会导致用户抵制系统。抵制因素的存在，会阻碍用户使用系统，但是，抵制因素的缺失，也不会导致用户积极使用系统。

感知是对用户态度、意图以及最终体现在系统使用行为产生影响的关键因素。在抽象层面上，这些关于系统设计和功能方面的抵制因素被描述为行为理论，具体而言，是理性行为理论和计划行为理论。正如TRA中所指出的，一个人会对其行为结果持有一定的信念，而这些信念受一些外在变量的影响。具体到技术的应用背景下，源自于TRA的技术接受模型也认识到这些外部变量，如系统的特点。易用性和实用性的感知观点是特定于系统使用行为结果的内部导向型观点。此外，与TRA一致的是，诸如系统属性的外部变量最终会影响系统使用者的态度和行为，其中易用性和实用性的感知因素在此起到充分的中介作用。例如，如果一个用户认为一个系统是可靠的，那么可靠性就是一种外部导向型观点，该观点会影响用户是否认为该系统是可用的并且是容易使用的，进而是值得使用的。

在信息系统文献的外部变量研究中已经采取多种形式，例如信任、个人差异、资源和便利条件等。出人意料的是，相比外部变量研究，感知的系统特点研究获得更少的关注。用户对那些客观系统属性的感知因素是非常重要的。Cenfetelli将这些感知因素其定义为“抵制因素”和“推动因素”。推动因素和抵制因素是一个人关于系统属性的外部导向型观点，这些观点能够影响用户的系统采纳或抵制决定。

推动因素，是指那些鼓励或不鼓励系统使用的有关系统设计和功能的外部导向型观点，取决于效价。例如，被认为是可靠的系统会被使用，而不可靠的系统则不被使用。用户满意度的研究为识别一些列的有关系统属性的推动使用观点，提供了基础。这些观点可能涉及系统本身的技术质量或系统提供的信息语义质量。一些研究发现，那些有关信息和系统质量的积极感知因素最终可以导致系统使用可能性的增加。伴随着互联网对系统影响力的不断增加，有关系统属性的感知因素的数量也不断增加。除了信息和系统的质量以外，Delone & McLean（2004）[1]提出了服务质量观点，如将承诺和情感作为最终鼓励用户采纳技术的附加系统属性。

显然，信息、系统的种类和服务质量观点都具有积极性的特点。如果将使用决策作为外部变量，它们与系统的实际使用是成正相关的。在德隆和麦克莱恩的研究案例中，他们确定了13个质量观点（例如可靠性、相关性和确定性等）。作者提出的所有的这些系统属性观点都有助于系统使用。

是否存在只具有消极性的阻碍系统使用的额外观点，但它们并不只是推动因素的对立面。如果具有这样独特的影响使用的感知因素，那么，管理信息系统研究很有可能忽视了这一系列额外的但却很重要的因素，这些因素在之前的技术使用理论模型中并没有被考虑到。

这就是使用抵制因素这一概念的目的。与推动因素相同的是，抵制因素也是用户拥有的能够最终影响用户系统使用决定的有关系统属性的感知因素。但不同的是，抵制因素的一个重要用途就是能够完全阻碍系统的使用。例如，如果一次在线购买交易没有完成，那么很可能它不会再被注意到，更别提会产生积极的感知观点。也就是说，如果一个用户没有一种抵制的感知观点，那么这种感知的不存在也不会推动用户的使用。另一方面，一个积极的感知观点，就会在鼓励或阻碍系统使用的价值方面起到作用。易用性是一个广泛的支持系统使用的因素。易于使用的系统将会被使用，一个难于使用的系统将不会被使用。

需要注意的是，特征在很大程度上影响着系统属性的感知。但是，感知还受系统真实属性以外的其他因素的影响。换言之，用户要么没有感知到系统存在的真实属性（例如没有注意到），要么相信系统具有一种实际中不存在的属性。

Cenfetelli 认为抵制因素和推动因素并不是彼此对立的，它们是具有不同前提、产生不同效果的独立构件。

---

[1] Delone W H, Mclean E R. Measuring e-commerce success: Applying the DeLone & McLean information systems success model[J]. International Journal of Electronic Commerce, 2004, 9(1): 31-47.

二、双因素之间的关系

（一）双因素不是相互对立的

大多数概念涉及一个包含所有可能状态的范围，该范围可以从一个连续体的正极到它的负极。一个系统可以很容易使用，或者是它的极端，很难使用，又或者是二者之间的各种状态（既不容易使用也不难使用）。一个抵制因素区别于一个推动因素就在于它是一个不具有积极意义的感知因素。在此引用来自心理学的“一边倒”这一概念，痛苦是一个极端的认知 / 情感反应，但不可以说它是与积极对立的。那肯定具有一定程度的痛苦，但与痛苦相反的是什么呢？另一个来自 Rozin 和 Royzman 研究文献的案例，他们注意到语言的不对称性，例如风险、事故和突变这些词语之间并没有明显相反的意思。尤其是风险这一词语，它指的是产生消极结果的可能性。同样的，机会（或是简单的运气）也并不是指完全否定片面的不确定性。Cenfetelli 认为，风险是一个频繁出现的研究因素，但很少有研究涉及运气的重要性。同样，Cenfetelli 认为抵制因素是一种没有反面心理作用的感知因素，因此它并不仅仅是积极的感知因素的对立面。在某些情况下，可能被认为是一个具有相反极端的事物，实际上是一对性质不同的“一边倒”或者双因素的概念。

双因素概念得到了广泛的支持，其中引用最频繁的是工作满意度。亨利伯特提出了工作满意和不满意是两个独立的但不对立的概念。这种满意度的二元性被延伸到消费者领域，证明得出消费者的满意并不是其不满意的对立面。双因素结构的重要作用就是它将两个可能被认为是一个简单的双极构建划分成两个独立的部分。这种逻辑被 Lewicki, Mcallister & Bies（1998）[1]应用到信任和不信任的分析中。在此，信任和不信任并不是对立的，而是具有各自的特征，不同的只是它们具有相反的意义，因此它们是相互独立的但又密切相关的构建。它们同样是表示期望的信任度（一个是积极的，一个是消极的）。信任可以用信心的程度来描述，而不信任的特征是害怕和玩世不恭。这两个构件的独立性也可以得到实证支撑。双因素的其他例子还包括积极情

[1] Lewicki R J, McAllister D J, Bies R J. Trust and distrust: New relationships and realities[J]. Academy of management Review, 1998, 23(3): 438-458.

绪和消极情绪、悲观主义和乐观主义。

抵制因素和推动因素并不是对立的构件，而是双因素。关于技术应用的外部导向型观点，Cenfetelli 提出了抵制因素是专门阻碍系统的感知因素，并不拥有相反的观点，至少在心理作用上并不是相反的。推动因素具有的心理意义是一个积极 - 消极范围的任何一端，但是抵制因素只是在消极这端具有意义。规范和期望在某种现象是否具有心理作用方面起着关键作用，并产生识别能力。如果一种感知的属性是规范的，那这会被认为是理所当然的，经常是隐性假设。只有当一个系统侵犯用户的标准或期望时，它才会被注意到而具有影响力。在信息系统文献中系统中断是这种现象中的一个合理的例子。Speier 和他的同事们研究了系统产生的中断对决策绩效产生的影响。中断对用户产生的影响是在系统设计中的一个关键问题，需要考虑到系统具有提供各种各样信息的技术能力，即使这些信息与手头的任务并不相关。当正在从事一份重要的文件突然收到“你有邮件”的通知，或者当正在搜索产品信息的时候突然出现“弹出式”的广告，这是两个相类似的例子。如果我们将中断看作是一种现象，那么相反的现象是什么呢？就是除了没有中断，中断的相反现象是什么？虽然 Speier 等人没有研究系统中断在系统采纳中的作用，但可以推断出它们将有可能产生消极的影响。但是，缺少中断将不支持系统的采纳。事实上，Cenfetelli 认为中断的缺乏是不具有心理上的意义。它不被注意和重视。幸运的是，目前我们并不期望每个网站都具有中断和弹出式广告的侵入。因此，当它们出现时，它们是具有心理上的意义的，它们阻止我们使用这个网站。然而，弹出式广告的缺乏也没有被察觉到，因此也不会具有心理作用，因为它们还是不规范的和不被预期的。当然，我们害怕将来的弹出式广告会是非常的规范，将具有心理上的意义。因此弹出是广告将会从一个抵制因素转变为一个推动因素。

（二）双因素各为独立构件

因为系统使用的抵制因素并不仅仅指推动系统属性的观点的相反一面，它们可以与那些推动因素分开而独立存在。例如，在回顾之前关于双因素观点的研究工作基础上，我们知道，员工既对自己的工作满意，同时也对自己的工作不满意。对同一个人或同一个组织，人们既信任又不信任。同样的，一个人对于系统的各种属性可以持有不同观点，既可以是积极的也可以只是消极的。例如，一个用户可能发现一个特殊的网站非常可靠，而且能够响应信息的请求，同时会觉得众多广告或“现在和在线代理谈话”请求的重复出现很冒昧。当人们在评价一个目标时通常都会处理那些不同的相互冲突的观点，进而最终达成一致的态度、做出同一选择。

“较大的负面分化”这一概念进一步支持抵制因素和推动因素彼此的独立性，或者消极现象比积极现象更加多花样。例如，人们普遍认为消极情绪多于积极情绪，因此描述一种现象的消极词语的数量趋向多于积极词语。更大的差异化概念也支持那种负面现象所处的状态没有相应的积极的对立状态。例如，即使我们认为一些情感是简单对立的（如快乐与悲伤），但对这种消极情感而言还缺乏足够的积极对立面（如骄傲与后悔、羞耻和内疚）。因此，除了支持或阻碍系统使用的推动因素以外，还有可能存在一些因素，它们独立于那些只阻碍系统使用的观点的。

（三）双因素有不同的前因

抵制因素和推动因素之间的差异进一步延伸到他们所处的法则网络中。抵制因素在本质上不同于推动因素，因为相对于推动因素而言，抵制因素产生于很多随机的因素。而且，抵制因素将产生不同于推动因素的使用效果。类似的研究表明，相对信任来说，不信任将会滋生怀疑，这在更大程度上促使信息的处理，以及情感反应日益多样化和积极化。另一个社会心理学方面的例子，即产生消极情感的原因是不同于积极情感的。积极情感和消极情感都可以用来预测一个人的主观幸福感。另一方面，一个人的伤心程度只能够通过消极情感来预测，而不受积极情感的影响。作为一个纯生理学的案例来看，一个积极的情感状态可以通过流向大脑不同地方的血液来显示，血流量在产生消极情感中起着一定的作用。换言之，积极情感和消极情感除了在概念上不是互补的，它们在生理反应上也不是互补的。这些例子指出了具有不同前因和后果的二元性的感知怎样可以处于不同的法则网络中。

系统使用的推动因素的存在及其程度高低是由有目的的设计产生的。主要体现在诸如设计策略和程序或是存在系统质量保证程序等。抵制因素则是由于忽视风险管理机制而产生。比如，几乎没有公司专门设计开发含有使用障碍的信息系统。一个系统的设计、开发和使用都是基于一个特定的目的，即无论是信息，系统还是服务都能达到较高的水准。而那些消极的属性都是从偶然的错误或是他们自身产生的一些副作用带来的。一个要求用户多次输入相同信息的系统很可能不是故意设计成这样的，设计人员在设计系统属性的时候是为给用户一个良好的感受。所以，推动因素是有目的地设计出来的，而抵制因素则不然。有目的的设计可以从诸如好的系统的开发和程序等这些具体的积极的设计实践中体现出来。这些让我们确信这些系统是经过精心设计的，能够提供及时的准确的信息。但是正如系统工程会因忽视风险而失败一样，使用上的抵制因素也会因忽视大量风险而产生。这些风险可能包括不切实际的发展计划以及开发人员之间存在矛盾冲突。没有这些因素并不意味着会产生推动作用，但是他们的存在却会增加系统“允许”出现抵制因素的风险。

第三节　本书研究借用的其他学科理论

一、感知风险理论

（一）感知风险的定义

牛津字典对风险是这样定义的——Risk: a chance of injury or loss，即，风险是受伤害或发生损失的可能性。Vlek and Stallen[1]在 1981 年的研究中归纳整理了风险的诸多定义，发现其中有三种比较有代表意义的解释。风险的第一种定义：是指发生损失的概率；第二种定义：是指在特定的时间和客观环境下，某种损失发生的概率；第三种定义描述风险是期望的损失，即损失的概率与损失大小之乘积。

20 世纪 60 年代，“风险”这个概念被广泛地应用在经济学领域，后又扩展应用到了财政、科学决策等领域的研究中（Dowling and Staelin, 1994）[2]，风险这一概念在营销领域的应用被赋予一个新的名称——感知风险（perceived risk），这个名词最早是在 20 纪 60 年代的美国营销协会的年会上

[1] Vlek C, Stallen P-J. Judging risks and benefits in the small and in the large[J]. Organizational Behavior and Human Performance. 1981,28(2):235-71.

[2] Dowling GR, Staelin R. A model of perceived risk and intended risk-handling activity[J]. Journal of consumer research. 1994:119-34.

由哈佛大学的鲍尔（Raymond Bauer）提出的。鲍尔认为消费者在决策购买行为时，无法确认其预期的结果正确与否，而真实的结果有可能会给自己带来不愉快，因此，在消费者制定消费决策时包含了对消费结果的不确定，这种不确定性就是感知风险。

库克斯（Cox）[1]继鲍尔（1967）之后对感知风险的概念进行了更为具体的阐述。感知风险理论的基本前提假设是消费者行为具有目标导向性，即在消费行为前会设定一系列的消费目标，当消费者不能确定消费项目的特性（如产品的品牌、样式、色彩、大小、位置等）中，哪些与其消费目标匹配或满足消费目标时，便产生了感知风险。

从对感知风险的定义可以看出，有两个重要因素构成了感知风险：（1）一个因素是因消费者无法确认其购买行为结果的好坏，以及因此而产生的对消费决策结果的不确定（uncertainty），比如消费者在网络上购买服装，其该如何确定服装的质地、款式、版型各方面都适合自己？（2）另一个因素称为决策错误的后果严重性（consequence），或称为损失的重要程度（Tayor，1974）[2]，比如消费者在网店购买服装后，如果不适合自己，会产生多少经济上的损失，或是在退货过程中会产生多少时间上的损失？这两类因素的划分得到了Cunningham（1967）[3]、Bettman（1973）[4]、Peter（1976）[5]、Derbaix（1983）[6]等研究者的进一步研究确认。后续的研究大都遵照这一因素界定。

鲍尔在阐述感知风险时特别强调：感知风险是消费者的主观感受到的风险，在个人消费过程中，所面临的的风险多种多样，有些风险能够被消费者

---

[1] Cox DF. Risk taking and information handling in consumer behavior: Division of Research, Graduate School of Business Administration, Harvard University Boston; 1967.

[2] Taylor JW. The role of risk in consumer behavior[J]. The Journal of Marketing. 1974:54-60.

[3] Cunningham S. The major dimensions of perceived risk, Risk Taking and Information Handling in Consumer Behavior, Graduate School of Business Administration. Harvard University Press, Boston, MA; 1967.

[4] Bettman JR. Relationship of information-processing attitude structures to private brand purchasing behavior[J]. Journal of Applied Psychology. 1974,59(1):79.

[5] Buckley PJ, Casson M. The future of the multinational enterprise: Macmillan London; 1976.

[6] Derbaix C. Perceived risk and risk relievers: an empirical investigation[J]. Journal of Economic Psychology. 1983,3(1):19-38.

感知，有些则不能，消费者只能对自身感知到的风险加以分析和处理，所以，消费过程中主观感受到的风险和客观存在的风险是不一样的，也就是说客观存在的风险不一定都能被消费者感知到，所以不能被感知到的客观风险，无论风险真实与否或者风险大小，都不会影响消费者的决策。另外，在消费者感知到的风险中有些可能被缩小，有些则可能被扩大，所以，感知风险与客观存在的风险在程度上也可能存在差别。

（二）感知风险的主要理论模型

对于“感知风险对消费者行为的影响”问题的研究，Cox 在 1967 提出了以下五个假设：（1）感知风险是影响消费者决策行为的重要因子；（2）消费者在寻求低风险的过程中，偏好于降低感知不确定性，一般不关注于降低风险带来的负面后果的不确定性；（3）不同的消费者对风险的承受能力不同，所以，当感知行为风险大于消费者的风险承受范围时，不同的消费者采取的将风险降低至自己可承受的范围内的行为也不相同；（4）消费者的个性、消费目的、消费经验、认知方式等因素都会对其降低风险的特性产生影响；（5）当消费者感知到风险后会采取一系列的风险规避策略，规避策略一般都倾向与重新处理消费信息。

消费者感知风险概念的提出，引起了消费者行为领域的学者们的极大兴趣，他们将这一概念应用于消费者行为研究中，对该领域产生了重要影响；同时，消费者感知风险理论也在这一过程中逐渐丰满起来，产生了一些应用面比较广的感知风险理论模型。其中以双因素模型、多维度模型和固有风险模型为典型代表。

双因素模型又称为双组份模型，是由学者 Cunningham 于 1967 年提出的，其模型的主要内容为：事情发生的不确定性的大小与行为引发的结果的不利程度两部分构成了感知风险[1]。双因素的提出，得到了该领域中众多研究者的认可，成为消费者感知风险理论的基础理论。Peter and Ryan（1976）[2]继承 Cunningham 的观点，并用 PR、P、L 分别表示感知风险、主观概率、感知损失，构成了感知风险的表达式，即 PR= f（P.L）。

---

❶ Cunningham S M. The major dimensions of perceived risk[J]. Risk taking and information handling in consumer behavior, 1967: 82-108.

❷ Peter，J．P．and Ryan，M．J．An investigation of perceived risk at the brand level．Journal of Marketing Research．V01.1 3, 84-188．

多维度模型最早由 Cox（1967）提出，他提出感知威胁的四个维度：延续了双因素模型中的“行为引发的结果的不利程度”这一维度，增加了“消费者行为的后果”“产品的实际效果”以及“购买行为引起的消费者的心理感受”三个维度。Roselius(1971)[1]赞同 Cox 的多维度观点，对于维度进行了整合提炼，提出更简洁易记的四个维度，即：时间的损失、金钱的损失、机会的损失和自我意识的损失。Jacoby And Kaplan（1972）[2]针对传统市场上的消费者进行实证分析，得出该类消费者感知到的风险的维度，包括金钱的风险、产品效果的风险、健康风险、社会风险和心理风险五个维度。由于该研究基于实证分析，所以，其提出的五个维度为消费者感知风险的度量提供了可操作性的度量，为推动消费者行为研究中的感知风险的实证研究做出了积极的贡献。

Bettman（1973）[3]提出固有风险模型，此模型中将感知风险划分为两类，一类风险是消费者感知到的产品自身固有的风险（比如，消费者要购买蔬菜，蔬菜中的农药残留就是固有的风险，与蔬菜品牌无关），此类风险即成为固有风险；另一类风险是指消费者在同类商品中选择某一品牌或某一商家的产品是产生的风险（比如，消费者认为选择某品牌的蔬菜价格较高，选择无品牌的蔬菜农药残留量较高），此类风险属于操作风险。当消费者获取了有关某类商品的详细信息后，其感知到的固有风险就会降低，当消费者获取了某个品牌的详细信息时，其感知到的操作性风险就会比较低。

（三）感知风险的维度

关于感知风险维度的划分问题，Cox（1967）最早提出的多维度模型中已经做了初步讨论，随后 Jacoby and Kaplan（1972）[4]，Kaplan,; Roselius（1971）[5]，

---

[1] Roselius T. Consumer rankings of risk reduction methods[J]. The journal of marketing, 1971: 56-61.

[2] Jacoby J, Kaplan L B. The components of perceived risk[J]. Advances in consumer research, 1972, 3(3): 382-383.

[3] Bettman J R. Perceived risk and its components: a model and empirical test[J]. Journal of marketing research, 1973: 184-190.

[4] Jacoby J, Kaplan L B. The components of perceived risk[J]. Advances in consumer research, 1972, 3(3): 382-383.

[5] Roselius T. Consumer rankings of risk reduction methods[J]. The journal of marketing, 1971: 56-61.

Zikmund & Scott（1973）[1]，Szybillo & Jacoby（1974）[2]，Murray & Schlacter（1990）[3]，Ann，Chakraborty & Mowen（1997）[4]等学者先后对感知风险维度进行研究。也有学者将维度成为“构面”，提出感知风险是一个多构面的概念，Woodside 在 1968 年提出感知风险的三个构面，即社会构面、功能构面和经济构面[5]，Peter and Ryan（1976）[6]、Bearden and Mason（1978）[7]也对感知风险的构面进行了研究。“维度”和“构面”虽说法不同，但实质上都是对感知风险影响要素的划分。

接下来，通过表格的形式，对于感知风险的影响因素做一下整理和总结（如表 3-5 所示）。

表3-5 感知风险影响因素归类表

感知风险的影响因素	因素的内涵	该因素的其他名称	提出该因素的学者
时间风险	产生产品退换货的时间成本的风险	时间损失	Roselius（1971）；Murray and Schlacter（1990）
身体风险	产品对身体健康带来威胁	危险损失；物理损失；实体风险	Roselius（1971）；Mowen（1997）；Jacoby 和 Kaplan（1974）

[1] Zikmund W G, Scott J E. A multivariate analysis of perceived risk, self-confidence and information sources[J]. Advances in consumer research, 1973, 1(1): 406-416.

[2] Kaplan L B, Szybillo G J, Jacoby J. Components of perceived risk in product purchase: A cross-validation[J]. Journal of applied Psychology, 1974, 59(3): 287.

[3] Murray K B, Schlacter J L. The impact of services versus goods on consumers’ assessment of perceived risk and variability[J]. Journal of the Academy of Marketing Science, 1990, 18(1): 51-65.

[4] Ann Hocutt M, Chakraborty G, Mowen J C. The Impact of Perceived Justice on Customer Satisfaction and Intention to Complain in a Service Recovery[J]. Advances in consumer research, 1997, 24(1).

[5] Woodside A G. Group influence and consumer risk taking: an experimental study[D]. Pennsylvania State University, 1968.

[6] Peter, J. P. and Ryan, M. J. An investigation of perceived risk at the brand level. Journal of Marketing Research. V01.1 3, 84-188.

[7] Mason J B, Bearden W O. Profiling the shopping behavior of elderly consumers[J]. The Gerontologist, 1978, 18(5 Part 1): 454-461.

（续表）

感知风险的影响因素	因素的内涵	该因素的其他名称	提出该因素的学者
社会风险	购买产品后收到身边家人朋友的嘲笑的风险	自我损失	Jacoby 和 Kaplan（1974）；Murray and Schlacter（1990）；Mowen（1997）
财务风险	产品质量与其价格不符的风险	金钱损失	Roselius（1971）；Jacoby 和 Kaplan（1974）；Mowen（1997）
社会心理风险	因为产品的不满意带来的自我感知受伤害的风险	自我损失	Jacoby 和 Kaplan（1974）；Murray and Schlacter（1990）；Mowen（1997）
绩效风险	产品功能与购买时预期标准差距过大或者产品无法使用的风险	产品效果风险	Murray and Schlacter（1990）；Jacoby 和 Kaplan（1972）

在表 3-5 中，本书的研究将内涵相近的感知风险维度进行了整合，将“时间损失”“金钱损失”“产品效果风险”分别并入“时间风险”“财务风险”“绩效风险”；将“危险损失”“物理损失”“实体风险”一同并入“身体风险”，将“自我损失”分为两个维度：“社会风险”和“社会心理风险”，得出对感知风险的六个维度——时间风险维度、身体风险维度、社会风险维度、财务风险维度、社会心理风险维度和绩效风险维度。

二、创新抗拒理论

（一）消费者创新抗拒的提出

最早对消费者创新抗拒行为提出描述的是 Heider（1958），他认为：当被强加创新时消费者就会表现出自然而然的抗拒认知或行为。正式的理论提出是由 Sheth 于 1981 年提出，他从心理学的角度分析消费者的抗拒，认为习惯和感知风险是导致消费者对创新抗拒的主要因素。创新抗拒的正式定义由 S. Ram（1985）提出，后经两次修订，将创新抗拒的定义描述为：消费者面对创新将会导致的改变，而做出的自然的反应❶。

❶ Venkatraman M P, Price L L. Differentiating between cognitive and sensory innovativeness: concepts, measurement, and implications[J]. Journal of Business Research, 1990, 20(4): 293-315.

（二）创新抗拒的类型

Sheth（1981）依据对风险的感知和对现有习惯的改变程度两个维度，将创新抗拒分为：习惯性创新抗拒、风险性创新抗拒、双重性创新抗拒和无创新抗拒四种。S. Ram（1989）认为消费者的创新抗拒在表现程度上有所差异，有拒绝程度较高的拒绝使用，有拒绝程度较低的延迟使用。[1]Robertson & Gatignon（1989）也赞同有不完全拒绝的创新抗拒，他们将其称之为延迟采用。[2] Rogers（1983）[3]根据抗拒的程度不同，将创新采用分为持续采用、延迟采用、停止采用和拒绝采用这四种类型。Gordon Foxall（1998）[4]将消费者对创新抗拒的情形归纳为三种：拒绝采用、延迟采用以及与商品对立。

（三）创新抗拒的影响因素

Gatignon and Robertson（1989）[5]认为消费者创新抗拒与创新接受行为在概念上相互独立，所以，对创新抗拒的研究分析也应该与创新接受分离。对于创新抗拒影响因素的研究，不是对创新接受影响因素的对立面的研究，但是，也不应将创新抗拒与创新接受对立起来，Herbig & Day（1992）[6]，Molesworth & Suortti,2002)[7]都认为 Rogers 扩散理论之类有关创新特征的研究成果都可为创新抗拒的研究提供有益的视角。

Shoemaker & Shoaf（1975）提出消费者对新产品的感知采用风险是影响

---

[1] Ram S. Successful innovation using strategies to reduce consumer resistance: an empirical test[J]. Journal of Product Innovation Management, 1989, 6(1): 20-34.

[2] Gatignon H, Robertson T S. Technology diffusion: an empirical test of competitive effects[J]. The Journal of Marketing, 1989: 35-49.

[3] Rogers R W. Cognitive and physiological processes in fear appeals and attitude change: A revised theory of protection motivation[J]. Social psychophysiology, 1983: 153-176.

[4] Foxall G R, Goldsmith R E, Brown S. Consumer psychology for marketing[M]. Cengage Learning EMEA, 1998.

[5] Gatignon H, Robertson T S. Technology diffusion: an empirical test of competitive effects[J]. The Journal of Marketing, 1989: 35-49.

[6] Herbig P A, Day R L. Customer acceptance: the key to successful introductions of innovations[J]. Marketing Intelligence & Planning, 1992, 10(1): 4-15.

[7] Molesworth M, Suortti J P. Buying cars online: the adoption of the web for high□involvement, high□cost purchases[J]. Journal of Consumer Behaviour, 2002, 2(2): 155-168.

创新抗拒的重要因素[1]。Sheth（1981）[2]在 Shoemaker & Shoaf 的基础上提出两类影响创新抗拒的因素：一类是消费者已存在的消费习惯，一类是消费者感知到的关于创新的风险。Ram（1987）[3]提出三类影响创新抗拒的因素，分别是创新性属性、消费者特征和传播机制。其中，根据创新的属性与消费者的相关与否，将创新性属性分为独立的创新属性和与消费者相关的创新属性；心理和人口统计特征构成消费者特征；传播形式和传播特征构成传播机制[4]。1989 年，Ram 又对创新抗拒的影响因素进行重新考虑，将风险因素纳入影响因素中，并将感知风险作为创新抗拒的主要影响因素。[5] Garcia and Atkin（2002）[6]认为消费者对新产品可能带来的负面效果的评价形成了感知风险，消费者在采用新产品是容易担心产品的绩效达不到自己的预期，形成强烈的不确定性感知。

综上所述，在创新抗拒影响因素的研究中，学者们都认同：感知风险是归为影响创新抗拒的重要因素，并对消费者的购买和采纳决策产生重要影响。

三、自我感知理论

（一）自我感知理论的主要内容

Bem（1972）[7]的自我感知理论在一定程度上可对认知失调现象进行解释。

---

❶ Shoemaker, R. W., & Shoaf, F. R.. Behavioral changes in the trail of new products[J].Journal of Consumer Research, 1975: 104-109.

❷ Sheth J N. Psychology of innovation resistance: the less developed concept[J]. Research in Marketing, 1981, 4(3): 273-283.

❸ Ram S. A model of innovation resistance[J]. Advances in Consumer Research, 1987, 14(1): 208-212.

❹ Mahajan V, Muller E, Bass F M. New product diffusion models in marketing: A review and directions for research[J]. The Journal of Marketing, 1990: 1-26.

❺ Ram S. Successful innovation using strategies to reduce consumer resistance: an empirical test[J]. Journal of Product Innovation Management, 1989, 6(1): 20-34.

❻ Garcia R, Rummel P W, Hauser J. Co-opetition for the diffusion of resistant innovations: a case study in the global wine industry using an agent-based model[J]. Agent-based models of market dynamics and consumer behavior. Institute of Advanced Studies, University of Surrey, Guildford January, 2006, 2006.

❼ Bem D J. Constructing cross□situational consistencies in behavior: Some thoughts on Alker's critique of Mischel[J]. Journal of Personality, 1972, 40(1): 17-26.

该理论认为，当问起一个人关于某事物的态度时，个人体会优先选择回忆他们与该事物有关的过去行为，然后根据过去行为对该自身对事物的态度做出推断。该理论强调，态度是在事实发生之后，用于使已发生的事实产生意义的工具，而不是在活动之前指导行动的工具。

Bem 的理论主要涉及人们如何看待自己的问题，他的理论被称为自我感知理论。在这个理论中，Bem 认为人们往往不清楚自己的情绪、态度、特质和能力等，因此对自己的推论也是依赖于自己外显的行为。也就是说，我们试图使用本质上相同的资料，以及相同的归因过程对我们自己的行为进行因果关系的推论。

（二）自我感知的归因类型

在 Bem 之后，其他的心理学家系统地研究了人们对自己各方面的归因，得到了一些结论。

（1）对自己态度的归因

一般情况下，人们会认为人是靠内省及不断检讨自己意识里各种不同的认知和情感因素而形成自己的态度，但 Bem 反对这种观点，他认为人们往往并不清楚自己的态度具体是什么，当被问及态度问题时，人们会依据过往的行为和环境来推测自己的态度。这种推测分析，与对他人的分析是类似的。比如，某个人被问及自己是否喜欢某项体育运动时，他会回忆起平时喜欢看哪类体育节目，喜欢哪些项目的体育明星，自己平时的运动项目，等等。如果这些问题的答案都与某项体育运动有关的话，则此人可得出：我喜欢某某体育项目的结论。即其对自己对该体育项目的态度得到了判断。

（2）对自己动机的归因

完成一件报酬高的工作时，常常使人们做外在归因，即我之所以做工作是因为报酬高。而完成相同的工作却只有微薄的报酬时，人们往往内在归因，即自己喜欢这项工作。因此，心理学家指出：最少的报酬将引发对工作最大的内在兴趣。外在归因的一个例子是吸毒的动机：社会对吸毒的惩罚越严厉，毒品应该会更具吸引力，此时，人们将寻求该行为归因于受威胁，而非该行为本身没有乐趣。

（3）对自己情绪的归因

传统的观点认为，人们经由考虑自己的生理状态、心理状态及引起这些状态的外在刺激而认定自己的情绪。但最近研究表明，情绪反应在性质上并无两样，人们能区分出高低不同的激起状态，但无法辨别出不同类型的情绪。Schachter & Singer（1962）[1]认为，人们对自己情绪的知觉取决于人们所经历的生理上的激起程度和人们所使用的认知标签的名称，如快乐、愤怒等。为了得到这一认知名称，人们首先会检查自己的行为及环境。例如，如果一个人觉得生理状态激昂，并且正对着电视上演的喜剧片大笑，他会推论自己正处在快乐中，而如果这个人是在拥挤的街道上对推自己的人大叫，他会推论自己是愤怒的。沙可特进一步论证了这一问题，认为人们对生理激起的归因是产生各种各样情绪的根源。

（三）自我感知理论在信息系统领域的研究

Bem（1972）提出的自我感知理论认为越多的使用行为会形成越有利的用户评价，因为用户对产品或服务评价的基础是用户的使用行为，人们不会对其常规的行为做出具体的评价，除非当他们被问起而回忆起过去行为时。信息系统领域的研究者们将自我感知理论作为反馈机制的理论基础，并通过大量的实证验证了过去的使用行为会影响未来的行为动机和评价。Ouellette & Wood（1998）[2]使用 Meta 分析方法对六十四篇文献进行了分析，研究结论显示过去的使用行为对态度、感知行为控制、动机和主观规范有显著的影响。Kim & Malhotra（2005）[3]的研究表明用户过去对个性化门户网站的使用行为对用户的感知有用、感知易用和使用动机有显著的正向影响。林家宝（2010）[4]通过对移动银行用户的实验研究验证了过去的使用行为对用户的感知有用、确认和满意度均有正向影响。

---

❶ Schachter S, Singer J. Cognitive, social, and physiological determinants of emotional state[J]. Psychological review, 1962, 69(5): 379.

❷ Ouellette J A, Wood W. Habit and intention in everyday life: the multiple processes by which past behavior predicts future behavior[J]. Psychological bulletin, 1998, 124(1): 54.

❸ Kim S S, Malhotra N K. A longitudinal model of continued IS use: An integrative view of four mechanisms underlying postadoption phenomena[J]. Management science, 2005, 51(5): 741-755.

❹ 林家宝 . 移动商务环境下消费者信任及其动态演化研究 [D]. 华中科技大学 ,2010

四、认知失调理论

（一）认知失调理论内容

认知失调理论（Cognitive Dissonance Theory）是由 Leon Festinger（1957）[1]提出的一种认知一致性理论。认知失调描述的是在由于同一时间有着两种相矛盾的想法、情绪、信仰或行为而产生的紧张状态。认知失调理论的基本原理是：人需要保持认知的协调一致或者心理状态的平衡，不协调或不平衡都是暂时状态，人们必将向协调或平衡的方向进行自我调整。

由于认知失调会带来心理紧张，个体会为降低心理紧张而改变引起认知失调的要素。认知失调的感知越强烈，个体降低失调感的动机越强烈。认知失调在三种情景下容易产生：一是个体获得不一致的信息后，二是个体做出了重要而艰难的决定后，三是个体被迫做出或说出与个人观点、态度或信念不一致的事情后。当失调感产生后，个体将会通过改变要素来降低失调感。降低失调感的方法从调整态度、认知、行为等方面着手，大致有四类方法。一类方法是调整态度，以与过往的行为保持一致；第二类方法是调整认知，通过增加对事物的认知的方法与原有认知保持一致，也可以通过忽视不一致认知的方式保持认知的一致性；第三类方法是改变行为，保持与态度的一致性。

（二）认知失调理论在信息系统领域的应用

在期望确认模型中，Bhattacherjee（2001）[2]在使用认知失调理论分析用户的持续使用行为时，指出用户在通过初步使用信息系统后获得的初始感知，这种感知很可能在确认经历后有很大程度上的改变，因为用户发觉他们初始的感知与实际相差甚远，用户会因此产生心理上的紧张不安，这就产生了认知失调。用户在感知到认知失调后，会理性的选择主动调整自己的有用性感知，以尽量消除不安。Bhattacherjee 利用认知失调理论建立起了期望与确认、确认与感知有用之间的理论联系，认知失调理论在期望确认模型中起到了重要的理论基础的作用。

---

[1] Leon F. A theory of cognitive dissonance[J]. Evanston, Il: Row, Peterson, 1957.

[2] Bhattacherjee A. Understanding information systems continuance: an expectation-confirmation model[J]. MIS quarterly, 2001, 25(3): 351-370.

第四节 研究综述

“系统使用将系统价值链上游的有关系统成功原因的研究与下游的信息系统对组织的影响研究连接在一起，是系统价值链上的重要变量”（Doll & Torkzadeh，1988）[1]，由此可以看出：信息系统使用行为的研究在信息管理研究领域中的重要性。随着信息系统在企业的应用越来越广泛，用户越来越多的参与到企业信息化的过程中，从最初的被动接受企业购进的信息系统，到后来的参与到利用信息系统创新管理工作，从实际应用出发提出系统升级需求，直接参与系统开发设计，甚至主动介入系统，进行系统的增值应用。随着用户参与系统的广泛性和深入性，用户使用在信息系统的价值发挥中，表现出越来越重要的作用。但是，用户数量的增长给企业管理者带来了信息系统用户需求多样化、差异化的挑战，如何让信息系统被所有用户接受，如何消除或降低各类用户的抵制，给企业提出了比以往更大的挑战。对于信息系统用户行为研究者来说，研究用户使用行为中的抵制、接受和持续使用之间的内在联系，系统、全局地揭示企业内用户对信息系统使用决策的心理和使用过程，对于促进企业信息系统用户真实有效地采纳和持续使用有很好的指导作用。本书的研究面向信息系统使用全过程，以信息系统使用的双因素理论为基础，结合技术接受模型和期望确认模型两个经典的信息系统使用行为理论模型，借用消费者行为学中的感知风险、创新抗拒这组概念，将信息系统接受行为与信息系统抵制行为整合在一个行为模型框架中。研究的目的在于，研究在信息系统使用的不同阶段，影响用户使用行为的抵制因素和推动因素分别是什么，以及两类因素在各个阶段中对于用户的行为产生影响的机理。

在信息系统用户行为研究中，为众多研究者所认可的关于研究对象的分类称呼是：如研究对象是个人，称为“用户 /Users”，如研究对象是群体 / 组织，

[1] Doll W J, Torkzadeh G. The measurement of end-user computing satisfaction[J]. MIS quarterly, 1988, 12(2).

称为“组织 / 团队 /Group”。本书的研究将研究层面定位在个体层面，所以，本书的研究中所讨论的用户行为指的是组织内信息系统用户的个体行为。信息系统用户行为的研究主要有两个方向：一个方向的研究关注用户接受、持续使用信息系统的原因，主流理论有技术接受模型（Technology Acceptance Model，TAM）、持续使用模型（Expectation-Confirmation Model，ECM）；另一方向的研究关注用户抵制使用信息系统的原因，主要的理论成果有三因素理论、公平 - 实施模型、消极抵制滥用理论、归因模型、基于现状偏好的抵制行为模型等。这两个研究方向，分别从积极使用和消极抵制两个研究角度，探析用户信息系统使用行为的形成机理。但是，信息系统实施中出现的“象征采纳”和“被动采纳”现象，给研究者们提出了新的问题：用户采纳了信息系统，就绝对不会有抵制心理或抵制行为吗？用户抵制信息系统，就一定不会有采纳或持续使用信息系统的行为吗？用户的使用行为一定是非黑即白、非此即彼吗？答案显然是否定的。人的心理、行为的复杂性决定了在信息系统使用中的“双因素”现象，即推动因素和抵制因素同时存在并同时影响使用行为。因此，从信息系统使用的双因素视角，剖析信息用户应对信息系统使用决策的心理及行为的变化过程，探求促进用户接受并持续使用的有效方法，正是本书的研究目标所在。

基于以上现实背景和理论背景的分析，本书的研究将以信息系统用户行为理论为基础，结合消费者行为学、社会心理学的相关理论分析，从信息系统使用的双因素理论视角出发，提出并拟研究下列问题。

（1）信息系统用户的使用行为经历了一个怎样的演化发展的路径？是从接受到持续使用吗？用户的初始抵制使用信息系统，会演变为以后的持续使用吗？用户开始接受信息系统，以后就一定会持续使用吗？这些关于用户使用行为变化的问题，是本书的研究提出的初始问题。

（2）用户使用信息系统的过程，可粗略分为使用前阶段（per-usage stage）、使用阶段（usage stage）和使用后阶段（post-usage stage）。其中使用前阶段就对应技术接受模型研究行为阶段，即用户决策是否接受信息系统，使用阶段作为使用前阶段的结果状态，即用户决定使用信息系统，使用后阶段是与持续使用行为对应的阶段，即用户长期使用信息系统。问题是：在每个阶段，用户的行为只有“好”或“坏”之分吗？即，用户的意识中只存在非“接受”即“抵制”，非“持续使用”即“拒绝持续使用”吗？更概括的说，用户的行为就是那么非黑即白的纯粹行为吗？存不存在“用户不情愿的接受”，“违心的继续使用”的灰色地带？

（3）在使用前阶段，导致用户不愿意或拒绝使用系统的原因是什么？在使用后阶段，又是哪些因素动摇了用户持续使用的想法？这两个问题可以归纳为：在使用的不同阶段，导致用户信息系统抵制的原因分别是什么？这是本书的研究要解决的第三个问题。

本书的研究注重企业内部信息系统用户在信息系统使用过程中各阶段的决策行为，考察组织成员的心理和行为特征变化过程，形成有效的信息系统接受和持续使用决策行为的机理研究，以期能够为企业采取有效措施促进用户主动、真实、有效的信息系统采纳和持续使用，充分实现信息系统的价值提供理论、方法和实践上的指导。本书的研究的理论意义和实践意义体现如下。

（1）理论意义。从理论基础来看，本书的研究依据信息系统用户行为理论、社会心理学理论和行为科学理论的相关研究成果，关注组织成员在信息系统使用三阶段中的心理和行为特征的发展变化路径。信息系统使用的双因素理论为我们研究用户的信息系统使用行为提供了一个崭新的视角，使得我们不再把信息系统抵制行为与信息系统接受行为、持续使用行为对立起来，而是以双因素的视角，将抵制因素和推动因素作为同时影响用户使用行为决策过程中的认知因素，重点分析两类因素对于用户行为的影响机理。使得我们的理论前提更加符合用户的真实心理，研究结论的普适性将更好。

本书的研究的目的并不是对现有信息系统用户行为理论提出挑战，而是希望在目前理论的基础上换个视角来看问题，即从人的认知的双重性角度出发，注重“双因素”在认知和行为上影响的重要性，以时间延续的纵向视角剖析和解释用户信息系统使用行为的演化机理，对信息系统用户使用行为理论做了一定的补充发展。

（2）实践意义。从信息革命开始，在企业的信息化进程中成功与失败就一直相伴相随，如何才能使信息技术/信息系统被企业有效采纳，已成为该领域备受关注的研究课题。面对着蕴含复杂新技术的信息系统，信息技术/信息系统采纳领域一开始便围绕着解决技术问题进行采纳研究，但企业实际执行起来仍困难重重。人们开始认识到管理、组织等非技术因素至少要与技术因素处于同等重要的地位（Avison et al., 2001）[1]。管理与组织的最终触角即组织中的人的因素如何与信息技术有效融合？现实问题的思考促成了本书的研究。从心理和行为的角度，基于过程的视角来研究信息系统用户使用决策行为的机理，为我国组织的信息化建设提供理论与实施参照，使企业重视并了解微观层面员工信息系统主动采纳决策的心理行为特征，促进人—机系统的和谐发展，提高采纳决策行为的有效性。具体来说表现在以下几个方面。

第一，为企业观察了解信息系统用户行为提供了新视角，引导企业同时重视双因素对用户采纳和持续使用的影响。双因素理论提出，抵制因素和推动因素是相互独立且同时存在的，而且抵制因素会通过影响推动因素对感知带来影响。因此，企业管理者应充分重视可能导致用户抵制系统的技术原因、政治原因、组织文化原因等，而不能简单地认为只要做好了系统的推广工作，就能真正说服员工采纳和使用信息系统，因为一个小小的抵制因素有可能降低用户的采纳意愿和持续使用意愿，减少使用行为，甚至促使抵制行为的出现。

第二，为企业管理者在信息系统实施各阶段的用户行为管理工作，提供策略指导。关于用户采纳信息系统的研究中，有采纳前的技术接受模型和采纳后的持续使用模型，为企业管理者提供了在信息系统使用的不同阶段，促进用户使用行为的解决方案。但是，在信息系统抵制研究中，很少有适用于某一信息系统使用阶段的研究成果，多为从整个信息系统使用的过程来探讨抵制的原因或行为机理。在实际工作中和一些信息系统抵制行为研究结论中不难发现，信息系统抵制有着多种形式，各种表现形式的抵制行为是随着信息系统使用的阶段的展开而逐渐出现的，所以，本书的研究将信息系统抵制行为的研究划分出不同的阶段，分别研究不同阶段的信息系统抵制原因，研究结论将为企业管理者在信息系统实施应用的不同阶段有针对性的管理用户的消极情绪提供有效的指导。

因此，本书的研究的结论可以丰富组织内部成员对信息技术 / 信息系统使用行为等理论，相关研究成果可以有助于企业采取有效措施促进组织内部成员主动的真实的有效地采纳信息技术 / 信息系统，充分实现企业信息技术

---

[1] Avison D, Baskerville R, Myers M. Controlling action research projects[J]. Information technology & people, 2001, 14(1): 28-45.

/信息系统的投资价值，有效的推动企业信息化进程，为促进我国经济的迅速发展发挥积极的作用。

本书的研究在以下几方面进行了探索性和创新性的研究。

第一，本书的研究根据信息系统使用的双因素理论，研究信息系统使用行为，将信息系统用户积极行为（接受行为，持续使用行为）研究与消极行为（抵制行为）研究进行了整合研究。研究发现，在用户信息系统使用过程中，消极行为意向（本书的研究中称为“抵制改变”）不仅会直接影响用户信息系统使用行为，而且也会通过影响积极行为意向（即“使用意图”“持续使用意图”）对信息系统使用行为产生影响。将信息系统用户行为研究中看似“对立”的两个问题，进行了整合研究，在扩展用户行为研究视角、更真实地研究用户复杂的心理和行为方面，本书的研究做了积极的尝试。

第二，本书的研究将信息系统使用过程中的不同阶段联系起来，形成行为演化路径研究，以了解使用过程中的各阶段之间用户的行为与其主观感知之间相互影响的机理。本书的研究基于社会心理学中的自我感知理论和感知失调理论，实现了使用前阶段（pre-usage stage）、使用阶段（usage stage）和使用后阶段（post-usage stage）三个阶段行为的连接，并进行了信息系统使用行为演化机理的研究。以延续性的视角看待用户信息系统使用行为的发展变化，这为信息系统使用行为的研究提供了一个理论上的补充。

第三，关于信息系统抵制的研究中，多为针对实施后阶段抵制原因的研究，鲜有从行为延续性视角对信息系统使用各阶段中的抵制原因进行系统地研究。本书的研究将消费者行为学中的感知风险、创新抗拒理论引入使用前阶段（pre-usage stage）的抵制研究中，发现这一阶段用户抵制使用系统的原因是感知风险，主要包括感知时间风险、感知技术风险、感知社会心理风险和感知信誉风险。同时，对现有的信息系统抵制研究成果中关于实施后阶段抵制原因进行梳理，将其整合到“感知威胁”这一变量中，提出实施后导致抵制的三个感知威胁的维度，即感知权力变化，感知不公平和感知组织文化变化。研究发现，在信息系统使用的不同阶段，由于用户感知的差异，用户抵制系统的原因也各不相同，因此，本书的研究对信息系统抵制原因的研究工作起到了一定的促进作用。

第四章　研究模型构建与假设提出

根据本书的研究目的，本章对双因素在信息系统使用行为中的作用进行进一步分析的基础上，对第三章梳理的理论进行整合，继而构建出本书研究的理论模型，并对模型中的变量进行了定义和解释。

第一节　双因素对信息系统使用影响之比较

一、双因素的预测作用不同

推动因素可以用来预测一个用户是否采纳信息系统。推动因素的缺失可能会预测系统的抵制决定（例如，在推动因素和系统采纳之间存在不明显的相关关系）。反之，抵制因素也可以用来预测一个用户的系统抵制行为，但是抵制因素的缺失不可以用来预测系统的采纳行为。

抵制是指用户有意识地决定远离一个系统，相对于不采纳而言，也存在将来使用的可能。对技术的抵制——一个独立于“不采纳”的决策——可以更好地由抵制因素来预测，然而对技术的采纳可以更好地由推动因素来预测。一个抵制因素的存在可以导致用户对系统的抵制，而一个推动因素的缺失可能并不会导致用户对系统的抵制，抵制因素和推动因素将分别对系统的使用产生消极和积极的影响。Venkatesh 和 Brown 支持两种因素产生不对称性影响的观点，他们认为那些明显只会引起系统抵制的感知因素的缺失也不利于系统的采纳。Venkatesh & Brown（2001）[1]指出，先前的技术采纳研究大都发现某些因素（如感知有用性）的存在可以导致系统的采纳，同时将那些因素的缺失作为引起系

---

[1] Venkatesh, V. and S. A. Brown (2001) "A longitudinal investigation of personal computers in homes: Adoption determinants and emerging challenges", MIS Quarterly,(25)1, pp. 71-102.

统抵制的原因。Cenfetelli（2004）[1]的研究拓宽了这种观点，即通过证据来说明不采纳（抵制）的决策是基于一些关键障碍的（例如，快速的变化，高成本和知识的欠缺等）。因此，抵制因素和推动因素将对使用决策分别产生独特的影响。

二、抵制因素的解释力强于推动因素

在抵制因素和推动因素之间的另一个差别就是其存在与不存在的差别。一个消极属性的存在相对没有该属性的情况更具有信息价值，相反，一个积极属性的缺少更不具有信息价值。因此，一个用户优先考虑消极的感知属性的存在问题。鉴于这种消极的感知因素的存在产生的心理效果大于其不存在的情况，因此将对抵制因素的感知作为影响用户对系统质量评价的重要因素。任何现象产生的影响都具有不对称性，这是公认的理论。相比一个积极属性，一个消极属性的感知可以作为更好的系统使用诊断依据。例如，相对判断一个说真话的人为忠诚者来说，更容易将一个说谎的人判定为不忠诚的人。抵制因素这一信号除了具有明确性以外，它起的作用还具有全面性。规范理论认为，消极因素比积极因素引起人们更好的关注和认知。消极的经历对记忆力具有重要的影响，例如在某些情况下，消极事件比积极事件更容易被人记住，甚至记忆力超过两倍。例如 Baumeister 等人将这种支持消极因素的观点简单的描述为“坏的比好的具有更强大的影响”。消极的感知因素在信息处理方面也起到更好的作用。依据消极信息做出的决策和依据积极信息做出的决策，它们在速度和精确度方面具有明显的不对称性，消极信息有助于更快的做出更有把握的决策。

在社会交际中，人们倾向于将积极行为作为规范和标准，而将消极行为作为处理对象。换言之，就是将积极行为视为被人们所期盼的、符合社会需要的行为，而消极行为则视为指责人的依据。同样，用户很多时候将这种社会现象映射到电脑应用中，即当一个系统被感知到有负面特征时，就很有可能导致抵制发生。

总之，一个抵制因素将会使人们对系统产生明确的、突出的消极观点，进而产生使用意愿，因为抵制因素的存在所起的作用大于其不存在的情况。

---

[1] Cenfetelli R T. Inhibitors and enablers as dual factor concepts in technology usage[J]. Journal of the Association for Information Systems, 2004, 5(11): 3.

消极信息所起到的诊断作用大于积极信息，用户根据消极的和积极的感知来设计系统属性的不对称性。

三、抵制因素的偏好影响

抵制因素除了在心理学意义上对使用有影响，还在对系统的其他观念上存在偏好影响。换言之，除了系统本身的客观属性外，抵制因素的存在会对其他属性带来负面影响。这样的偏见会产生光环效应。光环效应是人做出的基于对目标的一种总体评估基础上的无效的判断。举个例子，一个学生评价一位教授不是好老师，仅仅因为该教授给他的作业打了低分，尽管其余学生都对该教授评价很高。光环效应是一种自上而下的模式。换句话说，整体态度会影响下面具体事物的判断，无论该事物有怎样出色的客观表现。抵制因素发挥作用遵循一种感性——具体的处理模式，即一种观念影响另一种观念。抵制因素的存在及其非对称性为对其他事物的认知提供了显著的、明确的、易得的线索（Wilson and Brekke, 1994）[1]这种影响与印象的形成相似（Yzerbyt & Leyens, 1991）[2]。Everard and Galletta（2004）[3]支持对网站负面印象形成的理论：对网站一个缺陷的认知会降低对整个网站质量的认知。可以说，用户达到这样一种负面认知是通过对这一缺陷的固定认知进而进行偏好设定形成的。人们认为这种固定认知在用户对最初使用时对系统的评价上起关键作用。与其明确的显著的负面作用相结合，抵制因素可能也会固定继而偏好对信息系统的信息、系统及服务质量等属性的认知。似乎这种观点有人会反对，认为推动因素可以影响抵制因素，换句话说，系统客观积极因素可以帮助用户消除那些负面因素的影响。然而，如前文所提到的，负面信息具有更突出，特征更明显的特性，易于引发更多的信息处理。即使推动因素呈负价，这一问题就变成一种心理意识，一种

---

[1] Wilson TD, Brekke N. Mental contamination and mental correction: unwanted influences on judgments and evaluations[J]. Psychological bulletin. 1994,116(1):117.

[2] Yzerbyt VY, Leyens J-P. Requesting information to form an impression: The influence of valence and confirmatory status[J]. Journal of Experimental Social Psychology. 1991,27(4):337-56.

[3] McCoy S, Everard A, Galletta D, Polak P, editors. A study of the effects of online advertising: A focus on pop-up and in-line ads. Proc 3rd Ann Workshop on HCI Research in MIS, Washington DC; 2004: Citeseer.

观念即积极因素的缺失不及消极因素的存在更明显。

抵制因素会对认知带来负面影响，无论该系统有多少客观积极特性。换言之，在控制推动因素客观属性的前提下，相比没有抵制因素的系统，抵制因素会对推动因素造成更负面的影响。因此，抵制因素对系统使用既具有直接影响也有间接的影响。推动因素可以调节抵制因素的间接影响。

总之，Cenfetelli 认为系统使用的抵制因素，正是那些与主要在满意度研究文献中出现的积极导向型观点的具有本质不同的系统属性方面的观点。这些观点只会阻碍系统的使用，但是它们的缺失也不会鼓励系统的使用。这些抵制观点独立于推动观点，它们可以共存，具有不同的前因并产生不同的结果。在这些因果效应中，抵制因素对系统抵制产生的影响是独特的，其作用远大于推动因素对系统使用产生的影响。这种观点将会影响一个用户对系统拥有的客观积极属性的感知。

四、双因素的组合对信息系统使用的影响

（1）系统含有一定的推动因素，如果还包括极少的抵制因素，那么该系统更有可能被采纳，而且被持续使用。

推动因素不管高低，都与现存文献中的用户满意和质量相关。高质量的系统培育用户采纳，相反，低质量的系统则不会对促进采纳产生作用。因此，高质量的系统即便有一些抵制因素，也不会对用户的采纳产生显著影响。

（2）设计的系统如果不含有推动因素，而是有很高程度的抵制因素，那么很可能会被用户拒绝。如果系统没有被认为是设计有缺陷或功能少，那么实际上该系统是起负面作用的，它具有的某些特征将只会阻碍系统的使用。

结合电子商务背景来考虑以下情况：一个消费者在第一次访问一个购物网站时，碰到了一个或多个“弹出式”广告。如果该用户既注意到了这些广告，又对这些广告感到厌烦，那么她将如何对这个网站的其他方面进行心理评价？对许多用户来说，这种广告入侵将否定这个网站其他任何功能的积极想法。进一步举例，两个具有相同设计和功能的系统，在由于一个抵制因素引起的属性方面也具有差异性（一个拥有这种抵制因素，另一个没有这种抵制因素），这将导致用户对系统的同一个客观属性，产生不同的感知。

（3）抵制因素的出现会抵消推动因素的作用，增加该系统被拒绝的可能性。即使该系统被采用，抵制因素的持续存在将最终导致系统的终止使用。

抵制因素与推动因素的并存会导致这样一种结果：即使系统最初被采用，仍然存有用户最终终止使用该系统的风险。

（4）抵制因素和推动因素的同时缺失将会导致这样一个结果，即使用/拒绝系统的决定将基于感知之外的其他因素来做出（如环境变量）。

如果推动因素和抵制因素并不是双重元素，而是彼此对立的，那么以上描述的高推动低抵制因素的情况似乎具有一定道理。抵制因素的存在将会否定推动因素产生的效果，增加系统被拒绝使用的可能性。即使系统被采纳使用了，这种抵制因素的持续存在也将最终导致系统的使用中断。

第二节　理论整合

在上一章文献综述中，介绍了信息系统用户行为研究的主要方向：技术接受、IS 持续使用和信息系统抵制。其中，技术接受理论和 IS 持续使用理论都是讨论促进用户接受使用或持续使用信息系统的推动因素以及这些因素对行为的影响机理，信息系统抵制理论则是研究阻碍用户接受或阻碍用户持续使用的抵制因素。

但是，这些主流研究都是将用户接受行为/使用行为、用户持续使用行为与用户抵制行为各自独立开来，只针对某类行为进行深入研究，没有将三类行为进行整合研究。本书的研究将以整合的视角来重新研究信息系统用户行为，在此做一下简要说明。

从人的认知、态度和行为发展的延续性规律来看，认知、态度和行为的发展是有阶段性的变化，但同时是有延续性的。即人们先前的认知、态度会影响以后的认知、态度，先前的行为会影响以后的行为（Bhattacherjee & Premkumar,2004）[1]，同时，认知、态度作为人的内心活动，会对行为产生直接影响（TRA/TPB），而行为又会对行为产生之后的认知和态度产生影响（自

[1] Bhattacherjee A, Premkumar G. Understanding changes in belief and attitude toward information technology usage: a theoretical model and longitudinal test[J]. MIS quarterly, 2004, 28(2): 229-254.

我认知)。所以，本书的研究提出认为应当以时间延续的视角来研究信息系统用户行为的发展变化。

从认知的双重性（Dual）来看，人的认知中不是只有“好”或“坏”，而是同时存在双重认知，影响认知的推动因素和抵制因素同时存在，而且相互独立，同时对人的认知产生影响，进而对行为产生影响。因为双因素（Dual Factors）（Cenfetelli，2004）[1]的存在，人的认知中也便同时存在推动认知和抵制认知，两种认知将共同影响人的行为。在信息系统用户行为研究中，推动的行为（接受行为，持续使用行为）也不是仅仅由推动认知影响着，抵制认知也在同时产生影响作用。所以，在研究用户使用信息系统的行为时，应当采用“双因素”视角，同时考虑推动因素和抵制因素，即将促进用户接受、促进用户持续使用的因素与导致用户抵制（指：不接受、不使用、延迟使用、抵制使用或停止使用信息系统的行为）的因素并行考虑，同时考察两类因素用户行为的影响，使得研究的前提更符合实际情况，也使得研究的结果对实践应用的指导更客观、更全面。因此，本书的研究认为应当以双因素的视角，将技术接受、IS 持续使用和信息系统抵制进行整合，研究信息系统用户行为的影响因素。

基于以上分析，本书的研究提出四个理论整合方案。

一、技术接受理论与 IS 持续使用理论的整合

Bem 的自我感知理论认为人们往往不清楚自己的情绪、态度、特质和能力等，因此人们实际上是通过观察在不同压力环境下的自己的行为而了解自己的态度，并非经过对内在感受的内省，对自己的推论是依赖于自己外显的行为（Bem, 1972）[2]。因此，在营销学领域的研究中提出：用户的使用行为是他们对于一个产品或服务评价的基础（Bem, 1972）。其他领域的研究者们也认同以上结论，认为自我感知理论可以作为研究反馈机制的理论基础。

技术接受理论的研究，起于用户“感知”，止于用户“使用行为”（本书

---

❶ Cenfetelli R T. Inhibitors and enablers as dual factor concepts in technology usage[J]. Journal of the Association for Information Systems, 2004, 5(11): 3.

❷ Bem D J. Constructing cross□situational consistencies in behavior: Some thoughts on Alker's critique of Mischel[J]. Journal of Personality, 1972, 40(1): 17-26.

的研究借用使用行为的狭义定义，将用户的接受行为称为“用户使用行为”。详见第4章对“信息系统使用行为”的变量定义)。IS持续使用的研究，起于“确认”，止于“持续使用行为”(Bhattacherjee, 2008)[1]。根据自我感知理论，用户的使用行为是用户对信息系统进行评价的基础，用户的确认来自于用户对信息系统的期望与实际使用绩效之间的对比结果，即确认是在使用的基础上产生的主观评价。

此外，信息系统抵制三因素理论认为：用户抵制系统的因素之一是“交互因素”，“交互因素”是在用户与系统的交互之后产生的变化，三因素理论提出：用户抵制的不是系统，而是系统应用后带来的变化，比如权力的变化，岗位的变化等。也就是说，随着用户使用行为的发生，用户在使用系统过程中，感受到系统带来的新变化，由于感知到新变化带来的威胁，用户会产生抵制改变的意识。因此，信息系统抵制三因素理论支持：“信息系统使用影响确认，确认影响感知威胁”这一变量间的因果关系。

基于以上分析，我们可以基于自我感知理论和信息系统抵制三因素理论，将“信息系统使用行为”与“确认”因果关联，并在此基础上将技术接受理论与IS持续使用理论进行整合，形成了接受阶段、使用阶段与持续使用阶段的信息系统用户行为的纵向研究。本书的研究中将接受阶段、使用阶段与持续使用阶段分别称为使用前阶段(pre-usage stage)、使用阶段(usage stage)与使用后阶段(post-usage stage)，以方便读者识别理解三个不同阶段。

二、技术接受理论、持续使用理论与信息系统抵制理论的整合

信息系统使用的双因素理论，将用户对客观系统属性的感知因素定义为“抵制因素”和“推动因素”。推动因素，是指那些鼓励系统使用的有关系统设计和功能的外部导向型观点。抵制因素也是用户拥有的能够最终影响用户系统使用决定的有关系统属性的感知因素。但不同的是，抵制因素的影响是能够完全阻碍系统的使用。信息系统使用的双因素理论提出以下观点：第一，存在着完全抵制系统使用的感知因素——抵制因素，这些因素与促进系统使

[1] Premkumar G, Bhattacherjee A. Explaining information technology usage: A test of competing models[J]. Omega, 2008, 36(1): 64-75.

用的积极因素的对立因素有着本质的不同。第二，这些抵制因素和积极因素是彼此相互独立的并且可以共存的。第三，抵制因素具有光环效应，对积极因素产生消极，进而间接影响使用行为。

基于信息系统使用的双因素理论，本书的研究认为，抵制因素和推动因素都是影响行为决策的感知因素，并对使用行为产生非对称的作用，所以，在讨论信息系统用户行为时，应当将抵制因素和推动因素同时考虑进来，对于用户的积极使用行为（包括使用行为和持续使用行为）和抵制行为进行整合研究，以有助于研究者和管理者更全面的理解促进使用系统或拒绝使用系统的原因，同时，也有助于对于抵制因素、抵制行为有更深入的理解。

基于以上思考，本书的研究提出，在信息系统使用前阶段，将技术接受理论与信息系统抵制理论整合，研究抵制因素和积极因素在这一阶段对用户的信息系统使用行为产生影响的程度以及影响的路径；在信息系统使用后阶段，将 IS 持续使用理论与信息系统抵制理论整合，研究抵制因素和积极因素共同影响持续使用行为的路径及影响程度。在纵向研究思路基础上，在使用前和使用后的阶段性行为研究中，将信息系统抵制理论分别与技术接受理论、IS 持续使用理论进行整合，对于研究思路做了进一步的扩展。

三、信息系统抵制理论与感知风险理论的整合

在信息系统抵制行为研究的六个重要理论成果中，有两个理论研究的是信息系统使用前阶段（pre-usage stage）的抵制因素。

信息技术反应行为的归因模型中，提出习得性无助感是直接导致用户抵制的因素之一。因为他们认为新的信息系统的应用意味着新的挑战，由于习得无助感的存在，使用户认为自身能力不足，在正式开始之初已经形成了应用系统将会失败的认识，所以将不会在以后的系统实施中投入更多的努力。感知风险中社会心理风险指的是消费者担心因为产品的不满意带来的自我感知受伤的风险，消费者因为这种风险的存在而拒绝购买商品，这与因习得无助感导致的信息系统用户对系统使用的抵制类似，都是由于负面的自我感知而产生的行为上的抗拒。

基于现状偏好视角的信息系统抵制行为模型提出，转换成本是导致用户抵制的重要因素。转换成本包括金钱成本或非金钱成本，比如用户如果要使

用新系统，就意味着用户需要花时间、精力去学习新系统的功能，同时可能会影响自己的工作任务，带来工作绩效上的降低。所以，转化成本的存在使人们偏向于现有的选择，而不愿尝试改变。这里说的转化成本可以具体分为花时间、给工作带来麻烦和失掉工作业务（Kim & Kankanhalli,2009），这与感知风险中的时间风险和绩效风险是一致的。

基于信息系统抵制理论中得出的使用前抵制的影响因素与感知风险理论中的社会心理风险、时间风险和绩效风险三个主要维度是对应的，所以在本书的研究中，将使用前阶段用户抵制系统的原因用感知风险来统一代指。

四、信息系统抵制理论与感知威胁理论的整合

在信息系统抵制行为研究的六个重要理论成果中，有三个理论研究的是信息系统使用后阶段（post-usage stage）的抵制因素。

三因素理论中的交互因素理论提出：用户抵制的不是系统，而是系统实施带来的变化。公平实施模型中提出，当信息系统的实施带来的相对变化（相对变化包括相对于自己的公平状态，相对于雇主的公平状态，相对于其他雇员的公平状态）不利于用户时，用户才会抵制信息系统。以上两个理论提出的变化，都是在系统使用时，给用户带来的威胁。因此，在基于纵向视角的信息系统抵制行为研究路径模型中提出，用户感知到的威胁是抵制的五个要素之一，并且直接导致用户抵制。所以，本书的研究在信息系统使用后阶段（post-usage stage）用"感知威胁"作为影响用户持续使用行为的抵制因素，并上述三个信息系统抵制理论提到的威胁的内容来划分感知威胁的维度。

第三节 研究模型构建

对于企业而言，如何让其员工（即信息系统用户）采纳并持续企业信息系统，是企业管理者最关心的问题。因为对于一个少则几千，高则几百万的企业信息系统投资项目而言，让投资在预期的时间内得到管理者预期的效益，是企业选择该系统的最根本的出发点。没有用户的使用，信息系统的所有效益都无从谈起。所以，不仅要让用户采纳系统，而且要持续不断的使用系统，对于管理者

和系统开发、维护者来说，是一个永恒的话题，因为用户使用系统是一个沿着时间轴不断展开的活动，而非一次性或者阶段性的活动。在用户使用系统前后两个不同的阶段，用户的感知和行为意图会产生怎样的变化？哪些因素导致了这些变化？这正是管理者在信息系统管理工作中应该关注的要点。

传统的信息系统用户行为研究中，对于用户采纳行为的关注度非常高，对于用户抵制行为的研究相对较少，而且，绝大多数研究者仅仅关注采纳或抵制中的一面，比如技术接受模型指出感知有用、感知易用是促进用户接受系统的重要影响因素，Kim & Kankanhalli（2009）[1]提出信息系统抵制模型认为转换成本、转换收益、组织支持是导致信息系统抵制行为的重要因素。鲜有学者将促进信息系统用户接受和导致用户抵制的因素整合起来研究，导致管理工作中出现只重视好的、能促进用户使用的因素，或者只关注消极的、导致用户消极态度的因素。但是，信息系统使用的双因素理论提出，信息系统使用中，影响用户感知的因素不是只有正面因素或只有负面因素，而是两种因素同时并存，共同对用户的使用行为产生影响[2]。

Bhattacherjee & Hikmet（2007）指出：信息系统使用意向和抵制改变的意向同时信息系统使用行为产生影响，且抵制改变通过影响信息系统使用意向进而影响信息系统使用行为[3]。但该模型没有将使用前和使用后两个不同的阶段区分开分别加以研究，Bhattacherjee A, Premkumar（2004）[4]指出用户的感知在信息系统使用过程中会随着一手经验的出现而发生变化，并进而影响用户的下一步的使用行为。换句话说，用户在使用后阶段的感知与在使用前阶段的感知相比会有变化，而且这种变化会导致使用行为随之发生改变。所以，本书的研究根据技术接受模型理论、期望确认模型理论以及基于纵向视角的

[1] Kim H-W, Kankanhalli A. Investigating user resistance to information systems implementation: A status quo bias perspective[J]. Mis Quarterly. 2009,33(3):567-82.

[2] Cenfetelli R T. Inhibitors and enablers as dual factor concepts in technology usage[J]. Journal of the Association for Information Systems, 2004, 5(11): 3.

[3] Bhattacherjee A, Hikmet N. Physicians' Resistance toward Healthcare Information Technologies: A Dual-Factor Model[C]//System Sciences, 2007. HICSS 2007. 40th Annual Hawaii International Conference on. IEEE, 2007: 141-141.

[4] Bhattacherjee A, Premkumar G. Understanding changes in belief and attitude toward information technology usage: a theoretical model and longitudinal test[J]. MIS quarterly, 2004, 28(2): 229-254.

信息系统抵制行为模型，将用户的信息系统使用阶段划分为三部分：使用前阶段、使用阶段、使用后阶段。在使用前阶段，结合技术接受模型和信息系统使用的双因素理论，建立行为分析模型，在使用后阶段，将期望确认模型和信息系统使用的双因素理论结合，分析使用后阶段中的用户行为机理。

在使用前阶段，用户并未尝试使用信息系统，系统对于用户来说是一个创新性的产品，所以，在这个阶段，用户对于系统的感知类似于消费者对于创新产品或服务的感知，因此，本阶段的研究用户抵制借用消费者行为学中的创新抗拒概念，感知风险作为影响创新抗拒的重要因素，在本书的研究中也作为抵制改变的前因变量。基于技术接受模型理论和信息系统使用的双因素理论，引入感知风险这一消费者行为学概念，研究使用前，感知有用影响信息系统使用意向，感知风险影响抵制改变，抵制改变影响信息系统使用意向，最终信息系统使用意向和抵制改变（使用前）共同影响信息系统采纳行为的行为机理模型。

Lapointe & Rivard（2005）指出，在信息系统使用过程中，随着时间推移，用户受系统使用环境、大事件、系统拥护者的反应以及其他角色的行为的影响，影响其行为的初始条件和抵制客体都会发生改变，其感知威胁会发生改变，进而导致了抵制行为逐渐强化，并且相互影响，个体抵制行为向群体抵制行为演化。由此看来，在使用后阶段，用户的感知威胁会影响用户的抵制改变的意向，进而影响抵制行为。所以，在使用后阶段，结合期望确认模型和信息系统使用的双因素理论，将感知有用、满意度作为信息系统持续使用意向的前因变量，将感知威胁作为抵制改变的前因变量，建立抵制改变影响信息系统持续使用意向，信息系统持续使用意向和抵制改变（使用后）共同影响信息系统持续使用意图的行为分析模型。

综合上述逻辑分析，本书的研究面向信息系统使用全过程，以信息系统使用的双因素理论为基础，结合技术接受模型和期望确认模型两个经典的信息系统使用行为理论模型，借用消费者行为学中的感知风险、创新抗拒这组概念，将信息系统接受行为与信息系统抵制行为整合在一个行为模型框架中，提出如图 4-1 所示的基于双因素视角的用户信息系统使用行为模型。

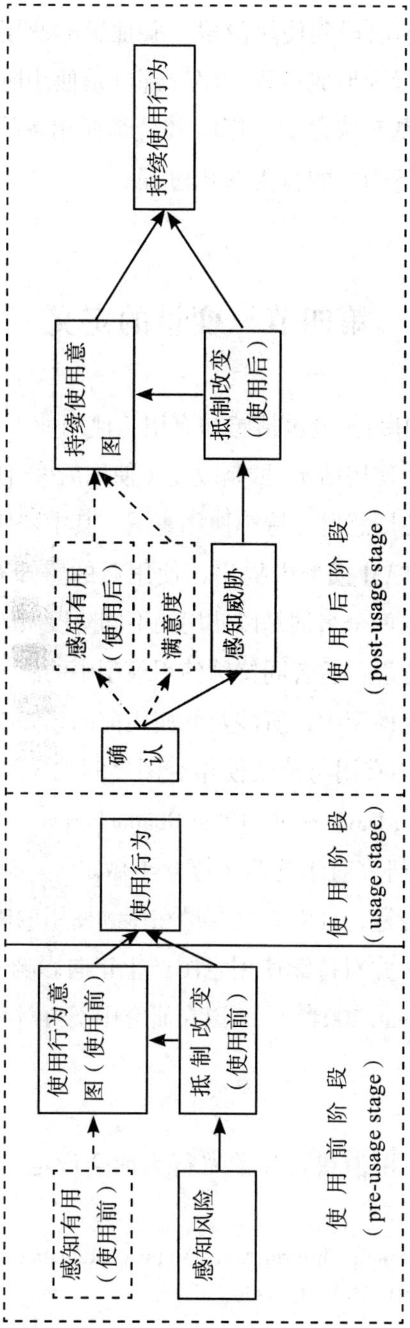

图 4-1　基于双因素视角的用户信息系统使用行为模型

（注：图中虚线部分已被技术接受模型、持续使用模型证明，本书的研究不再做重复证明）

本书的研究依据图 4-1 展示的研究框架，将主要的研究任务分为两大部分：第一部分是使用前阶段到使用阶段，验证影响使用行为的因素以及“感知 - 意图 - 行为”的行为形成过程。第二部分是使用阶段到使用后阶段，验证用户在初次使用信息系统之后，影响其持续使用系统的因素以及“使用 - 确认 - 感知 - 意图 - 行为”的行为演化过程。

第四节 变量的定义

本书的研究模型中的变量包括感知有用（使用前）、感知有用（使用后）、感知风险、抵制改变（使用前）、抵制改变（使用后）、使用行为、确认、满意度、感知威胁、持续使用意愿、持续使用意图。其中，使用前的感知有用最早由 Davis 在 1989 年的 TAM 模型中提出，使用后的感知有用是 Bhattacherjee 在 2008 年提出的，由于这两个名词是以使用的不同阶段做的划分，前者是同 TAM 中的感知有用是一个意思，后者同持续使用模型中的感知有用是一个意思；而且，由于在本书的研究模型中，所涉及的使用前的感知有用与使用意图之间的关系以及使用后的感知有用与持续使用意图之间的关系都已被很多学者的研究所证明（Davis, 1989; Davis et al., 1989; Bhattacherjee，2001; Venkatesh & Bala，2008），所以，本书的研究对于这两个概念不做定义。满意度是来自持续使用模型中的相同名称的变量，且由于该变量在持续使用的诸多研究中均被证明其受到确认的正向影响，并对持续使用意图产生正向影响（Bhattacherjee，2001[1]; Bhattacherjee & Premkumar, 2004[2]），所以在研究中不再对其进行定义。

一、感知风险

库克斯（Cox）提出消费者在消费行为前会设定一系列的消费目标，当

---

[1] Bhattacherjee A. Understanding information systems continuance: an expectation-confirmation model[J]. MIS quarterly, 2001, 25(3): 351-370.

[2] Bhattacherjee A, Premkumar G. Understanding changes in belief and attitude toward information technology usage: a theoretical model and longitudinal test[J]. MIS quarterly, 2004, 28(2): 229-254.

消费者不能确定消费项目的特性（如产品的品牌、样式、色彩、大小、位置等）中，哪些与其消费目标匹配或满足消费目标时，便产生了感知风险。借用消费者行为学中的感知风险的定义要素，将移动办公系统用户看做消费者，将未被使用甚至未被试用过的移动办公系统看做未被消费者了解过的消费品，则我们可以这样定义移动办公系统用户的感知风险：移动办公系统使用者在使用系统之前，会设立一系列的使用目标，当使用者不能确定系统的特性是否都满足自己的使用目标或与自己的使用目标匹配时，便产生了移动办公系统使用的感知风险。

基于对感知风险的定义，借鉴消费者行为学中对感知风险的维度划分，本书的研究采用归纳、演绎结合的方法，提出移动办公系统用户的感知风险的四个维度：感知时间风险、感知技术风险、感知社会风险和感知信誉风险。在用户未使用移动办公系统前，这四个维度作为四个要素共同影响用户对移动办公系统的感知风险。接下来，本书的研究将对感知风险的各个维度进行详细解释和定义。

（1）感知时间风险

感知时间风险，是指用户对于学习、使用和适应移动办公系统所花费时间上的不确定性，而产生的主观感知风险。这里所提到的“花费时间上的不确定性”即指浪费过多时间，包括学习使用移动办公系统花费时间过多，使用移动办公系统占据的时间过多，以及一旦移动办公系统出现故障、错误会带来的时间耗费。

（2）感知技术风险

感知技术风险，指的是用户对于移动办公系统的技术指标水平、技术特征水平以及系统运作原理不了解或不理解，继而产生的对移动办公系统功能和运作稳定性的不确定性感知，担心移动办公系统在使用中达不到用户自身设定的技术要求。具体来说，感知技术风险包括用户担心移动办公系统服务效率和服务质量可能达不到自己的预期要求，担心移动办公系统技术复杂会让自己操作失败，担心移动办公系统技术水平不高，会让自己的工作出现损失等三个方面。

（3）感知社会风险

感知社会风险，是指用户感受到的由于使用移动办公系统所带来的社会对其个人评价会影响其个人社会地位或社会形象的不确定性。具体包括由于对移动办公系统的操作不熟练或不会使用移动办公系统，使同事、朋友或家人对用户个人的评价降低，甚至嘲笑、疏远的风险。

（4）感知信誉风险

感知信誉风险，指的是由于用户对移动办公系统提供商的信誉度、品牌影响力和售后技术服务水平的不确定，而产生的对于移动办公系统提供商在培训服务水平、客户服务水平和技术升级水平方面的感知不确定。由于移动办公系统提供商的信誉度不高，用户将会担心移动办公系统培训水平较低，难以通过培训让自己学会有效使用移动办公系统，同时，也会担心售后服务水平和将来的系统升级技术水平达不到自己的预期。

如表 4-1 所示将移动办公系统用户感知风险的测量维度及对维度的解释进行了整理。

表4-1 移动办公系统用户感知风险测量维度

测量维度	测量维度的含义
感知时间风险	用户对于学习、使用和适应移动办公系统所花费时间上的不确定性，而产生的主观感知风险
感知技术风险	用户对于移动办公系统的技术指标水平、技术特征水平以及系统运作原理不了解或不理解，继而产生的对移动办公系统功能和运作稳定性的不确定性感知，担心移动办公系统在使用中达不到用户自身设定的技术要求
感知社会风险	感知社会风险，是指用户感受到的由于使用移动办公系统所带来的社会对其个人评价会影响其个人社会地位或社会形象的不确定性
感知信誉风险	由于用户对移动办公系统提供商的信誉度、品牌影响力和售后技术服务水平的不确定，而产生的对于移动办公系统提供商在培训服务水平、客户服务水平和技术升级水平方面的感知不确定

二、抵制改变（使用前）

Kurt Lewin（1947）[1]关于组织发展的文献中最早提出关于“抵制改变”的概念。Lewin 指出：社会系统与生物系统的都拥有相同的一个特性——“稳

[1] Lewin K. Frontiers in group dynamics: concept, method and reality in social science; social equilibria and social change[J]. Human relations, 1947.

态”，都有通过抵抗变化和恢复回到原状态或保持现状的倾向。这种现状偏好代表了强制力量和反对变革之间的平衡。因此，成功的变革依赖于组织“解冻”平衡，在抵制改变发生前调整这些力量的能力动态变化。

Zaltman & Duncan（1977）[1]也提出了一个关于抵制改变的比较有影响力的定义：面对要改变现状的压力而表现出的安于现状的任何行为。在移动办公系统研究领域，Keen 将抵制改变定义为“社会惰性 / 惯性”，与 Lewin 提出的“动态平衡”类似。Hirschheim & Newman 将抵制改变定义为：对于将要发生的改变表现出的敌对的反应，这种反应可能会以一种直接而明显的方式展示出来（比如破坏或者对着干），也可能不明显或者非常隐蔽（比如表现出惰性拖延工作，直到项目失败为止）[2]。

Oreg（2006）[3]，Smollan（2006）[4]提出建立抵制改变的多维度概念，包括对抵制改变的情感、认知和行为反应。他们认为抵制改变不是简单的通过发现原因就能解释的行为，抵制改变是一个经过情感和认知的改变最终形成行为的一个系统概念。本书的研究将 Oreg 和 Smollan 提出的抵制改变中的前两个维度——情感和认知作为本书的研究中提到的“抵制改变”这一变量的维度，提出狭义的抵制改变的概念，即面对要改变现状的压力，个体表现出的安于现状，害怕甚至反对改变的情感和认知状态。

在改变的过程中，个体对改变的抵制的划分为两个阶段：第一阶段是改变未发生时，个人首先用自己对变化的重要性的评价来界定未来变化的重要性，然后用这个主观评价继续影响对接下来发生的所有改变的评价（Weick

[1] Zaltman G, Duncan R. Strategies for planned change[M]. New York: Wiley, 1977.

[2] Hirschheim R, Newman M. Information systems and user resistance: theory and practice[J]. The Computer Journal, 1988, 31(5): 398-408.

[3] Oreg S. Personality, context, and resistance to organizational change[J]. European Journal of Work and Organizational Psychology, 2006, 15(1): 73-101.

[4] Kark Smollan R. Minds, hearts and deeds: cognitive, affective and behavioural responses to change[J]. Journal of Change Management, 2006, 6(2): 143-158.

& Roberts 1993[1]; Weick & Quinn 1999[2])。第二个阶段是当变化发生时，个人会根据变化的原因和变革的推动者来考虑下一步可能的应对策略，即形成了新的对改变的抵制认知（Rousseau and Tijoriwala 1999[3]; Jordan et al. 2002[4]; Jordan et al. 2007[5]）。具体来说，在用户还未使用甚至未试用移动办公系统的时候，用户自身并没有接触到因为移动办公系统的使用带来的任何变化，但是由于用户倾向于保持现状，故而会抗拒将要发生的变化，特别是当用户个体内心感受到压力时。用户对于将要使用的新系统的看法就像消费者对于即将要被推荐的新产品或新服务一样，因为在这两种境况下，个体都处于一个被迫要改变现状的状态。所以，在使用前阶段，我们借用消费行为学中的创新抗拒概念来定义这一阶段的用户对于抵制的改变：移动办公系统用户感受到将要被强加新的移动办公系统应用，将来需要被迫改变现状时，而产生的反对改变现状的认知。所以，本书的研究将用户在移动办公系统使用前阶段中产生的抵制意图称为抵制改变（使用前）。

三、使用意图

行为意愿是指个人从事某些行为的主观概率或可能性，它是连接消费者自身与未来行为的一种陈述（Peter 和 Olson, 1996）[6]，消费者的使用意愿即

---

❶ Weick K E, Roberts K H. Collective mind in organizations: Heedful interrelating on flight decks[J]. Administrative science quarterly, 1993: 357-381.

❷ Weick K E, Quinn R E. Organizational change and development[J]. Annual review of psychology, 1999, 50(1): 361-386.

❸ Rousseau D M, Tijoriwala S A. What's a good reason to change? Motivated reasoning and social accounts in promoting organizational change[J]. Journal of applied psychology, 1999, 84(4): 514.

❹ Jordan M H, Feild H S, Armenakis A A. The relationship of group process variables and team performance a team-level analysis in a field setting[J]. Small Group Research, 2002, 33(1): 121-150.

❺ Jordan M H, Schraeder M, Feild H S, et al. Organizational citizenship behavior, job attitudes, and the psychological contract[J]. Military Psychology, 2007, 19(4): 259.

❻ Peter J P, Olson J C. Consumer behavior and marketing strategy[J]. 1996.

消费者对于产品或企业所可能采取的特定行为或倾向（Engel 等，1995）[1]。

本书对使用意愿的定义：移动办公系统用户愿意使用或继续在工作中使用新的移动办公系统的可能性。

四、使用行为

在信息管理研究领域，系统使用的研究分为两个层面：一个层面是方法方面的研究，这方面的研究多在组织层面讨论，主要在技术、组织和管理三个角度探讨移动办公系统的应用如何支持企业实现战略目标；另一个层面是行动和状态方面的研究，这方面的研究多在个体层面探讨人体对移动办公系统的使用行为和使用状态。所以，移动办公系统的使用包括应用移动办公系统的行动、状态、方法。本书的研究提出的移动办公系统使用行为，属于系统使用中的行动、状态层面，即用户在主观上接受移动办公系统以后，将其应用于日常业务工作的行动、状态。

五、确认

期望确认理论提出者 Oliver（1980）指出：消费者使用产品或服务前形成的对于产品或服务的期望与使用后感到的绩效之间的比较就是确认。如何量化“确认”的问题，现有的研究中主要有三种方法。第一种方法称为客观方法，即由外部评价者参照某一设定的标准来衡量消费者购买或使用前的期望和使用后的绩效感知之间的差距；第二种方法称为推断方法，这一方法根据比较水平理论，求消费者购买或使用前的期望和购买或使用后的绩效感知之间的差，即期望确认 = 消费者购买或使用前的期望 - 购买或使用后的绩效感知，这一方法使用的主观评价，但是因为求的是代数差，所以也存在一定的客观性；第三种方法称为主观感知方法，即由消费者主观评价其自身感知到的购买或使用前的期望和购买或使用后的绩效感知之间的差，通常用“感觉到的……比期望好”或“感觉到的……比期望差”来描述期望确认。

在移动办公系统领域研究持续使用中的期望确认，都采用第三种方法，即主观感知方法来衡量，因此，本书的研究中将期望确认定义为：用户主观

[1] Engel J F, Blackwell R D, Kollat D T. Consumer behaviour[J]. Fort Worth, 1995.

感知到的在使用移动办公系统前对该系统的期望与实际使用后形成的感知绩效之间的差距。

六、感知威胁

不同领域的研究者都提出，当事人感知到威胁时，抵制就会出现。Dentand Goldberg（1999）提出，人们不是抵制改变，而是抵制改变将要带来的威胁[1]。Freud（1919）用“巨大的情感痛苦”来形容感知威胁，Marakas and Hornik（1996）也提出感知威胁是指的用户“对危险情况的觉察”。在本书的研究中，将移动办公系统用户在使用移动办公系统之后，得到的负面感知归为感知威胁，包括工作权力的减少，在组织中的影响力的降低，工作难度的增加，等等。

七、抵制改变（使用后）

如 3.4.2 所述，在改变的过程中，个体对改变的抵制的第二个阶段是当变化发生时，个人会根据变化的原因和变革的推动者来考虑下一步可能的应对策略，即形成了新的对改变的抵制认知（Rousseau and Tijoriwala 1999[2]; Jordan et al. 2002[3]; Jordan et al. 2007[4]）。

在用户使用了新系统之后，用户的权力、使用新系统发生的成本 – 收益以及因为新系统而带来的组织文化都有可能发生变化，这些都改变了用户对于新系统判断的初始条件，当这些变化不利于用户自身时，用户便感知到了新系统使用带来的威胁，而这个威胁导致了用户对于继续使用移动办公系统将要带来的更大的不利变化的担心，于是在这个阶段，用户也会产生对于改

❶ Dent E B, Goldberg S G. Challenging “resistance to change” [J]. The Journal of Applied Behavioral Science, 1999, 35(1): 25-41.

❷ Rousseau D M, Tijoriwala S A. What's a good reason to change? Motivated reasoning and social accounts in promoting organizational change[J]. Journal of applied psychology, 1999, 84(4): 514.

❸ Jordan M H, Feild H S, Armenakis A A. The relationship of group process variables and team performance a team-level analysis in a field setting[J]. Small Group Research, 2002, 33(1): 121-150.

❹ Jordan M H, Schraeder M, Feild H S, et al. Organizational citizenship behavior, job attitudes, and the psychological contract[J]. Military Psychology, 2007, 19(4): 259.

变的消极认知——抵制改变。本书的研究将抵制改变（使用后）定义为：用户在采纳系统以后，因为在使用过程中感受到不利于自身的变化而产生的反对变化的行为意图。

八、持续使用意图

持续使用意图（Continuance Usage Intention）是指移动办公系统用户想要重复使用已经使用过的移动办公系统的意图（Ajzen & Fishbein 1980; Mathieson 1991 ;Bhattachee 2001）。本书的研究的定义为，移动办公系统用户在初步使用过移动办公系统之后，想要继续使用该系统的意图。

九、持续使用行为

用户持续使用行为区别于技术采纳行为（ 初次采纳行为），用户在使用移动办公系统（ 初次或以上次数）后，会在将来很长的一段时期内仍然使用该系统的行为（皇甫青红，2013）。用户的移动办公系统持续使用行为是一种有意识的理性决策。这时，用户的决策取决于他对移动办公系统的综合评价，经过理性思考后产生了持续使用的意图，之后受这种意图的影响而形成持续使用的行为（李倩，侯碧梅，2013）[1]。

因此，本书的研究将持续使用行为定义为：用户在采纳系统后，在将来很长一段时间内仍继续使用系统的理性行为。

第五节　研究假设的提出

一、感知风险与抵制改变（使用前）

感知风险是导致创新抗拒的主要因素（相关文献见本书的研究的 2.3.2 部分，此处不做赘述）。创新抗拒是在被强加创新时，消费者产生的自然而

[1] 李倩，侯碧梅．基于维持现状偏好理论的信息系统使用决策研究[J]．管理评论，2013,01:44-51.

然的抗拒反应。抵制改变（使用前）是移动办公系统用户在被强加使用新的移动办公系统时，而产生的抗拒反应。创新抗拒与抵制改变（使用前）虽是不同领域的概念，但都属于对于个体的消极心理的描述。鉴于在 3.4.2 中分析的结论——移动办公系统使用前阶段的用户对系统的抵制与消费者面对新产品、新服务时产生的创新抗拒在内涵、形式上的类似性，借用消费者行为学中的感知风险与创新抗拒的关系，本书的研究试图探讨感知风险对抵制改变（使用前）的直接作用。本书的研究提出的以下假设

H1：感知风险对抵制改变（使用前）有积极影响。

二、抵制改变（使用前）、使用意图与使用行为

Cenfetelli（2004）[1]提出：消极因素既可以直接影响移动办公系统使用，又可通过积极因素间接地影响移动办公系统使用。在对不使用移动办公系统的行为的影响方面，消极因素比积极因素的影响作用更大。因为范式理论提出消极的感知和行动比积极的感知和行动，会获得更多的认知上的关注，同时特别容易被记住[2]。举例来说，我们对移动办公系统失败的例子的记忆，比对正常运转的移动办公系统的记忆要更长久。而且，抵制会有很多情感上的不同反应，从明确的反对，到暗地的推脱，而高效的系统带来的积极的感知则没有这么复杂。

范式理论认为，消极因素比积极因素引起人们更多的关注和认知。消极的经历对记忆力具有重要的影响，例如在某些情况下，消极事件比积极事件更容易被人记住，甚至记忆力超过两倍。消极的感知因素在信息处理方面也起到更好的作用。依据消极信息做出的决策和依据积极信息做出的决策，它们在速度和精确度方面具有明显的不对称性，消极信息有助于更快的做出更有把握的决策。一个抵制因素将会使人们对系统产生明确的、突出的消极观点，进而产生使用意愿，因为抵制因素的存在所起的作用大于其不存在的情况，所以，抵制改变会对移动办公系统使用行为直接产生影响。

---

❶ Cenfetelli R T. Inhibitors and enablers as dual factor concepts in technology usage[J]. Journal of the Association for Information Systems, 2004, 5(11): 3.

❷ D. Kahneman and D. T. Miller, "Norm Theory: Comparing Reality to its Alternatives," Psychological Review, (93:2), 1986, pp. 136-53.

根据消极因素的非对称的影响效应，当失败未发生的时候，消极因素会对积极因素有“偏移效应”。消极因素固定一个人对于某件事物的态度，进而使积极因素的正面效应发生了偏转，即，消极因素的存在，会削弱积极因素在人们的主观态度上所起的作用。举例来说，移动办公系统应用中出现了一个失败的经历，就会容易给用户形成这样一个错误的认识：整个系统的质量都很差，尽管这个系统有着很多优点。由于这方面的原因，抵制可能会对用户的移动办公系统使用意图产生消极影响。

关于移动办公系统用户使用行为意向与使用行为之间关系的研究，学者们得出一致的结论：行为意向能合理有效地解释使用行为。Ajzen 和 Fishbein（1980）最早提出行为态度影响使用行为意向，并进而影响使用行为。Davis 等（1989）通过实证研究证实，使用系统的行为意向对使用行为有显著的正向影响。

基于以上分析，本书的研究提出以下假设。

H2：抵制改变（使用前）对用户的使用意图产生消极影响。

H3：使用意图对使用行为有积极影响。

H4：抵制改变（使用前）对使用行为有消极影响。

三、使用行为与确认

Bem（1972）提出的自我感知理论认为，人们很难确定自己的情绪或态度，而往往在事实发生后，会形成比较明确的关于事物的态度。将自我感知理论应用到消费者对产品或服务的评价与使用行为关系的研究中，Bem 认为消费者的使用行为是其对产品或服务评价的基础。继 Bem 之后，研究者们将自我感知理论应用到反馈机制的研究中，将这一理论作为反馈机制的理论基础。在移动办公系统用户行为研究中，也有学者借鉴这一理论，研究移动办公系统使用中的反馈问题，具体来说，即研究用户过去的使用行为会对使用后的评价和将来的使用动机产生影响。Ouellette 和 Wood（1998）的研究表明：移动办公系统用户的态度、动机、主观规范和感知行为控制都会受到过去使用行为的显著影响。Kim 和 Malhotra（2005）[1]认为，个性化门户网站

---

[1] Kim S S, Malhotra N K. A longitudinal model of continued IS use: An integrative view of four mechanisms underlying postadoption phenomena[J]. Management science, 2005, 51(5): 741-755.

的用户，如果有过使用此类网站的使用行为，则过去的使用行为会正向影响该用户的有用性感知、易用性感知和使用动机。在本书的研究中 3.4 节的变量定义中提到，确认也是一种主观感知。因此，本书的研究认为过去的使用行为也会对确认形成正向的影响。

因此，本书的研究提出如下假设。

H5: 使用行为对确认有积极影响。

四、确认与感知威胁

“IS 接受理论中提出：认知和信念是相关的，比如，感知易用和感知有用相关（Davis et al,1989），同样，在 IS 持续使用中的内容，如，确认和感知有用也是相关的，例如：如果因为不知道系统将来能有什么用途，所以对于系统有很低的初始感知有用性的认知，然而，用户仍愿意接受系统，因为他们想通过自己的使用体验得到更多具体真实的知觉（perception）。尽管较低的初始感知有用很容易形成，但这种感知很可能在确认经历后有很大程度上的改变，因为用户发觉他们的初始感知与实际相差太远。这种关联的理论基础是感知失调理论（Festinger，1957）。Festinger 认为当用户接受 IS 前的感知有用（在使用前阶段促成用户接受 IS）在使用过程中得到了不确认（disconfirmation），他们的认知或心理的紧张不安也会相应产生失调。理性的用户会纠正这种失调，通过改变或调整他们的有用性感知，以尽量与现实保持一致。换句话说，确认会提升感知有用，不确认会降低感知有用。”

相应的，用户接受 IS 前形成的感知风险，在经历了使用过程以后，会形成经历的确认，进而形成新的感知，这种感知在本书的研究中称为感知威胁。为了将抵制行为与持续使用行为模型整合，必须保证本书的研究中的“确认”变量与持续使用行为模型中“确认”变量的内涵一致性。此处将“确认”描述为“比预期的好”，所以，对于感知风险的确认结果是比预期的风险低，则确认会降低用户对系统的感知威胁。所以，本书的研究提出如下假设。

H6：确认对感知威胁有消极影响。

五、感知威胁与抵制改变（使用后）

Piderit 指出“很少有人表现抵制态度、表达异议或抗议等行为的态度时，不是因为考虑到潜在负面后果才做的决定”。换句话说，人们抵制改变，在他们感觉到这种改变威胁到了他们的现状，带来潜在的威胁，比如，改变会带来个人权力的丧失或者会导致个人失掉对组织关键资源的控制。Markus(1983) 的一项案例研究就提到，会计抵制新的财务系统，是因为他们认为新系统的使用会让他们失去对关键财务数据的掌控权，并会因此失掉在组织中的权力地位。Markus 指出，尽管新系统在实施的过程中，管理层有着最好的设计打算，如果没有做好新系统使用过程中的权力的平衡工作的话，系统应用也必将走向失败。

感知威胁的概念在 Lapointe & Rivard（2005）的案例研究中又被提出。这个案例是针对医生的抵制，“当系统被推荐的时候，群体中的用户会先评估它在其功能和个人和 / 或组织级别的初始条件之间的相互作用结果。然后，他们做出关于自己使用信息的后果的预测。如果预期是威胁，个人将表现出抵制。”基于以上分析，本书的研究提出如下假设。

H7：感知威胁对抵制改变（使用后）有积极影响。

六、抵制改变（使用后）、持续使用意图与持续使用行为

抵制因素除了在心理学意义上对使用有影响，还在对系统的其他观念上存在偏好影响。换言之，除了系统本身的客观属性外，抵制因素的存在会对其他属性带来负面影响。这样的偏见会产生光环效应。光环效应是人做出的基于对目标的一种总体评估基础上的无效的判断。（Dick et al., 1990）[1] 举个例子，一个学生评价一位教授不是好老师，仅仅因为该教授给他的作业打了低分，尽管其余学生都对该教授评价很高。光环效应是一种自上而下的模式。换句话说，整体态度影响下面具体事物的判断，无论该事物有怎样出色的客观表现。我认为，抵制因素发挥作用遵循一种感性——具体的处理模式，即一种观念影响另一种观念。抵制因素的存在及其非对称性为对其他事物的认知提供了显著的、明确的、易得的线索。（Dick et al., 1990; Wilson and Brekke,

---

[1] Dick A, Chakravarti D, Biehal G. Memory-based inferences during consumer choice[J]. Journal of Consumer Research, 1990, 17(1): 82.

1994[1]）这种影响与印象的形成相似。负面信息具有更突出，特征更明显的特性，易于引发更多的信息处理。即使推动因素呈负价，这一问题就变成一种心理意识，一种观念即积极因素的缺失不及消极因素的存在更明显。

因此，抵制因素会对认知带来负面影响，无论该系统有多少客观积极特性。换言之，在控制推动因素客观属性的前提下，相比没有抵制因素的系统，抵制因素会对推动因素造成更负面的影响。因此，抵制因素对系统使用既具有直接影响也有间接的影响。

Bhattacherjee（2001）提出的持续使用模型中，只是提到意图是行为的首要影响因素，并未论证持续使用意图与持续使用行为之间的关系。在诸多研究中，意图与行为之间的关系已经被明确证明过，Limayem 等（2007）的研究弥补了 Bhattacherjee 于 2001 年提出的持续使用模型的不足，增加了持续使用行为，并且通过实证得出“持续使用意向和持续使用行为之间是显著相关的”结论。Bhattacherjee 等（2008）随后也将持续使用行为补充到持续使用模型中。

在很多关于移动办公系统使用的研究，像技术接受模型，持续使用模型，以及对接受和持续使用进行整合的研究中，研究者们都将移动办公系统使用行为看作是受积极行为意图影响的行为。而从 Lewin（1947）的抵制改变的理论和 Cenfetelli（2004）的移动办公系统使用的双因素理论中，我们可以得出以下观点：用户接受或拒绝采纳系统的决策，同时受两个相反的力量的影响——用户倾向于接受移动办公系统的意图和用户对改变的抵制。Bhattacherjee & Hikmet（2007）[2]通过对美国东南部的一家急救中心的医生对医院预约系统的使用情况的调研，得出抵制改变与移动办公系统使用行为之间负相关。Sanford（2010）[3]通过研究移动数据服务用户对该服务的使用的影

[1] Wilson T D, Brekke N. Mental contamination and mental correction: unwanted influences on judgments and evaluations[J]. Psychological bulletin, 1994, 116(1): 117.

[2] Bhattacherjee A, Hikmet N. Physicians' Resistance toward Healthcare Information Technologies: A Dual-Factor Model[C]//System Sciences, 2007. HICSS 2007. 40th Annual Hawaii International Conference on. IEEE, 2007: 141-141.

[3] Sanford C, Oh H. The role of user resistance in the adoption of a mobile data service[J]. Cyberpsychology, Behavior, and Social Networking, 2010, 13(6): 663-672.

响因素，也得出和 Bhattacherjee & Hikmet（2007）一样的结论。但以上两个研究均只关注使用后阶段用户行为的影响因素。

基于以上分析，本书的研究提出以下假设。

H8：抵制改变（使用后）对持续使用意图有消极影响。

H9：持续使用意图对持续使用行为有积极影响。

H10：抵制改变（使用后阶段）对持续使用行为有消极影响。

第五章　研究设计与方法

本章主要内容包括三部分内容。第一部分：根据上一章的变量定义，通过回译程序，从测量维度角度对研究涉及的所有变量设计操作性题项；第二部分：为本书的研究选择所要使用的数据分析方法并进行简单介绍；第三部分：根据变量的操作性题项设计前测问卷，对于前测数据进行探索性因子分析，并检验信度和效度，对未通过检验的操作性题项进行了删除，最终得出本书的研究的正式问卷。

第一节　变量的操作性题项

本书的研究根据第三章中对变量的定义，在全面收集现有测量量表的基础上，结合本书的研究的背景对于现有量表进行了对比分析，以确定变量的初始操作性题项。针对来源于英文文献的操作性题项，通过设立双语翻译委员会，执行回译程序（Back Translation）来确保题项的准确性和可靠性。具体方法为：请两位精通英文的研究者组成双语翻译委员会，其中一位是管理移动办公系统领域的研究者，她将英文文献中的相关变量的操作性题项翻译成中文；另一位是持有全国翻译专业资格 CATTI 2 级证书的英语应用语言学硕士（CATTI：China Accreditation Test for Translators and Interpreters），由她将前者翻译出的中文操作性题项，回译成英文。随后，委员会成员对于存在分歧的操作性题项进行了讨论和修正，直到达到“可靠、易理解”的标准为止。

一、感知风险

模型中的感知风险由四个因素组成，即时间风险、技术风险、社会风险和信誉风险，感知风险整体水平将是四个因素的综合评价结果。详细内容如表 5-1 所示。

表5-1　感知风险的操作性题项

变量名称	维度	操作性题项
感知风险	时间风险	学习和适应移动办公系统所花费时间过长的风险
		使用移动办公系统所花费时间过长的风险
		移动办公系统出现错误或失败所造成时间浪费的风险
	技术风险	移动办公系统服务效率和质量达不到预期要求的风险
		移动办公系统系统技术复杂导致支付失败的风险
		担心移动办公系统技术水平不高，会让我的工作出现损失的风险
	社会心理风险	使用移动办公系统导致同事或朋友对我的个人形象评价降低的风险
		使用移动办公系统引起他人对我的嘲笑或疏远的风险
	信誉风险	移动办公系统提供商信誉度或品牌影响力不高导致系统使用过程中服务水平达不到预期要求的风险
		移动办公系统提供商信誉度或品牌影响力不高导致移动办公系统售后服务水平达不到预期要求的风险
		移动办公系统提供商信誉度或品牌影响力不高导致移动办公系统客户服务水平达不到预期要求的风险

二、抵制改变（使用前）

在消费者创新抗拒研究中，有学者提出创新抗拒不一定是绝对不用，而是会有多种不同拒绝程度的表现形式，如，Rogers（1983）根据拒绝程度不同将创新抗拒为四种类型：延迟采用、拒绝采用、停止采用和持续采用。[1]其中，延迟采用、拒绝采用都是消费者在没有体验产品或服务的情况下会做

[1] Rogers R W. Cognitive and physiological processes in fear appeals and attitude change: A revised theory of protection motivation[J]. Social psychophysiology, 1983: 153-176.

出的抗拒决策，停止采用和持续采用是消费者对创新性产品或服务了解或尝试使用之后的决策行为。S. Ram（1989）[1]将创新抗拒划分为拒绝使用和延迟使用。Gordon Foxall（1998）[2]在 S. Ram 提出的两类基础上，又增加了一类“与创新商品对立”。

本书的研究采用 Rogers（1983）的分类中提出的使用前的创新抗拒形式——延迟采用和拒绝采用，作为抵制改变（使用前）这一变量的维度。其中，延迟采用包括“仅仅尝试使用”和“得到足够信息后再使用”两个测量项，拒绝采用包括“目前不愿意使用”和“以后不愿使用”两个测量项。每一个测量项用里李特量 5 级量表，测量值从 1 至 7，按 7 个级别从“非常不同意”逐渐过渡到“非常同意”。具体内容如表 5-2 所示。

表5-2 抵制改变（使用前）的操作性题项

变量名称	变量维度	操作性题项	题项参考来源
抵制改变（使用前）	延迟采用	我仅仅想尝试使用这个新的移动办公系统	S.Sam（1987）; Gatignon & Robertson（1998）; 康子轶（2008）[3]; 蔡玉婷（2012）
		我只想在得到足够信息够再使用这个新的移动办公系统	
	拒绝采用	我目前不愿意使用新的移动办公系统	
		我以后也不愿意使用这个新的移动办公系统	

三、使用意图

根据技术接受模型的诸多实证研究文献中关于接受意图的测量题项，参考孙元（2010）对使用意图的题项设计，本书提出使用意图的操作性题项，见表 5-3。

---

[1] Ram S. Successful innovation using strategies to reduce consumer resistance: an empirical test[J]. Journal of Product Innovation Management, 1989, 6(1): 20-34.

[2] Foxall G R, Goldsmith R E, Brown S. Consumer psychology for marketing[M]. Cengage Learning EMEA, 1998.

[3] 康子轶 . 手机无线上网的感知风险对创新抗拒影响研究 [D]. 武汉科技大学 , 2008

表5-3 使用意图的操作性题项

变量名称	操作性题项	题项参考来源
使用意图	我打算学习使用这个新的系统	孙元（2010）
	我希望立刻使用这个新的系统	
	我愿意在我的工作中使用这个新的系统	

四、使用行为

使用行为的测量主要有两种方法：第一种方法称为“自我报告”式，指的是通过问卷、访谈或者实验研究的方式来收集用户使用行为的数据，Davis 在 1989 年提出 TAM 模型时，就是采用的这种数据收集方式；第二种方法称为“实际记录”式，指的是通过记录计算机日志的方式来收集用户使用计算机行为的数据，如 Ginzberg（1981）[1]通过连接时间和计算机会话频率来测量。

根据 Davis（1989），Malhotra Y，Galletta DF（1999）[2]的研究，使用行为从总体使用频率和用户发送、接受信息量的大小两个维度来衡量。本书提出移动办公系统使用行为的维度和相应的操作性题项，如表 5-4 所示。

表5-4 使用行为的操作性题项

变量名称	变量维度	操作性题项	题项参考来源
使用行为	总体使用频率	在我的工作中我经常使用这个新系统	Davis（1989）；Malhotra Y，Galletta DF（1999）；孙元（2010）
	发送和接收信息量	在我的工作中使用这个新系统接收和发送大量的信息	

五、确认

本书采用主观感知方法来衡量确认，将期望确认定义为：用户主观感知

❶ Ginzberg M J. Early diagnosis of MIS implementation failure: promising results and unanswered questions[J]. Management Science, 1981, 27(4): 459-478.

❷ Malhotra Y, Galletta D F. Extending the technology acceptance model to account for social influence: theoretical bases and empirical validation[C]//Systems Sciences, 1999. HICSS-32. Proceedings of the 32nd Annual Hawaii International Conference on. IEEE, 1999: 14 pp.

到的在使用移动办公系统前对该系统的期望与实际使用后形成的感知绩效之间的差距。在对确认设计操作性题项时，本书的研究参考 Bhattacherjee(2001) 提出的衡量期望确认的三个维度，即系统服务水平、系统使用情况和系统的总体情况，将确认的测量题项分为：(1) 企业移动办公系统提供的功能能不能满足用户预期的需求目标。(2) 用户使用企业移动办公系统的总体感受是不是比他预期的要好。(3) 用户感受企业移动办公系统带来的风险是否比预期的低。本书对确认（Confirmation）的测量题项设计如表 5-5 所示。

表5-5 确认的操作性题项

变量	操作性题项	题项参考来源
确认	企业移动办公系统提供的功能能不能满足用户预期的需求目标	Bhattacherjee（2001）
	用户使用企业移动办公系统的总体感受是不是比他预期的要好	
	用户感受企业移动办公系统的功能带来的风险是否比预期的低	

六、感知威胁

感知威胁是用户在使用系统之后，即与系统发生交互之后，产生的内心的担心、害怕情绪。基于移动办公系统抵制三因素理论中的交互理论，本书的研究将系统实施带来的三种不同变化——权力的变化，成本 - 收益的变化和文化变化——作为使用后阶段感知威胁变量的三个维度。[1]

（1）权力的变化

1954 年，Lawrence 在哈弗商业评论中提出“人们抵制的不是技术变化，而是伴随技术变化而产生的人与人之间关系的变化——社会变化”[2]。他认为同时考虑技术和社会两方面因素是有效的面对组织变革的方法，高层管理者应将注意力从技术细节、任务分配等方面转向导致抵制行为的原因上。Markus 解释了

❶ 周蕊 . IT 抵制行为原因及管理对策研究 [J]. 商业时代 , 2013 (2): 45-47.

❷ Lawrence P R. How to Deal with Resistance to Change [J] .Harvard Busness Review, 1954,32(3):49-57.

Lawrence 所提及的"社会变化"，即个体或部门因移动办公系统的实施，产生的权力、政治变化。她认为组织中的权力和政治在系统实施后的变化是导致用户抵制的最重要的原因。Markus 将拥有和控制组织中的信息定义为权力，通过 IS 生命周期中用户权力和政治的变化，揭示抵制形成的原因和过程。在 IS 实施初期，用户形成了获取权力的意图和动力；在 IS 实施过程中，用户设法使用政治手段获取权力；在 IS 投入应用后，权力增加的用户接受系统，而失去权力的用户则抵制系统。Hirschheim & Newman 认为移动办公系统实施导致的资源重新分配是移动办公系统抵制的原因之一（其所指的"资源"包括部门预算、设备、员工、薪金、角色等），支持了 Markus 的观点。Jiang 等研究抵制原因和系统类型之间的对应关系。研究发现工作内容改变和不确定性这两个抵制原因与系统类型无关，决策制定方式的改变是用户抵制决策支持系统（DSS）主要原因，而待遇降低、工作不安全感和失去权力是用户抵制事务处理系统（TPS）的主要原因[❶]。这一研究通过实证的方式验证了 Markus、Hirschheim & Newman 的研究结论。

信息作为企业的四大资源之一，对信息的拥有权成为组织成员权力的重要组成部分。移动办公系统的应用，对用户的权力带来威胁，进而导致了移动办公系统抵制行为的产生。研究者们通过案例研究和实证研究都证明了权力因素是移动办公系统抵制行为的诱因。

（2）成本、收益变化

Joshi 使用社会科学中广泛应用的公平理论提出了公平应用模型 EIM（Equality-Implementation Model）。Joshi 从三个层次上分析个人衡量移动办公系统实施后自身利益变化的方法。（详见文献综述部分，此处不做赘述。）

（3）文化变化

Gobbin（1998）[❷]通过实验，对比具有不同文化特征的组织对同一移动办公系统工具的使用程度。研究发现，支持传统的面对面交流方式的组织最终放弃了移动办公系统协同工具的使用。所以移动办公系统与组织文化是否匹配，在

❶ Jiang J J, Muhanna W A, Klein G. User Resistance and Strategies for Promoting Acceptance Across System Types[J].Information & Management, 2000,37(1): 25-36.

❷ Gobbin R. The role of cultural fitness in user resistance to information technology tools[J]. Interacting with Computers, 1998, 9(3): 275-285.

用户对移动办公系统工具的抵制上起了决定性的作用。Vann（2004）[1]认为公共机构的大型移动办公系统项目中使用的语法与用户在以往工作中使用的语法不一致，会造成用户在表达上的无序、混乱，最终形成用户群体基于语言的抵制。移动办公系统项目与组织文化的不匹配，也是促使抵制行为产生的原因之一。

根据以上分析，本书的研究提出感知威胁的操作题项如表 5–6 所示。

表5–6 感知威胁的操作性题项

变量名称	变量维度	操作性题项	题项参考来源
感知威胁	成本–收益变化的威胁	我担心我使用某移动办公系统的投入高于产出	oshi（1999）[2]
		我担心使用某移动办公系统带来的个人收益的变化与上级相比不公平	
		我担心使用某移动办公系统带来的个人收益的变化与其他雇员相比不公平	
	权力变化的威胁	我担心使用某移动办公系统会减少我的工作权力	Markus（1983）[3]
		我担心使用某移动办公系统会影响我的工作岗位的稳定性	
		我担心使用某移动办公系统会改变我的工作业务内容	
	组织文化变化的威胁	我担心使用某移动办公系统会改变我与同事沟通的方式	Gobbin(1998)[4]，Vann（2004）[5]
		我担心使用某移动办公系统会改变我工作中表达信息的方式	
		我担心使用某移动办公系统会改变我与同事互动的方式	

[1] Vann J L. Resistance to change and the language of public organizations: A look at “clashing grammars” in large-scale information technology projects[J]. Public Organization Review, 2004, 4(1): 47-73.

[2] Joshi K, Lauer T W. Impact of information technology on users’ work environment: A case of computer ai ded design （CAD） system implementation[J]. Information & Management, 1998, 34（6）: 349-360.

[3] Markus M L. Power, Politics, and MIS Implementation. Communications of the ACM, 1983,26（6）: 430-444.

[4] Gobbid R. The Role of Cultural Fitness in User Resistance to Information Technology Tools[J]. Interacting with Computers, 1998（9）:275-285.

[5] Vann J L. Resistance to Change and the Language of Public Organizations: A Look at “Clashing Grammars” in Large-Scale Information Technology Projects[J]. Public Organization Review: A Global Journal , 2004（4）:47–73.

七、抵制改变（使用后）

根据文献综述中介绍的移动办公系统抵制行为的分类，本书的研究将抵制改变（使用后）这一变量从四个方面来测量，如表 5-7 所示。

表5-7 抵制改变（使用后）的操作性题项

变量	操作性题项	题项参考来源
抵制改变（使用后）	我想和同事交流对某移动办公系统的不满	auer & Rajagopalan（2002）❶, Shang（2004）❷
	我勉强在工作中继续使用某移动办公系统	
	我不想在工作中继续用某移动办公系统	
	我将不会在工作中能继续用某移动办公系统	

八、持续使用意图

Bhattacherjee（2001）提出用户的持续使用主要包括三方面内容 :（1）继续使用系统 ;（2）优先选择使用系统，而不去选择其他渠道 ;（3）愿意去尝试和使用系统推出新的业务功能。Vincent Cho 等人（2009）的研究也证实了这三个测量题项的有效性。因此，本书采纳 Bhattacherjee（2001）、Vincent Cho 等人（2009）❸的观点，对用户持续使用意愿的测量题项设计如表 5-8 所示。

表5-8 持续使用意图的操作性题项

变量	操作性题项	题项参考来源
持续使用意图	未来我会继续使用某移动办公系统	Bhattacherjee（2001）, Vincent Cho 等人（2009）
	在日常工作中，我会优先使用某移动办公系统处理业务，而不会选择其他渠道	
	我将来愿意不断尝试某移动办公系统增加的新功能	

❶ Lauer T , Rajagopalan B. Examining the Relationship between Acceptance and Resistance in System Implementation[C] . AMCIS 2002, 2002:1297-1303.

❷ Shang S, Su T. Managing User Resistance in Enterprise Systems Implementation[C]. AMCIS 2004, 2004:149-153.

❸ Cho V, Cheng T C E, Hung H. Continued usage of technology versus situational factors: An empirical analysis[J]. Journal of Engineering and Technology Management, 2009, 26(4): 264-284.

九、持续使用行为

持续使用行为用近期内用户使用移动办公系统的频率和时长来衡量，本书对用户持续使用行为的测量题项设计如表 5-9 所示。

表 5-9 持续使用行为的操作性题项

变量	操作性题项	题项参考来源
持续使用行为	在过去的 7 天里，你有多少天在使用某移动办公系统	Limayem 等（2007）[1]
	在过去的 7 天里，你每天使用某移动办公系统多少小时	

第二节 问卷设计过程与数据统计分析方法

一、调研对象

本书的研究的目的是面向中小企业中的个体用户使用移动办公系统的过程，研究影响用户使用行为和持续使用行为的因素，因此，预测试实证的调查对象宜选择有过 1–2 个月的新系统使用体验的个体，因为处于这个阶段的个体用户能够清晰地回忆接受过程，而且这类个体已经有了使用行为，处于持续使用的决策期，对于本书的研究中涉及使用过程的不同阶段的问题能够给出相对较准确的反馈结果。

本书的研究的前测实证调研的对象选择了近半年来有过新系统使用体验的中小企业的部分员工。

二、数据统计分析方法

本书的研究采用结构方程建模（Structrual Equation Modeling, SEM）技

[1] Limayem M, Hirt S G, Cheung C M K. How habit limits the predictive power of intention: the case of information systems continuance[J]. Mis Quarterly, 2007: 705-737.

术对提出的研究模型进行检验，采用 SPSS 和 PLS Graph 两个软件对于数据进行分析。

结构方程建模技术是多元统计分析技术，结合多元回归分析、路径分析和因子分析方法，基于变量的协方差矩阵来评估变量之间的因果关系。结构方程模型包括测量模型（Measurement Model）和结构模型（Structural Model）两个部分，其中测量模型用来描述观测指标与潜变量之间的关联，说明每个潜变量都由哪些观测变量来度量；结构模型则描述潜变量与潜变量之间的关联，类似多元回归方法中外生变量与内生变量之间关系的描述。研究人员最关心的是结构模型，因为这个模型描述的是潜变量之间的因果关联，能够验证研究者的研究假设，但是在了解潜变量的关联之前，必须首先确定潜变量的测量方法，以便能够建立潜变量之间的数量关联，所以需要先用测量模型来描述观测变量与潜变量之间的关系以及观测指标之间的相互关系。因此，结构方程建模方法中测量模型和结构模型缺一不可。

结构方程建模方法应用广泛，在应用该方法进行统计分析时，基本遵循模型建构、模型拟合、模型评价和模型修正四大步骤。[1]下面分别对每个步骤做一下介绍。

（1）模型建构（Model Specificaiton）

在社会科学研究中，大部分概念无法直接测量，这些概念在研究假设中称为潜变量，需要通过对观测变量的测量来确定潜变量的值。模型建构这一步主要工作包括三个部分，第一，建立观测变量和潜变量之间的关联，即问卷题目与研究变量之间的关联；第二，建立各潜变量之间的关联，即研究变量之间的相关性或因子效应；第三，对于复杂的模型，限制因子负荷或因子相关系数的关系或数值。结构方程模型中一般用路径图来表示建构出的模型。

（2）模型拟合（Model Fitting）

模型拟合指的是在构建了一个新模型或者修正得到了一个新模型后，求模型解的过程，这个过程的主要工作是进行模型参数的估计。结构方程模型的拟合目标是求出能使模型隐含的协方差矩阵与样本的协方差矩阵的差距最

---

[1] 侯杰泰，温忠麟，成子娟．结构方程模型及其应用：Structural equation model and its applications [M]. 教育科学出版社，2004.

小的参数。在判断“差距”与选择参数时，可以根据不同的定义，得到不同的模型拟合方法，得到不同的参数估计。

（3）模型评价（Model Assessment）

在应用结构方法建模方法进行模型评价时，特别是在探索性研究中，应当首先检查各个潜变量与其观测指标是否拟合得好，然后再检查各个潜变量之间的因子之间的相关性，即验证因子模型。

在对结构方程模型进行估计时，国内外普遍选择线性结构关系（Linear Structural Relationships,LISERL）和偏最小二乘（Partial Least Square,PLS）两种模型估计方法。

LISERL 方法又称为协方差建模方法，使用极大似然等方法，构造模型估计协方差与样本协方差的拟合函数，然后通过迭代得到使拟合函数值最优的参数估计。因为需要满足严格的分布假设以及尽可能多的数据的要求，Herman Wold（1979）[1]认为对结构方程的极大似然估计是硬性模型，而 PLS 方法几乎不需要考虑样本数据分布，而且对于样本的数量要求比较低，所以，Herman Wold 将其称为柔性模型。PLS 方法包括 PLS 路径模型和 PLS 回归。PLS 回归分析包括主成分分析、典型相关分析的思想，按照逐步提取因子的方法回归建模。PLS 路径建模是将主成分分析、典型相关分析和多元回归结合起来的迭代估计，是一种因果建模的方法。该方法对不同潜变量的显变量子集抽取主成分，放在模型系统中，然后调整主成分权重，以最大化模型的预测能力。结构方程中的 PLS 方法称为 PLS 路径建模法（Martens，1989）[2]。

LISERL 方法与 PLS 路径建模方法虽同为模型估计方法，但在目的、原理、潜变量估计的含义、数据分布假设、外部模型模式的可选择形式、模型的识别、样本量大小和结果等方面有着显著的差异，如表 5-10 所示。

---

❶ Wold H. Estimation and evaluation of models where theoretical knowledge is scarce: An example of partial least squares[J]. Evaluation of Econometric Models, J. Ramsey and J. Kmenta, eds. New York: Academic Press, 1979.

❷ Martens H. Multivariate calibration[M]. John Wiley & Sons, 1989.

表5-10 LISERL方法与PLS路径建模方法的区别

编号	区别项目	PLS 路径建模方法	LISERL 方法
1	目的不同	同时基于内、外部关系和内部关系进行预测	着重对于矩阵的结构进行参数估计
2	原理不同	通过按照一定方式对内外部模型方程进行循环迭代，保证在一定条件下所有参数的估计达到收敛状态，而且所有方程的残差方差最小	通过拟合模型估计协方差与样本协方差来估计模型参数，原则是使拟合函数值达到最优的参数即可作为参数估计值。所以会产生因拟合函数不同而得到的参数值不同的现象
3	潜变量估计的含义不同	每个潜变量与其相关观测变量之间都是线性关系	用模型中所有的观测变量去估计潜变量，对潜变量与相应的观测变量之间的关系反映性不佳
4	数据分布假设不同	对与数据分布没有要求，可以用非参数推断方法	要求数据分布满足：观测独立且观测变量的联合分布服从多元正态分布的分布假设
5	外部模型模式的可选择形式不同	反映型模式或构成型模式都可作为外部模型模式	只能用反映型模式作为外部模型的表现形式
6	模型的识别不同	不存在模型识别问题，潜变量皆为显式的，直接通过递归模型进行计算	存在模型识别问题，因为矩阵的结构同时受到外部关系的决定和内部关系的限制
7	样本量大小要求不同	对样本量的要求比价低，在较少的样本条件下就可以获得比较理想的结果	必须在大样本条件下（通常要求样本量大于 200）才能够取得最优结果
8	结果不同	反映出潜变量与观测变量之间、潜变量之间的关系，可以得到潜变量的估计值	估计出结构方程模型中的参数，反映模型中变量之间的结构关系

三、问卷设计过程

本书的研究使用问卷调研的方式完成对研究模型的检验，因此，问卷的设计质量直接关乎最终的研究结论是否科学有效，而采用合理严谨的问卷设计步骤是问卷设计质量的重要保障。本书的研究采用图 5-1 所示的步骤设计问卷。

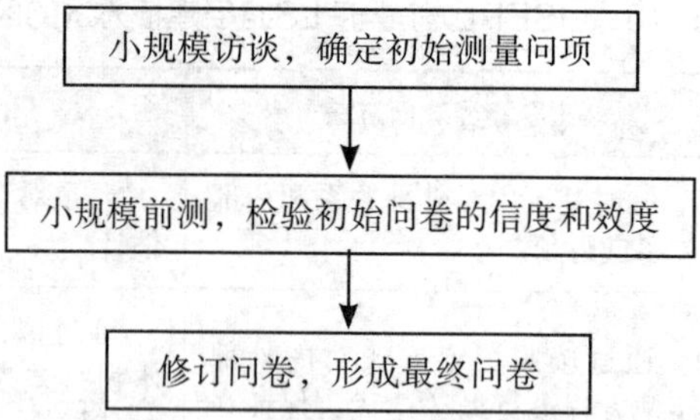

图 5-1 设计问卷步骤示意图

第一，小规模访谈，确定初始测量问项

每个变量的测度都是根据该变量的定义及前人研究成果中与该变量相关的概念进行开发的。为了保证变量测度的信度，本书的研究尽量使用已经被前人验证的条目作为操作性题项。同时为了保证测度的有效性，本书的研究对信息管理领域的研究学者、实践专家和 G 公司的信息部的负责人分别进行了小规模访谈。访谈的主要目的是去除操作性题项中存在的表达不明确、不准确、不精练等问题，确定形成合理、易理解的问项，进而形成初始问卷。

第二，小规模前测，检验初始问卷的信度和效度

通过对目标样本进行小规模调研，对回收数据进行统计分析，检验问卷的信度和效度。

第三，修订问卷，形成最终问卷

根据小规模前测的结果，删除检验不通过的问卷题项，发现有缺陷的题项，对问项进行修改完善，最终保证修正后的问卷可信、有效，形成最终正式发放的问卷。

第三节 小规模访谈

本书的研究中所有的测量题项均是参考了相关理论及实证研究，同时结合实地研究背景对问项的表述进行了调整。在此基础上，通过对一位信息管理领域的教授、两位企业信息系管理部门的负责人及五位目标研究对象（即企业移动办公系统使用者）开展的面对面地小规模访谈，利用对 9 类问题（详

见表 5-11）的访谈语音记录，获取访谈对象的答案。

表5-11　小规模访谈问题分类

问题编号	问题内容
1	问卷结构是否合理
2	问项题量是否合适
3	问项是否符合研究的实际背景
4	问项的语法表达是否正确
5	问项设计是否用词准确
6	问项设计的用语含义是否明确和清晰
7	问题顺序是否包含暗示成分
8	问项的备选答案是否满足完整性
9	问项备选答案之间是否满足互斥性

通过对访谈对象的反馈意见的整理，对初始测量题项的问题措辞、问项内容以及题项的顺序进行了调整和完善，形成了本书的研究的初始测量量表，如表 5-12 所示。

表5-12　初始测量量表

变量	序号	问卷题项
感知风险	PR1-1	学习和适应移动办公系统会花费我很长的时间
	PR1-2	使用移动办公系统会花费我很多的时间
	PR1-3	移动办公系统一旦出现错误，会浪费我很多时间
	PR2-1	担心移动办公系统服务效率和质量可能达不到我预期的要求
	PR2-2	担心移动办公系统系统技术复杂会让我操作失败
	PR2-3	担心移动办公系统技术水平不高，会让我的工作出现损失
	PR3-1	担心使用移动办公系统会影响我在同事、朋友或家人心目中的个人形象
	PR3-2	担心使用移动办公系统会引起他人对我的嘲笑或疏远
	PR4-1	移动办公系统提供商信誉度或品牌影响力不高（或我对提供商不了解），会使我担心提供商的培训服务水平达不到我的预期
	PR4-2	移动办公系统提供商信誉度或品牌影响力不高（或我对提供商不了解），会使我担心提供商的客户服务水平达不到我的预期
	PR4-3	移动办公系统提供商信誉度或品牌影响力不高（或我对提供商不了解），会使我担心提供商的技术升级水平达不到我的预期

（续表）

变量	序号	问卷题项
抵制改变（使用前）	RTC（t1）-1	我仅仅想尝试使用这个新的移动办公系统
	RTC（t1）-2	我只想在得到足够信息够再使用这个新的移动办公系统
	RTC（t1）-3	我目前不愿意使用新的移动办公系统
	RTC（t1）-4	我以后也不愿意使用这个新的移动办公系统
使用意愿	UI-1	我打算学习使用这个新的系统
	UI-2	我希望立刻使用这个新的系统
	UI-3	我愿意在我的工作中使用这个新的系统
使用行为	UB-1	在我的工作中我经常使用这个新系统
	UB-2	在我的工作中使用这个新系统接收和发送大量的信息
确认	C-1	移动办公系统提供的功能，满足了我预期的需求目标
	C-2	我使用移动办公系统的总体感受，比我预期的要好
	C-3	我感受企业移动办公系统的带来的风险比预期的低
感知威胁	PT1-1	我担心 / 我已感觉到，我使用这个系统的投入高于产出
	PT1-2	我担心 / 我已感觉到，我使用这个系统带来的个人收益的变化与上级相比不公平
	PT1-3	我担心 / 我已感觉到，我使用这个系统带来的个人收益的变化与其他雇员相比不公平
	PT2-1	我担心 / 我已感觉到，我使用这个系统会减少我的工作权利
	PT2-2	我担心 / 我已感觉到，我使用这个系统会影响我的工作岗位的稳定性
	PT2-3	我担心 / 我已感觉到，我使用这个系统会改变我的工作业务内容
	PT3-1	我担心 / 我已感觉到，我使用这个系统会改变我与同事沟通的方式
	PT3-2	我担心 / 我已感觉到，我使用这个系统会改变我工作中表达信息的方式
	PT3-3	我担心 / 我已感觉到，我使用这个系统会改变我与同事互动的方式
抵制改变（使用后）	RTC（t2）-1	我想和同事交流对这个系统的不满
	RTC（t2）-2	我勉强在工作中继续使用这个系统
	RTC（t2）-3	我不想在工作中继续用这个系统
	RTC（t2）-4	我将不会在工作中能继续用这个系统

（续表）

变量	序号	问卷题项
持续使用意图	CUI-1	未来我会继续使用这个系统
	CUI-2	在日常工作中，我会优先使用这个系统处理业务，而不会选择其他渠道
	CUI-3	我将来愿意不断尝试这个系统增加的新功能
持续使用行为	CUI-1	在过去的 7 天里，你有多少天在使用这个系统
	CUI-2	在过去的 7 天里，你每天使用这个系统约多少小时
	CUI-3	在过去的 7 天里，你约有百分之多少的工作用到了这个系统

第四节 小规模样本前测

一、前测实施对象及问卷发放

前测的实施对象选择了近半年来有过新系统使用体验的中小企业员工，共计发放问卷 72 份，回收 72 份，有效问卷 63 份。问卷的回收率为 87.5%，在有效回收的问卷中，男性占 58.3%，女性占 41.7%。

接下来，本书的研究将对于前测回收数据进行信度评价和效度评价，并根据评价结果对初始测量量表进行修正，最后，为确保最终问卷的质量，对修正后的测量量表再做一次信度评价。由于使用行为和持续使用行为属于构成型变量，所以在此处不进行信度评价和效度评价。

二、信度评价

信度评价主要是考量量表内各层面以及总量表的信度，即量表的可靠性、一致性和稳定性。本书的研究利用 Cronbach α 系数和纠正项目的总相关系数（Corrected-Item Total Correlation, CITC）来评估每个变量的信度。

Cronbach α 系数值介于 0 和 1 之间，对于 α 系数的阈值，不同的学者有不同的观点，如 Nunnally（1978）[1]认为 α 系数为 0.7 是最低可接受的边

---

❶ Nunnally J. Psychometric methods[J]. McGraw-Hill, New York, NY, 1978.

界值，Devellis（1991）[1]认为，若 α 系数值介于 0.65 至 0.70 间是可接受的；系数值介于 0.70 至 0.80 之间比较好；α 系数值介于 0.80 至 0.90 之间非常好。整体来说，α 系数越大，量表的信度越高，最小可接受的 α 系数边界值应为 0.65。纠正项目的总相关系数是用来评价测量同一变量的题项与总体的相关系数，目的是为了剔除不反应潜变量的垃圾题项（Garbage Items），从而减少测量项目的多因子现象。关于 CITC 评价垃圾题项的标准，Cronbach（1951）[2]认为应剔除 CITC 值小于 0.5 的题项，卢纹岱（2000）[3]认为 CITC 值小于 0.3 的题项，就应将其剔除，李怀祖（2000）[4]认为 CITC 值小于 0.35 的题项，就应将其剔除，本书的研究采纳李怀祖的观点，选择 0.35 作为 CITC 的阈值。

根据设定的 Cronbach α 系数和纠正项目的总相关系数的评价标准，本书的研究对小规模前测的数据进行分析，得到的结果如表 5-13 所示。从表 5-13 中可以看出，本书的研究中 7 个变量的 Cronbach α 系数都超过了 0.65 的标准阈值，只有一个变量“抵制改变（使用前）”的 Cronbach α 系数小于 0.65，且该变量的第四个操作性题项 RTC（t_1）-4 的 CITC 值小于 0.35，为垃圾题项，所以，对于 RTC（t_1）-4 进行删除后，重新计算了 Cronbach α 系数，该值大于了 0.65 的阈值，且其他三个操作性题项的 CITC 值均大于 0.35。

经过对垃圾题项的剔除，得到了修正后的问卷题项，所有变量的 Cronbach α 系数均大于了 0.65 的临界阈值，体现了良好的内部一致性。接下来，对于修正后的量表进行效度分析。

---

[1] DeVellis R. Scale development. Applications and theory[J]. 1991.

[2] Cronbach L J. Coefficient alpha and the internal structure of tests[J]. Psychometrika, 1951, 16(3): 297-334.

[3] SPSS for Windows 统计分析 [M]. 電子工業出版社 , 2000.

[4] 管理研究方法论 [M]. 西安交通大学出版社 , 2000.

表5-13　小规模前测的信度分析

变量	变量的测量题项	初始 CITC 值	最终 CITC 值	初始 Cronbach α 系数值	最终 Cronbach α 系数值
感知风险	PR1-1	0.699	——	0.820	——
	PR1-2	0.549	——		——
	PR1-3	0.877	——		——
	PR2-1	0.754	——	0.909	——
	PR2-2	0.821	——		——
	PR2-3	0.918	——		——
	PR3-1	0.614	——	0.753	——
	PR3-2	0.614	——		——
	PR4-1	0.968	——	0.971	——
	PR4-2	0.877	——		——
	PR4-3	0.968	——		——
抵制改变（使用前）	RTC（t1）-1	0.744	0.689	0.486	0.695
	RTC（t1）-2	0.374	0.470		
	RTC（t1）-3	0.680	0.536		
	RTC（t1）-4	0.256	删除		
使用意图	UI-1	0.783	——	0.843	——
	UI-2	0.601	——		——
	UI-3	0.872	——		——
确认	C-1	0.944	——	0.92	——
	C-2	0.877	——		——
	C-3	0.842	——		——
感知威胁	PT1-1	0.458	——	0.676	——
	PT1-2	0.573	——		——
	PT1-3	0.592	——		——
	PT2-1	0.757	——	0.841	——
	PT2-2	0.768	——		——
	PT2-3	0.604	——		——
	PT3-1	0.937	——	0.956	——
	PT3-2	0.888	——		——
	PT3-3	0.913	——		——

（续表）

变量	变量的测量题项	初始 CITC 值	最终 CITC 值	初始 Cronbach α 系数值	最终 Cronbach α 系数值
抵制改变（使用后）	RTC（t2）-1	0.807	——	0.837	——
	RTC（t2）-2	0.680	——		——
	RTC（t2）-3	0.565	——		——
	RTC（t2）-4	0.689	——		——
持续使用意图	CUI-1	0.870	——	0.796	——
	CUI-2	0.8	——		——
	CUI-3	0.436	——		——

注：“——”表明与同一行的前一单元格数值相同。

三、效度分析

效度指的是测量工具或手段的有效性，更具体的来说指的是测量工具或手段能准确测量所需测量事物的程度。效度分析即是分析测量结果与欲考察内容的吻合程度，吻合程度越高，效度越高。效度的分析指标有两大类：一类是内容效度，指测量题项是否能代表所要测量的变量，以及代表的完备性和适切性的程度；另一类成为结构效度，指的是实验或实证真正测量到理论假设的程度，或者说指的是实验或实证与理论之间的一致程度。结构效度又分为聚合效度和区分效度。聚合效度又称为收敛效度（Convergent Validity），指的是测量同一变量的多个题项之间的一致性程度，即这多个题项是否都测量同一特质。区分效度（Discriminant Validity）指的是测量不同变量的不同题项之间的差异程度。

内容效度的测量主要根据测量题项产生的背景来判断（Straub,1989）[1]。本书的研究根据前人研究中已证实的理论来设计测量题项，特别对于英文文献来源的测量题项通过回译程序保证了题项表述的准确性。而后通过对一位信息管理领域的教授、两位企业信息系管理部门的负责人及两位 G 公司信息部门负责人的访谈，修正完善了题项中的文字描述方式、句式结构以及问卷的整体结构，

[1] Straub D W. Validating instruments in MIS research[J]. MIS quarterly, 1989: 147-169.

因此，基于文献的题项设计和对专业人士的访谈保证了变量题项的内容效度。

在前测中对于聚合效度和区分效度的判断，常采用探索性因子分析。在探索性因子分析前，需要通过 KMO（Kaiser-Meyer-Olykin）样本测度和 Bartlett 球形检验先来判断样本是否适合进行下一步的探索性因子分析。当 KMO 值大于 0.9，认为样本非常适合做因子分析，KMO 值介于 0.8 与 0.9 之间，认为样本很适合做因子分析，KMO 值介于 0.7 与 0.8 之间，认为样本适合做因子分析，KMO 值小于 0.7 时，即认为样本不适合做因子分析。在 Bartlett 球形检验中，要求统计值显著异于 0 方可做因子分析。

若 KMO 样本测度和 Bartlett 球形检验均通过，接下来根据方差分析结果，依据三个原则对于问卷题项进行进一步筛选。原则一：由于一个题项无内部一致性，所以，如果一个题项独自成为一个因子时，应将该题项删除；原则二：如果题项所属的因子负荷小于 0.5，需将该题项删除；原则三，每个题项在其所属的因子的负荷越接近 1，在其他因子的负荷越接近 0，则该题项应保留，反之，若一个题项在两个或两个以上因子上的负荷都大于 0.5 或者在所有因子上的负荷均小于 0.5，应将其删除。

本书的研究采用主成分分析方法，利用方差最大旋转法来旋转因子，基于结构效度评价方法和特征根大于 1 的原则萃取因子来完成探索性因子分析。

首先进行 KMO 检验和 Bartlett 球形检验。经过信度分析，筛选出 7 个变量的 36 个题项，通过对于这些变量和题项的 KMO 检验和 Bartlett 球形检验，从结果中可以看到（如表 5-14 所示），KMO 值 0.87，介于 0.8 与 0.9 之间，Bartlett 球形检验的卡方值为 1 257.09，该统计量较大，且对应的相伴概率值为 0，小于显著性水平 0.05，因此，本书的研究的样本适合进一步做探索性因子分析。

表 5-14　小规模前测的KMO检验和Bartlett球形检验结果

KMO 检验		0.87
Bartlett 球形检验	近似卡方值	1257.09
	自由度（df）	289.00
	显著性（Sig.）	0.00

经过 8 次迭代，得到如表 5-15 所示的结果。结果显示：提取了 7 个特

征根大于1的因子，与7个变量相对应，总体方差为85.35%，符合总体的研究预期。

表5-15 小规模前测之探索性因子分析结果

变量	变量的测量题项	因子						
		1	2	3	4	5	6	7
感知风险	PR1-1	0.25	0.14	0.87	0.15	0.14	0.11	0.18
	PR1-2	0.26	0.22	0.86	0.29	0.18	0.14	0.27
	PR1-3	0.16	0.24	0.98	0.23	0.13	0.28	0.24
感知风险	PR2-1	0.19	0.22	0.90	0.28	0.13	0.24	0.19
	PR2-2	0.15	0.12	0.88	0.17	0.28	0.28	0.15
	PR2-3	0.11	0.26	0.89	0.29	0.21	0.28	0.16
	PR3-1	0.19	0.13	0.84	0.24	0.25	0.13	0.19
	PR3-2	0.26	0.18	0.84	0.12	0.11	0.20	0.11
	PR4-1	0.20	0.16	0.81	0.24	0.15	0.24	0.22
	PR4-2	0.14	0.29	0.93	0.11	0.27	0.26	0.19
	PR4-3	0.29	0.23	0.89	0.14	0.28	0.21	0.17
抵制改变（使用前）	RTC（t1）-1	0.90	0.25	0.11	0.21	0.22	0.26	0.19
	RTC（t1）-2	0.93	0.29	0.15	0.22	0.18	0.19	0.14
	RTC（t1）-3	0.86	0.15	0.20	0.21	0.10	0.11	0.22
使用意图	UI-1	0.13	0.26	0.20	0.25	0.87	0.23	0.27
	UI-2	0.27	0.22	0.24	0.14	0.91	0.18	0.15
	UI-3	0.21	0.26	0.26	0.10	0.96	0.16	0.20
确认	C-1	0.27	0.26	0.21	0.27	0.19	0.25	0.82
	C-2	0.24	0.23	0.26	0.27	0.18	0.26	0.84
	C-3	0.13	0.24	0.20	0.28	0.22	0.18	0.86
感知威胁	PT1-1	0.23	0.81	0.27	0.16	0.11	0.25	0.17
	PT1-2	0.17	0.78	0.25	0.11	0.17	0.25	0.11
	PT1-3	0.29	0.79	0.20	0.14	0.28	0.10	0.16
	PT2-1	0.29	0.72	0.27	0.28	0.17	0.17	0.21
	PT2-2	0.18	0.74	0.11	0.19	0.14	0.16	0.14

（续表）

变量	变量的测量题项	因子						
		1	2	3	4	5	6	7
感知威胁	PT2–3	0.26	0.87	0.19	0.22	0.17	0.10	0.23
	PT3–1	0.24	0.75	0.23	0.11	0.24	0.15	0.20
	PT3–2	0.16	0.81	0.22	0.24	0.14	0.24	0.18
	PT3–3	0.16	0.77	0.20	0.21	0.21	0.12	0.21
抵制改变（使用后）	RTC（t2）–1	0.21	0.17	0.24	0.24	0.24	0.82	0.26
	RTC（t2）–2	0.29	0.12	0.17	0.24	0.16	0.89	0.23
	RTC（t2）–3	0.11	0.30	0.15	0.28	0.13	0.81	0.22
	RTC（t2）–4	0.24	0.23	0.12	0.13	0.14	0.94	0.26
持续使用意图	CUI–1	0.15	0.16	0.23	0.78	0.11	0.28	0.11
	CUI–2	0.27	0.21	0.11	0.80	0.28	0.13	0.26
	CUI–3	0.28	0.19	0.30	0.80	0.19	0.22	0.20
特征根		7.35	2.11	1.26	1.73	1.38	1.12	1.33
共解释方差		85.35%						

四、最终问卷

经过信度分析和效度分析，剔除了垃圾条款，形成了 9 个变量（含两个构成型变量）、41 个变量问卷题项。为保证正式问卷的具有较好的内部一致性，本书的研究对新形成的量表进行了信度检验。检验结果（见表 5–16）表明，7 个反映型变量的 Cronbach α 系数值均大于 0.65，信度检验通过，至此，最终问卷的主体内容确定。

本书的研究中的调查问卷除了主体内容外，还有关于移动办公系统用户及移动办公系统使用情况的调查内容，包括移动办公系统用户性别、年龄、学历。调查问卷的具体内容详见附录。

表5-16 小规模前测中量表的最终信度

变量名称	变量简称	Cronbach α 系数
感知风险	PR	0.84
抵制改变（使用前）	RTC（t1）	0.78
使用意图	UI	0.83
确认	C	0.87
感知威胁	PT	0.79
抵制改变（使用后）	RTC（t2）	0.86
持续使用意图	CUB	0.91

第六章　问卷正式发放与数据分析

本章的主要内容包括三方面：第一，发放并回收整理正式问卷；第二，对于问卷数据进行描述性统计、信度和效度分析，并对模型进行检验；第三，对假设检验的结果进行汇总并进行分析；第四，根据分析结果，提出移动办公系统用户抵制的管理对策。

第一节　样本选择与数据收集

一、样本的选择

G 公司在 2009 年启用了一套办公自动化（Office Automation, 简称 OA），但应用效果不理想，OA 系统的功能模块一直没有被完全启用，日常办公也没有实现真正的自动化，一直是人机并行，即办公过程中需要通过手工和 OA 系统各做一遍，OA 系统逐渐成为了公司的“鸡肋”。2013 年，上级监管部门对 G 公司提出“管理科学化，数据精确化”的管理要求，该公司决定选择移动办公系统。此次 OA 系统的实施工作，得到 G 公司高层的高度重视，由原来信息中心负责改为分管副总亲自挂帅，负责管理整个系统的实施及运行管理工作。

本书的研究基于移动办公系统使用过程，开展移动办公系统用户行为研究，之所以选择 G 公司为样本进行实证调研，因为本书的研究需要对同一调查对象在移动办公系统使用的不同阶段开展两轮调查，第一轮调查在使用前，即用户正式在工作中应用系统之前，第二轮调查在使用和使用后阶段，即用户开始在工作中使用并且保持一定连续性使用的阶段。从 G 公司开展 OA 系统的培训开始，到 OA 系统在公司日常办公中被熟练使用，这个过程中恰好适合开展本书的研究两轮的实证调研工作。

二、样本大小

结构方程模型是由潜变量和观测变量根据因果关系构成的模型。观测变量是可以直接测量的变量，潜变量不能直接测量，需通过观测变量的测量和计算得到。结构方程模型中变量之间的关系分为内部关系（Inner Relationship）和外部关系（Outer Relationship），内部关系是潜变量之间的关系，外部关系是潜变量同观测变量之间的关系。内部关系是因果模型，外部关系分为构成型模型（Formative Model）和反映型模型（Reflective Model）。

构成型模型和反映型模型的主要区别表现在以下 4 方面[1]。

第一，观测变量与潜变量之间的因果关系不同。在构成型模型中，观测变量影响和生成潜变量，是潜变量的原因，或者说观测变量的变化导致潜变量的变化，但反之不一定成立，即潜变量的变化不一定导致观测变量的变化。而在反映型模型中潜变量是观测变量的前因，即观测变量的变化是潜变量变化的某种侧面表现，潜变量的变化会导致观测变量的变化。

第二，观测变量与潜变量之间的相关性不同。在构成型模型中，潜变量与其对应的观测变量之间没有必然的相关性，而在反映型模型中，观测变量之间有较强的相关性。

第三，对应同一潜变量的观测变量的互换性。在构成型模型中，增加或减少观测变量会影响潜变量的内涵，所以，观测变量可以不具备互换性，其内容可以不相似。在反映型模型中，观测变量数量的增减应不改变潜变量的内涵，观测变量具有互换性，内容可相同或相似。

第四，反映型模型与构成型模型分析的内容有所不同。在构成型模型中，既分析潜变量之间的关系，又分析潜变量与观测变量之间的关系，而在反映型模型中主要分析潜变量之间的关系，而不重视潜变量与观测变量之间的关系分析。

本书的研究在选择数据分析方法时，考虑到使用行为（UB）和持续使

[1] Jarvis C B, MacKenzie S B, Podsakoff P M. A critical review of construct indicators and measurement model misspecification in marketing and consumer research[J]. Journal of consumer research, 2003, 30(2): 199-218.

用行为（CUB）均为构成型变量，其他变量为反映型变量。Lisrel 软件基于协方差原理，无法对同时包含反映型变量和构成型变量的模型进行检验，而 PLS-Graph3.0 软件基于偏最小二乘法原理（Partial Least Square, PLS），不受此类限制，所以本书的研究选偏最小二乘法原理进行数据分析。PLS 有以下三个特点（Agarwal & Karahanna,2000）[1]。

第一，不要求样本必须服从正态分布。

第二，对样本量的要求没有特别高。当模型中存在构成型变量时，样本量的下限是这样计算的：找出观测变量数量最多的构成型变量，其观测变量数的 10 倍即为样本量的下限。在分析结构模型时，样本量的下限要求是：样本量应大于有最多结构路径指向变量的路径数的 10 倍（Chin et al. , 2003）[2]。

第三，对残差分布的限制最小

根据 PLS 方法的特点，在确定本书的研究的样本量时主要从两个方面考虑，一是本书的研究的构成型变量中，对应的观测变量数量最大的是“持续使用行为”，观测变量共有 3 个，所以样本量应大于 3 的 10 倍；二是，指向变量的路径数的最大值是 2，所以，样本量应也大于 2 的 10 倍。基于以上考虑，本书的研究的样本量理论上大于 30 即可，本书的研究实际调研得到的样本量为 187，远大于 30。

三、数据收集

由于本书的研究关注移动办公系统用户在使用的不同阶段的行为影响因素和影响机制问题，所以数据收集需要在不同的使用阶段，对同一调研对象分别进行问卷调研。由于本书的研究样本为 G 公司员工，且调研时间恰逢该公司购进新系统后，进行用户培训并实施推广的工作阶段，所以对于以下两个问题——第一，在用户使用移动办公系统前，哪些因素影响了其使用行为的选择；第二，在用户使用移动办公系统后，哪些因素影响其持续使用

---

[1] Agarwal R, Karahanna E. Time flies when you're having fun: Cognitive absorption and beliefs about information technology usage[J]. MIS quarterly, 2000, 24(4).

[2] Chin W W, Marcolin B L, Newsted P R. A partial least squares latent variable modeling approach for measuring interaction effects: Results from a Monte Carlo simulation study and an electronic-mail emotion/adoption study[J]. Information systems research, 2003, 14(2): 189-217.

行为的选择——都可以通过对该公司员工在不同时间点的调研获取实证所需数据。具体的数据收集过程分为两轮：第一轮调查问卷测量的是使用前阶段（pre-usage stage），第二轮调查问卷测量的是使用阶段（usage stage）和使用后阶段（post-usage stage）。

G公司由于有过一次失败的OA系统应用经历，所以，当面对上级监管部门的工作要求，公司领导非常重视和谨慎。对于影响该公司员工使用和持续使用的问题，公司领导比较感兴趣，所以，本书的研究的实证调查工作得到了该公司领导的支持和帮助，他们希望本书的研究的结论能对第二次的OA系统的应用推广工作起到一定的促进作用。

本书的研究问卷调查过程的第一轮选择在OA系统用户培训结束时进行。第一轮问卷的主要内容包括基本人口统计信息和使用前阶段的4个变量的测量题项的调查。第二轮问卷调查选择在该OA系统投入运行的一个月后（Bhattacherjee & Premkumar，2004）[1]，其内容包括了使用和使用后阶段5个变量的测量题项的调查。因为两轮调查问卷的发放，都是由该公司的领导将填写问卷作为工作任务安排给各部门，要求全员填写，由部门审核问卷有效后提交至公司。所以，两轮调查问卷保证了被调查对象的稳定不变以及两轮回收问卷的数量一致。两轮问卷每次均发放187份，均回收187份，回收问卷均为有效问卷。

第二节 样本描述性统计

一、移动办公系统用户的性别描述

从研究样本的性别来看，男性受访者数量为135，占72.2%，女性数量为52，占27.8%（如表6-1所示）该公司男性员工占大多数，这与金融机构中的男性居多的社会现象一致。

[1] Bhattacherjee A, Premkumar G. Understanding changes in belief and attitude toward information technology usage: a theoretical model and longitudinal test[J]. MIS quarterly. 2004,28(2):229-54.

表6-1　正式调研的样本性别分布

性别	频次	百分比	累计百分比
男性	135	72.2%	72.2%
女性	52	27.8%	100%
合计	187	100%	

二、移动办公系统用户的年龄描述

参与调研的 G 公司员工中，年轻人占的比例较高，40 岁以下的员工占了员工总数的 65.3%（如表 6-2 所示）。该公司年轻人大多在基层管理岗位工作，是 OA 系统的主要用户。

表6-2　正式调研的样本年龄分布

年龄段	频次	百分比	累计百分比
21~30	56	30%	30%
31~40	66	35.3%	65.3%
41~50	30	16%	81.3%
50 以上	35	18.7%	100%
合计	187	100%	

三、移动办公系统用户的最终学历描述

从表 6-3 可以看出，调查对象中有 59.9% 的人为硕士及以上学历，27.8% 的人为本科学历，12.3% 的人为大专学历，没有低于大专学历的员工。G 公司移动办公系统用户普遍接受过良好的高等教育，满足 OA 系统对使用者的基本素质要求。

表6-3 正式调研的样本学历分布

学历	频次	百分比	累计百分比
高中及中专	0	0%	0%
大专	23	12.3%	12.3%
本科	52	27.8%	40.1%
硕士及以上	112	59.9%	100%
合计	187	100%	

第三节 信度检验

信度检验一般采用 Cronbach α 系数和复合信度（Composite Reliability, CR）评估。评估时，按照 Cronbach α 系数大于 0.65，CR 大于 0.7 的标准来判断每个变量的各题项之间具有较高的一致性。本书的研究采用 SPSS19.0 软件进行信度分析。分析结果如表 6-4 所示，从中可以看到，所有反映型变量的 Cronbach α 值都大于 0.65，且删除任意一个变量的测度项，都无法增加该变量的 Cronbach α 值，所有变量的复合信度在 0.884 和 0.973 之间，均大于 0.7，表示所有反映型变量都具有较高的稳定性和内部一致性。

表6-4 变量的信度检验

变量	Cronbach α 系数值	复合信度
感知风险	0.896	0.950
抵制改变（使用前）	0.756	0.887
使用意图	0.856	0.957
确认	0.923	0.973
感知威胁	0.868	0.921
抵制改变（使用后）	0.846	0.896
持续使用意图	0.827	0.884

第四节　效度检验

效度检验包括内容效度和结构效度，内容效度在第四章的“效度分析”部分已做了分析，此处不再赘述。结构效度分为聚合效度和区分效度，本节采用最大方差旋转的主成分分析方法进行探索性因子分析（EFA ）进行结构效度检验。通过对感知风险、抵制改变（使用前）、使用意图、确认、感知威胁、抵制改变（使用后）、持续使用意图这七个变量的测度项进行因子分析。需要说明的是，抵制改变（使用前）和抵制改变（使用后）两个变量，其测量题项的内容并不相同，所以并不是同一变量在不同时间段的测量，因此，应将两个变量同时纳入因子分析中。本书的研究使用 SPPS19.0 软件进行因子分析，结果如表 6–5 所示。因子分析结果中，KMO 检验结果中 KMO 值为 0.931，高于 0.900 的阈值，Bartlett 球形检验的卡方值为 1225.7，该统计量较大，且在 P=0.00 水平上显著，这表明正式调研获取的样本数据非常适合做主成分分析。经过旋转的主成分分析，结果如表 6–6 所示。从表 6–6 可以看出，主成分分析共提取出了特征根大于 0.65 的 7 个因子，方差解释率为 80.128%，每个测量题项在其对应的变量上的因子负荷都大于 0.5，交叉测量题项的因子负荷都小于 0.5，没有需要删除的因子，表明量表具有良好的结构效度。

表6–5　正式问卷调查的KMO检验和Bartlett球形检验结果

KMO 检验		0.931
Bartlett 球形检验	近似卡方值	1225.7
	自由度（df）	528
	显著性（Sig.）	0.00

表6-6 最大方差法旋转后的因子矩阵

变量	变量的测量题项	因子						
		1	2	3	4	5	6	7
感知风险	PR1-1	0.742	0.251	0.158	0.060	0.231	0.206	0.045
	PR1-2	0.853	0.074	0.231	0.295	0.038	0.027	0.106
	PR1-3	0.842	0.076	0.066	0.178	0.094	0.280	0.228
	PR2-1	0.811	0.241	0.045	0.071	0.285	0.193	0.184
	PR2-2	0.709	0.087	0.214	0.250	0.095	0.199	0.205
	PR2-3	0.789	0.263	0.171	0.222	0.072	0.120	0.063
	PR3-1	0.682	0.296	0.138	0.142	0.204	0.012	0.243
	PR3-2	0.855	0.131	0.128	0.003	0.126	0.211	0.131
	PR4-1	0.783	0.150	0.150	0.159	0.061	0.291	0.107
	PR4-2	0.814	0.141	0.023	0.259	0.242	0.098	0.293
	PR4-3	0.759	0.058	0.078	0.126	0.153	0.220	0.052
抵制改变（使用前）	RTC（t1）-1	0.154	0.017	0.238	0.228	0.011	0.752	0.177
	RTC（t1）-2	0.039	0.212	0.224	0.247	0.271	0.713	0.228
	RTC（t1）-3	0.095	0.092	0.060	0.124	0.008	0.534	0.046
使用意图	UI-1	0.052	0.281	0.011	0.766	0.080	0.252	0.115
	UI-2	0.254	0.033	0.045	0.685	0.167	0.194	0.078
	UI-3	0.067	0.005	0.142	0.836	0.117	0.267	0.094
确认	C-1	0.053	0.173	0.004	0.180	0.246	0.209	0.637
	C-2	0.102	0.010	0.288	0.170	0.137	0.144	0.813
	C-3	0.203	0.019	0.251	0.011	0.171	0.112	0.756

（续表）

变量	变量的测量题项	因子						
		1	2	3	4	5	6	7
感知威胁	PT1–1	0.057	0.018	0.216	0.263	0.613	0.204	0.093
	PT1–2	0.180	0.066	0.034	0.036	0.745	0.224	0.169
	PT1–3	0.270	0.145	0.297	0.094	0.598	0.176	0.116
	PT2–1	0.282	0.056	0.048	0.061	0.699	0.243	0.169
	PT2–2	0.061	0.255	0.078	0.079	0.813	0.002	0.272
	PT2–3	0.158	0.257	0.185	0.125	0.753	0.040	0.082
	PT3–1	0.063	0.103	0.165	0.001	0.694	0.225	0.183
	PT3–2	0.265	0.024	0.086	0.131	0.813	0.142	0.290
	PT3–3	0.212	0.019	0.089	0.110	0.788	0.155	0.016
抵制改变（使用后）	RTC（t2）–1	0.017	0.647	0.267	0.146	0.206	0.030	0.234
	RTC（t2）–2	0.004	0.712	0.254	0.287	0.002	0.136	0.073
	RTC（t2）–3	0.168	0.788	0.080	0.235	0.264	0.076	0.272
	RTC（t2）–4	0.071	0.813	0.119	0.223	0.068	0.195	0.195
持续使用意图	CUI–1	0.063	0.017	0.768	0.208	0.096	0.084	0.043
	CUI–2	0.083	0.291	0.832	0.219	0.239	0.086	0.245
	CUI–3	0.269	0.078	0.894	0.145	0.143	0.049	0.219

为了对信度和效度进一步进行检验，接下来对整个模型的使用 PLS-Graph3.0 软件进行验证性因子分析，分析结果如表 6–7 所示。需要说明的是，“使用行为”和“持续使用行为”这两个变量为构成型变量，进行平均抽取方差（AverageVarianeeExtracted, AVE）统计是没有意义的，所以在表 6–7 中没有列出（林家宝，2010）[1]。

[1] 林家宝 . 移动商务环境下消费者信任及其动态演化研究 [D]. 华中科技大学 , 2010.

表6-7 验证性因子分析结果

变量	变量的测量题项	因子负荷	平均抽取方差
感知风险	PR1-1	0.781	0.825
	PR1-2	0.877	
	PR1-3	0.749	
	PR2-1	0.897	
	PR2-2	0.964	
	PR2-3	0.996	
	PR3-1	0.852	
	PR3-2	0.703	
	PR4-1	0.748	
	PR4-2	0.762	
	PR4-3	0.950	
抵制改变（使用前）	RTC（t1）-1	0.972	0.810
	RTC（t1）-2	0.958	
	RTC（t1）-3	0.853	
使用意图	UI-1	0.895	0.784
	UI-2	0.972	
	UI-3	0.800	
确认	C-1	0.815	0.875
	C-2	0.785	
	C-3	0.850	

（续表）

变量	变量的测量题项	因子负荷	平均抽取方差
感知威胁	PT1–1	0.889	0.852
	PT1–2	0.759	
	PT1–3	0.750	
	PT2–1	0.908	
	PT2–2	0.966	
	PT2–3	0.845	
	PT3–1	0.955	
	PT3–2	0.869	
	PT3–3	0.758	
抵制改变（使用后）	RTC（t2）–1	0.727	0.795
	RTC（t2）–2	0.909	
	RTC（t2）–3	0.814	
	RTC（t2）–4	0.794	
持续使用意图	CUI–1	0.964	0.736
	CUI–2	0.726	
	CUI–3	0.844	

从表 6–7 的结果可以看出，所有因子的负荷值都大于 0.7，且各变量的平均抽取方差在 0.736 和 0.875 之间，均大于 0.5，说明测度项的收敛度均较高，说明各变量的测度项之间有着良好的内部一致性，聚合效度检验通过。

关于区分效度检验，本书的研究采用对因子的平均抽取方差的平方根与该因子和其他因子的相关系数进行比较的方法进行检验，如果前者大于后者，则说明变量具有较好的区分效度，反之，则说明区分效度检验不通过。根据上述方法，得出表 6–8，从表 6–8 中看出，每一列中的第一个数值均大于同列的其他数值，说明各变量之间的区分效度较好，区分效度检验通过。

表6-8 区分效度分析

	感知风险	抵制改变（使用前）	使用意愿	确认	感知威胁	抵制改变（使用后）	持续使用意愿
感知风险	0.908						
抵制改变（使用前）	0.611	0.9					
使用意愿	0.495	0.531	0.885				
确认	0.538	0.487	0.313	0.935			
感知威胁	0.386	0.479	0.486	0.615	0.923		
抵制改变（使用后）	0.318	0.387	0.563	0.3806	0.671	0.892	
持续使用意愿	0.427	0.632	0.471	0.438	0.462	0.548	0.858

第五节 模型检验

经过信度检验和效度检验，表明测量具有充足的信度和效度，测量模型可以被接受。接下来对于模型进行进一步的检验。

根据结构方程原理，本书的研究的结构方程如下：

$$\begin{cases} \eta_2=\beta_{12}\eta_1+\zeta_1 \\ \eta_3=\beta_{23}\eta_2+\zeta_2 \\ \eta_4=\beta_{24}\eta_{24}+\beta_{34}\eta_3+\zeta_3 \\ \eta_5=\beta_{45}\eta_4+\zeta_4 \\ \eta_6=\beta_{56}\eta_5+\zeta_5 \\ \eta_7=\beta_{67}\eta_6+\zeta_6 \\ \eta_8=\beta_{78}\eta_7+\zeta_7 \\ \eta_9=\beta_{79}\eta_7+\beta_{89}\eta_8+\zeta_8 \end{cases}$$

其中，η_1、η_2、η_3、η_4、η_5、η_6、η_7、η_8、η_9分别为感知风险、抵制改变（使用前）、使用行为意图、使用行为、确认、感知威胁、抵制改变（使用后）、持续使用意愿、持续使用行为，ζ_1、ζ_2、ζ_3、ζ_4、ζ_5、ζ_6、ζ_7、ζ_8分别是抵制改变（使用前）、使用行为意图、使用行为、确认、感知威胁、抵制改变（使用后）、持续使用意愿、持续使用行为的随机干扰项，β_{12}、β_{23}、β_{24}、β_{34}、β_{45}、β_{56}、β_{67}、β_{78}、β_{79}、β_{89}分别为感知风险与抵制改变（使用前）、抵制改

变（使用前）与使用行为意图、抵制改变（使用前）与使用行为、使用行为意图与使用行为、使用行为与确认、确认与感知威胁、感知威胁与抵制改变（使用后）、抵制改变（使用后）与持续使用行为、持续使用意愿与持续使用行为的路径系数。

本书的研究模型的测量方程为

$$\begin{cases} x = \Lambda_x \xi + \delta \\ y = \Lambda_y \eta + \varepsilon \end{cases}$$

其中，x 是外源（exogenous）指标 ξ 组成的向量；y 是内生（endogenous）指标 η（不包括“使用行为”“持续使用行为”）组成的向量，Λ_x 是外源指标与外源潜变量之间的关系，是外源指标在外源潜变量上的因子负荷矩阵；Λ_y 是内生指标与内生潜变量之间的关系，是内生指标在内生潜变量上的因子负荷矩阵；δ 是外源指标 x 的误差项，ε 是内生指标 y 的误差项。

构成型变量的测量方程不同于反映型变量的测量方程，使用行为、持续使用行为类两个变量与其对应的测度项之间的关系，用数学公式如下表示：

$$\eta_4 = \omega_1\theta_1 + \omega_2\theta_2 + \sigma_1$$

$$\eta_9 = \omega_3\theta_3 + \omega_4\theta_4 + \omega_5\theta_5 + \sigma_2$$

其中，θ_1、θ_2 为使用行为的两个测度项，ω_1、ω_2 分别是 θ_1、θ_2 的权重，σ_1 为使用行为的测量误差；θ_3、θ_4、θ_5 为持续使用行为的三个测度项，ω_3、ω_4、ω_5 分别是 θ_3、θ_4、θ_5 的权重，σ_2 为持续使用行为的测量误差。

本书的研究使用 PLS-Graph3.0 软件对模型进行检验，路径系数、显著性以及内生变量的被解释度（R^2）如图 6-1 所示。从使用前阶段到使用阶段，感知风险对抵制改变（使用前）产生正向影响，抵制改变（使用前）对使用行为意图、使用行为均产生负向影响，使用行为意图对使用行为产生正向影响。从使用阶段到使用后阶段，使用行为对确认产生正向影响，确认对感知威胁产生负向影响，感知威胁对抵制改变（使用后）有显著负向影响，抵制改变（使用后）对持续使用意图、持续使用行为均产生负向影响，持续使用意图对持续使用行为产生正向影响。变量抵制改变（使用前）、使用行为意图、使用行为、确认、感知威胁、抵制改变(使用后)、持续使用意愿、持续使用行为被解释的 R^2 值分别为 0.28、0.54、0.52、0.35、0.49、0.36、0.57、0.51，本书的研究解释了较高程度的感知风险、抵制改变（使用前）、感知威胁、抵制改变（使用后）。注：显著性水平 *$p<0.01$；虚线部分已被技术接受模型、持续使用模型证明，本书的研究未做检验。

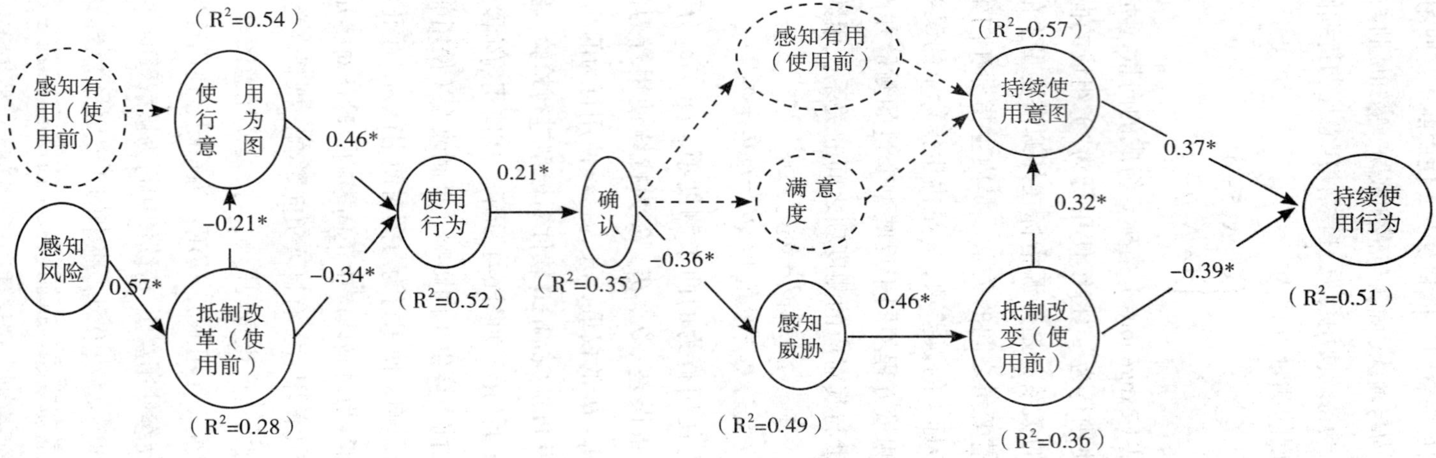

注：显著性水平 $^*p<0.01$；虚线部分已被技术接受模型、持续使用模型证明，本书的研究未做检验。

图 6-1　PLS 检验结果

第六节　假设检验结果讨论

一、假设检验结果汇总

本书的研究采用双因素视角，将移动办公系统用户行为研究中的用户接受理论、用户持续使用理论和用户抵制理论进行了整合，并借用消费者行为学中的感知风险理论、创新抗拒理论和社会心理学中的自我感知理论、感知失调理论，研究在移动办公系统使用的不同阶段，影响用户使用行为的因素以及行为演化机理，构建了基于双因素视角的用户移动办公系统使用行为模型。然后通过实证对该模型进行了验证。从双因素视角，重新审视用户移动办公系统使用行为的影响因素，揭示了在不同的使用阶段，抵制因素和推动因素对于用户移动办公系统使用行为同时产生作用的行为机理，明晰了不同变量的影响路径。假设检验的结果如下（如表 6-9 所示）。

表6-9　基于双因素视角的移动办公系统用户使用行为的研究汇总

假设编号	假设陈述	验证结果
H1	感知风险对抵制改变（使用前）有积极影响	支持
H2	抵制改变（使用前）对用户的使用意图产生消极影响	支持
H3	使用意图对使用行为有积极影响	支持
H4	抵制改变（使用前）对使用行为有消极影响	支持
H5	使用行为对确认有积极影响	支持
H6	确认对感知威胁有消极影响	支持
H7	感知威胁对抵制改变（使用后）有积极影响	支持
H8	抵制改变（使用后）对持续使用意图有消极影响	支持
H9	持续使用意图对持续使用行为有积极影响	支持
H10	抵制改变（使用后阶段）对持续使用行为有消极影响	支持

二、假设检验结果分析

（一）感知风险、感知威胁对不同阶段抵制改变的影响

假设 1 检验：感知风险到抵制改变（使用前）之间的路径显著（$\beta=0.57$，$p<0.01$），说明感知风险到抵制改变（使用前）存在着正向相关关系，假设 1 得到验证。

本书的研究中的“感知风险”划分为时间风险、技术风险、社会心理风险、信誉风险四个维度，由于本书的研究实证调研的企业是一家金融机构，其业务涉及大量的资金管理，对业务管理的严谨性要求很高，一个小小的细节问题就有可能带来巨大的、难以估量的经济损失，光大银行的“乌龙指”事件就是一个典型的反面案例。所以，虽然只是一个处理日常办公业务的 OA 系统，该机构的工作人员对该系统的技术稳定性以及系统的售后服务的水平都有较高的要求，因此，技术风险和信誉风险成为用户感知风险中的重要构成维度。该公司对使用 OA 系统时间风险的担心主要集中在系统出错带来的时间损失上，社会心理风险主要集中在同事、家人对自己评价降低的担心上，这与消费者对创新产品的感知威胁中的时间风险、社会心理风险维度的内涵是一致的。

与消费者行为学中“感知风险”的主要维度相比，本书的研究中移动办公系统用户对新系统的感知风险缺少两个维度——身体风险和财务风险，这与移动办公系统自身的应用特性相关。身体风险指的是产品对身体健康带来的风险，此维度没有纳入本书的研究中的“感知风险”的维度中，原因有两点：第一，移动办公系统对于用户来讲，只是一款应用软件，不会像食品、药品、服装等商品，直接与人体接触，因而难以对人的健康产生直接影响；第二，在信息化迅速发展、计算机应用广泛普及的今天，使用移动办公系统的企业员工，其日常工作和生活几乎离不开电脑，而移动办公系统只是员工利用电脑工作中的诸多业务中的一类。虽然每日面对电脑，易产生颈椎、腰椎等慢性疾病，但由于在电脑前使用移动办公系统的时间只占用户日常电脑办公时间中的一部分，所以，用户并没有将“电脑病”归罪于移动办公系统。财务风险指的是产品质量与其价格不符带来的经济上的损失的风险。本书的研究没有将财务风险纳入移动办公系统用户的感知风险维度中，是因为移动办公

系统是由企业方出资购买，对于企业员工个人来说不存在经济成本，即企业员工作为移动办公系统的用户，不需要出资购买该产品，所以，不会感到财务上的风险。

假设 7 检验：感知威胁到抵制改变（使用后）的路径显著（ $\beta=0.46$，$p<0.01$），说明感知威胁到抵制改变存在正向相关关系，假设 7 得到验证，这与 Marakas &Hornik（1996）[1]，Bhattacherjee & Hikmet（2007）[2]的观点一致。本书的研究在文献综述的基础上，对于感知威胁划分出三个维度：成本 – 收益变化的威胁、权力变化的威胁、组织文化变化的威胁。移动办公系统投入正式应用之后，会对组织产生影响，包括组织结构、部门管理职能、人员岗位、组织文化等方面的改变，带来对个人的影响主要包括个人的投入增加（如学习、适应新系统的时间成本）、岗位权力的透明化（如信息共享带来的个人私权的丧失）、组织文化的变化（如同事之间交流更多依赖于移动办公系统，减少了面对面人际互动）。正如 Dent and Goldberg（1999）[3]所说："人们不是抵制改变，而是抵制改变将要带来的威胁。"在调查对象中，其金融背景的职业特征决定了该调查人群对于经济成本和经济收益的感知是非常敏感的，所以，在对是否使用 OA 系统进行决策时，用户对花费的时间成本与收益的对比，以及个人相对收益与同事、上司的相对收益的对比都非常敏感，大多数的调研对象都选择给成本 – 收益变化这一项打了"同意"票。本书的研究的实证调研对象，是一家有着国企背景的机构，组织层级较多，业务流程环节较多，一项业务的审批需经历多个领导签字。OA 系统的投入使用，可以实现网上审批业务，可大大减少因为签字审批而浪费的工作时间。但是，第一次的 OA 系统实施后，系统的此项并没有被真正启用。在前测访谈中我们得知，这和一些审批岗位人员的不配合有很大关系。究其原因，是一部分拥

---

[1] Marakas G M, Hornik S. Passive resistance misuse: overt support and covert recalcitrance in IS implementation[J]. European Journal of Information Systems, 1996, 5(3): 208-219.

[2] Bhattacherjee A, Hikmet N. Physicians' resistance toward healthcare information technology: a theoretical model and empirical test[J]. European Journal of Information Systems, 2007, 16(6): 725-737.

[3] Dent E B, Goldberg S G. Challenging "resistance to change" [J]. The Journal of Applied Behavioral Science, 1999, 35(1): 25-41.

有审批权力的人员感到网上审批增加了业务的透明度，降低了人为干预的可能性，对该类人员的权力私用构成了限制甚至是威胁，所以，权力的变化是导致用户抵制的重要原因之一。该 OA 系统中，设计新的业务审批模式，新的业务流程，要求工作人员将大部分原来面对面的业务交流，放在系统中，而且新的流程的出现，使部分原来经常打交道的部门之间的联系大大减少，相对生疏的部门之间以为新的流程而需要重新建立业务联系，这使相关的工作人员交流方式和交流对象都需要进行调整，带来的组织文化上的改变，给员工带来了不适和新的工作压力。

（二）抵制改变对不同阶段使用意图的影响

假设 2 检验：抵制改变（使用前）到用户的使用意图之间的路径显著（$\beta=-0.21$，$p<0.01$），说明抵制改变（使用前）到用户的使用意图存在着负向相关关系，假设 2 得到验证。双因素理论中提到，抵制因素对推动因素有负面影响，假设 2 验证这一观点。当用户感到使用移动办公系统需要花费较多时间进行学习时，即使他感受到系统方便易用，也会因为时间成本而偏向于维持现状，进而降低了主动使用的积极性，这与 Kim（2009）提出的现状偏好影响用户积极采纳系统的观点一致。

假设 8 检验：抵制改变（使用后）到持续使用意图的路径显著（$\beta=-0.32$，$p<0.01$），说明抵制改变（使用后）到持续使用意图存在负向相关关系，假设 8 得到验证。用户面对移动办公系统实施后的变化产生的抵制使用的心理会产生光环效应，即用户因为抵制系统带来的变化而不由自主地忽略了自己对继续使用系统带来的收益的客观考量。从假设 8 的检验结果与假设 2 的检验结果可以得出结论：在移动办公系统使用的各阶段，抵制改变都存在，且对使用意图产生消极影响。技术接受模型和持续使用模型中，使用意图的影响因素主要有感知有用、感知易用、满意度，本书的研究扩展了使用意图的影响因素，而且验证了系统使用双因素理论中“消极因素对积极因素的光环效应”，即用户的消极感知会对其积极感知造成消极影响，降低用户对于移动办公系统效用的感知。

（三）抵制改变对不同阶段使用行为的影响

假设 4 检验：抵制改变（使用前）到使用行为之间的路径显著（$\beta=-0.34$，$p<0.01$），说明抵制改变（使用前）到使用行为存在着负向相关关系，假设 4

得到验证。在双因素理论提出：抵制因素、推动因素分别对使用行为产生影响，即抵制因素不依赖于推动因素，直接影响使用行为。在日常生活中，消极的属性往往更容易被人记住，移动办公系统使用中用户的认知也有类似的特点，用户在决定是否使用移动办公系统时，往往会因系统的某一项缺陷而直接决定不使用系统。比如，在试用系统时，操作中出现的 bug，使用户的操作归零，用户会因为这一次失败的体验，而担心类似的错误在日常工作中频繁发生，因而拒绝使用系统。所以，在使用前阶段，给用户良好的试用体验，对于降低用户对移动办公系统的抵制来说是直接而高效的手段。

假设 10 检验：抵制改变（使用后）到持续使用行为的路径显著（$\beta=-0.39$，$p<0.01$），说明抵制改变（使用后）到持续使用行为存在负向相关关系，假设 10 得到验证。该结论验证了双因素理论中"抵制因素不依赖于推动因素，直接影响使用行为"的观点在使用后阶段的适用性。说明用户在正式使用系统后仍有可能因为系统导致的变化而选择中途放弃使用系统，所以，管理者应处理好在使用后阶段出现的各种管理上的变化，及时给与相关的解释或者补偿，以降低用户的抵制。

（四）在不同阶段，使用意图对使用行为的影响

假设 3 检验与假设 9 检验：假设 3 得到验证：使用意图到使用行为之间的路径显著（$\beta=0.46$，$p<0.01$），说明使用意图对使用行为有显著正向影响。持续使用意图到持续使用行为之间的路径显著（$\beta=0.37$，$p<0.01$），说明持续使用意图对持续使用行为有显著正向影响，即在移动办公系统使用不同阶段，均存在使用意图影响使用行为的影响机制。由于这两个假设检验的结果与经典的技术接受模型（TAM）（Davis，1989）[1]和持续使用模型（ECM）（Bhattacherjee，2001）[2]中的结论一致。

（五）使用行为对确认的影响

假设 5 检验：使用行为到确认之间的路径显著（$\beta=0.21$，$p<0.01$），说明使用行为到确认存在着正向相关关系，假设 5 得到验证。当用户被问起对

---

[1] Davis F D. Perceived usefulness, perceived ease of use, and user acceptance of information technology[J]. MIS quarterly, 1989: 319-340.

[2] Bhattacherjee A. Understanding information systems continuance: an expectation-confirmation model[J]. MIS quarterly, 2001, 25(3): 351-370.

移动办公系统的评价时，往往是从自己过去的使用行为中得出评价结果，进而形成对未来行为的动机和评价。所以，在移动办公系统培训结束后，用户正式使用系统时，管理者应充分重视系统的服务质量及运行的稳定性，可由专人负责随时解决用户使用中产生的各种问题，目的是给用户良好的使用体验，以便形成用户积极的确认。

（六）确认对感知威胁的影响

假设 6 检验：确认到感知威胁之间的路径显著（$\beta=-0.36$，$p<0.01$），说明确认到感知威胁存在负向相关关系，假设 6 得到验证。当用户使用过系统后，发现没有发生他之前担心的事情或者事情没有他担心的那么严重，用户将会以更轻松的心态看待系统应用后发生的变化。管理者在使用后阶段，可以主动引导用户对使用系统前的担心（即感知风险）进行确认，即帮助用户回忆初用系统时的紧张，并与现在轻松的使用体验相对比，帮助用户减少紧张心理，降低感知威胁。

第七节　移动办公系统用户抵制的管理策略

一、不同使用阶段导致抵制的原因比较

对于管理者来讲，了解用户接受或抵制移动办公系统的原因及行为产生的机理不是最终目的，有效的促进接受、降低或消除抵制，提高移动办公系统使用效率，帮助企业实现战略竞优才是管理者最关心的问题。因此，对移动办公系统用户行为的管理策略的讨论具有重要的实践价值。

关于促进用户接受或持续使用的相关研究成果已经非常丰富，相关的管理策略也相对成熟和完善。但是，从本书的研究结论来看，仅仅重视使用行为的推动因素是不全面的，抵制因素不仅会对推动因素产生影响，而且能直接影响用户的使用行为，所以，对于抵制因素的管理应该同样引起管理者的充分重视。

从本书的研究的结论中可以看出，在不同的使用阶段，影响抵制的因素有所区别（如表 6–10 所示）。

表6-10 不同使用阶段抵制的影响因素比较表

使用阶段划分	抵制原因	抵制原因维度划分	各维度具体内容
使用前阶段（pre-usage stage）	感知风险	感知时间风险	用户对于学习、使用和适应移动办公系统所花费时间上的不确定性，而产生的主观感知风险
		感知技术风险	用户对于移动办公系统的技术指标水平、技术特征水平以及系统运作原理不了解或不理解，继而产生的对移动办公系统功能和运作稳定性的不确定性感知，担心移动办公系统在使用中达不到用户自身设定的技术要求
		感知社会风险	感知社会风险，是指用户感受到的由于使用移动办公系统所带来的社会对其个人评价会影响其个人社会地位或社会形象的不确定性
		感知信誉风险	由于用户对移动办公系统提供商的信誉度、品牌影响力和售后技术服务水平的不确定，而产生的对于移动办公系统提供商在培训服务水平、客户服务水平和技术升级水平方面的感知不确定
使用后阶段（post-usage stage）	感知威胁	成本－收益变化的威胁	对移动办公系统带来的投入和产出的不对等产生的担心，对于同事、上级相对比在收益上的不公平的担心
		权力变化的威胁	对移动办公系统会减少我的工作权力、影响我的工作岗位的稳定性、改变我的工作业务内容的担心
		组织文化变化的威胁	对移动办公系统改变我与同事沟通、互动的方式，改变工作中表达信息的方式的担心

在使用前阶段，感知风险影响抵制改变，在使用后阶段，感知威胁影响抵制改变。感知风险是由于用户未真正使用移动办公系统，而产生的对未来将要付出的较高时间成本的担心、对系统技术成熟性的担心、对自己适应系统的能力的担心和对系统提供商信誉的担心。感知威胁是当用户已经使用过系统，且已感受到系统实施带来的诸多变化时，而产生的对于权利变化的担心、对成本－收益变化的担心和对于组织文化变化的担心。在使用前阶段，用户所担心的都与移动办公系统的直接使用体验相关，而在使用后阶段，用户所担心的都与系统使用本身没有直接的关联，而是与系统使用带来的影响、改变相关。所以，在使用的不同阶段，针对不同的抵制原因，应采取有针对性的应对策略。

二、移动办公系统用户抵制的管理策略分析

移动办公系统抵制理论对于管理移动办公系统十分重要，因其能有效地指导系统实施方进行实施战略和战术的选择（Markus,1983）。从管理学角度来看，解释行为与机理不是最终目的，而是为了更好地管理行为。本书对于已有文献中对移动办公系统用户抵制的管理策略通过表格的形式加以总结（如表6-11所示）。

表6-11 移动办公系统用户抵制管理策略总结

研究者	IT 抵制行为管理策略
Markus（1983）	针对个人原因的管理策略：培训用户，强制用户，说服用户，用户参与（获取用户认可） 针对系统原因的管理策略：培训设计者（使用更好的技术），程序设计符合企业流程，设计平滑的人机接口，用户参与（为了获得更好的设计）； 针对交互原因的管理策略：在引入系统前解决组织问题，重构对用户的刺激，改善用户和设计者之间的关系
Martinko et.al（1996）	系统引入前：提示区别，免疫，为成功做计划，自主决定 系统引入后：归因训练，模仿，任务和系统的再设计
ladwani（2001）❶	通过向员工介绍 ERP 的效益和一般作业情况，形成员工的良好认知反应，通过最小化采纳成本、让个人和团队参与进来、提高 ERP 界面的质量和手把手地培训等，形成员工的良好情感反应，通过争取意见领导者的支持和合理安排 ERP 的引入时机促使员工形成良好的采纳意向，最终自然过渡到 ERP 的采纳
Shang & Su（2004）❷	强制：在关键的团队中实施强行改变，强制用户接受 指令：使用管理权威促使用户接受 参与：让员工广泛参与到改变的方向制定和执行的过程中 商议：和员工共享信息，接收员工的意见
闵庆飞等（2004）	建立合理的项目期望（不要“过渡承诺”）；树立明确的项目愿景；充分的交流沟通；充分的员工培训；创造阶段性的成功；全面分析 ERP 对企业组织的影响

❶ Aladwani A M. Change management strategies for successful ERP implementation[J]. Business Process management journal, 2001, 7(3): 266-275.

❷ Shang S, Su T. Managing user resistance in enterprise systems implementation[J]. 2004.

Rivard & Lapointe（2012）[1]通过对 89 个案例中 137 种管理者对抵制的反应的分类，得出四类管理者的反应类型——不作为型、有意识型、整改型和劝阻型，并对每一类进行了进一步的子类划分，如表 6-12 所示。

表6-12　管理者对抵制的反应分类

管理者对抵制的反应类型	反应类型的子类	具体表现
不作为型	未察觉	什么也不做
	有意忽视	不关心，决定以观望为主，采用放任态度
	缺乏信心	感觉一筹莫展
有意识型	--------	讨论问题；组织问卷调查；举办圆桌会议，成立一个特别工作组重点调查抵制问题
整改型	调整系统适应用户	重新设计系统（当抵制的对象是系统的功能），培训（当抵制的对象是系统的特点和用户的技能有缺陷），改变工作日程或作出让步（当抵制的对象是系统的意义）
	不对系统做调整	保持系统不变（当抵制的目的是系统的意义），对如何使用系统提供解释或添加人员（当抵制的目的是系统的功能，当系统有缺陷时）
劝阻型	强制	使用强制力强制用户使用该系统或威胁用户
	权威的说服	谴责用户或强制用户使用
	支持性的说服	使用户放心；高层管理人员的支持和解释；使用户的收益合理化

已有文献中对于 IT 抵制行为管理的讨论，多从一个维度出发：Martinko et.al 以及 Aladwani 从时间维度提出不同针对不同阶段的 IT 抵制行为管理的方法；Markus 从原因类型角度提出 IT 抵制行为的策略，Shang 以及闵庆飞等从策略类型角度划分出多种应对策略，Rivard & Lapointe 从管理者的反应

[1] Rivard S, Lapointe L. INFORMATION TECHNOLOGY IMPLEMENTERS'RESPONSES TO USER RESISTANCE: NATURE AND EFFECTS[J]. MIS Quarterly, 2012, 36(3).

类型角度划分管理策略。

根据本书的研究的实证结论，在移动办公系统使用的不同阶段，导致用户抵制的原因有所不同，所以，本书的研究认为：为了向管理者的管理工作实践提供可执行性更强的管理策略，应当划分移动办公系统使用阶段，并针对每个阶段导致抵制的不同的原因类型，更充分、更完备地提出移动办公系统抵制管理策略。所以，本书的研究依据“时间维度”和“原因维度”，提出“基于时间和抵制原因的移动办公系统抵制管理策略六分图”，如图 6-2 所示。

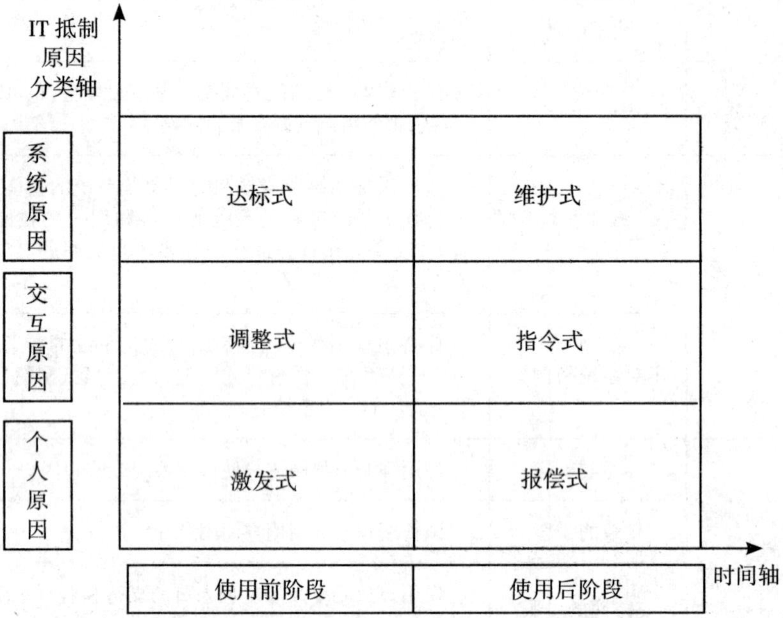

图 6-2　基于时间和抵制原因的移动办公系统抵制管理策略六分图

在图 6-2 中，笔者依据系统使用前、后两个时间段，以及移动办公系统用户抵制行为的三个成因（个人原因、交互原因、系统原因）将移动办公系统用户抵制管理策略划分为六种：激发式、报偿式、调整式、指令式、达标式和维护式。将每种策略对应的方法及其具体内容总结如表 6-13 所示。

表6-13　移动办公系统用户抵制管理策略具体内容

移动办公系统抵制行为管理策略	策略的目标	管理方法名称	管理方法内容
激发式	在系统应用之前，消除用户的紧张情绪，激发用户使用新系统的动机	激发用户动机	目标难度适宜，报偿与绩效挂钩
		免疫训练	预先向用户提供成功使用系统的经历
		用户培训	提示与以往经验的区别
		人员配备	依据行业特点，选择对移动办公系统有积极态度和期望的人
		用户参与（1）	获取用户对新系统的认可
调整式	在系统应用前，调整组织与系统的不匹配，预防交互因素的影响	业务流程重组	重新设计用户单位的业务流程，重新调整企业内信息资源的所有权，使之与新系统匹配，避免因权力丧失而导致的用户抵制行为
		组织文化重塑	改进组织文化，使之与新系统匹配，避免因文化上的不匹配导致的用户抵制行为
		调整公平观	使员工树立与企业价值观相吻合的正确的公平观，实现主观公平，避免因不合理的成本、收益比较而导致的用户抵制行为
达标式	在设计系统时，提高技术水准和系统质量	培训系统设计员	提高系统设计的技术水平
		用户参与（2）	促进系统设计员与用户的交流，改善双方的关系，保证系统设计更符合用户需求
报偿式	系统投入应用后，满足用户的需要，消除用户紧张情绪，形成良性归因循环	归因训练	创造用户使用系统过程中的阶段性成功，促成持续的成功归因，改善用户的归因框架
		提高激励力	提高个人报偿，满足用户需要
指令式	系统运行过程中，通过管理权威的说服和压力，降低或制止抵制行为的消极影响	改进分配制度，保证客观公平	报酬分配政策应公平合理，分配不搞一刀切，提高员工的公平感
		强制指令	在重要群体或重要岗位中说服或强制用户使用系统
维护式	系统运行过程中，不断对系统进行维护和再设计	流程和系统的再设计	根据用户工作需求的变化，不断改进工作流程，同时改进系统

由假设 1 的检验结果可知：在使用前阶段，感知风险是导致用户抵制的主要原因，感知风险的产生与用户自身原因和系统自身原因的关联性较大。因此，这个阶段对用户抵制行为的管理策略的提出，应将重点放在针对解决因“个人原因”和“系统原因”而产生的抵制行为上。“激发式”和“达标式”策略是使用前阶段的管理策略的核心内容。

在使用前阶段，激发式策略针对解决因个人原因而产生的抵制行为。该策略的主要内容是：通过用户培训，使用户以较低的时间成本掌握新系统的操作流程和使用方法，同时用户在培训过程中获得的成功的系统使用经历，让员工感到系统易掌握，降低其在使用新系统中的转化成本，调整员工的公平感知；同时可以提示用户：新系统与以往应用失败的系统的不同之处，从而能降低用户因负面经验而产生的紧张、焦虑情绪，降低其习得无助感，减少用户的感知时间风险和感知社会风险。企业也应要求系统实施方提供具有丰富培训经验的优质培训人员，以保证培训人员能对用户提出的各类问题给予有效解答，从而帮助用户建立起对于系统实施方的信任，以降低用户感知到的信誉风险。

同时，在使用前阶段，企业也应要求并督促系统实施方在此阶段加强与员工的沟通交流，以使员工能全面地了解新系统，此外，实施方应具备及时解决系统试用时出现的技术问题或用户操作问题，以减少用户因试用过程中消极体验而感知到的新系统的技术风险，从而降低用户的抵制。因此，在使用前阶段，管理者也应同时使用“达标式”策略对系统实施方进行管理。

在使用前阶段，虽然用户未正式将新系统应用于业务工作中，但通过培训或试用，用户已经初步与系统产生了交互。根据本书的研究的假设 6 的检验结论：确认对感知威胁有负面影响，即用户在系统的初步使用后形成的主观态度，对使用后阶段的影响抵制的因素有消极影响。用户对自己的主观态度的判断结果越积极，感知威胁的程度越低。所以，在使用前阶段，管理者应预警处理可能导致感知威胁的问题。如在系统正式应用前，完成业务流程重组，将重组后的岗位权限进行明确界定，可避免系统正式应用后，部分管理者仍“沉浸”在原有的职权中，将权力减少归咎为新系统。可在使用前阶段，通过制度的方式将流程重组后的岗位职权进行公布，中高层管理者带头按照新业务流程使用系统中处理日常工作，这类在系统使用前阶段适用的第三类策略称为“调整式”策略。

假设 7 的检验结果显示：感知威胁是使用后阶段导致用户抵制系统的主要原因。感知威胁包括成本 – 收益变化威胁、权力变化威胁和组织文化变化威胁，这三类威胁都来自于用户与系统的交互，而与系统本身和用户个体特征没有直接关联。在使用后阶段，用户与系统的交互越发频繁，系统实施带来的变化也越来越显著，所以在这个阶段，针对交互原因而产生的抵制是管理的重点。“指令式”策略是应对该问题的主要管理策略。其主要内容是通过高层管理者的权威，调整员工的公平感，说服或强制用户使用系统，具体的处理方式包括：第一，管理者制定与系统使用相关的合理的分配方案，以降低用户感知到的成本 – 收益变化的威胁；第二，在重要群体或重要岗位中说服或强制用户使用系统，以强硬的方式消除用户由于担心权力减少而产生的抵制行为，降低用户感知到的权利变化的威胁和组织文化变化的威胁。Rivard & Lapointe（2012）的研究结论中指出“权威性的说服”和“支持性的说服”是对降低抵制最有效的管理者的应对类型。第二种处理方式与 Rivard & Lapointe（2012）的研究结论不谋而合。

除了“指令式”策略以外，提高用户报偿（如评选优秀系统用户，给予用户精神上的报偿）和提高系统维护水平、系统再设计水平，即“报偿式”策略和“维护式”策略，分别从用户个体原因和系统原因角度，在使用后阶段对降低用户抵制起到积极的作用。

综上所述，在使用前阶段，应重点选择“激发式”策略和“达标式”策略，减低该阶段的用户感知风险，同时应注意“调整式”策略，以提高用户对系统期望和满意度的确认，降低对感知威胁的确认，为使用后阶段降低感知威胁做有效的预先干预。在使用后阶段，应重点使用“指令式”策略，制定公平合理的报酬分配政策，并使用说服或强制性的方式，直接干预用户的抵制行为，同时应配合使用“报偿试”策略和“维护式”策略，防止此阶段因个人原因或系统原因而产生的抵制。

第七章　总结与展望

本章对于本书的研究的主要工作进行总结，同时指出研究中的不足以及下一步的研究展望。

第一节　研究总结

本书的研究依据信息系统使用双因素理论，研究信息系统使用中推动因素与抵制因素对不同阶段使用行为的影响路径与机理。由于新系统使用行为研究中，主要存在接受行为研究和采纳后的持续使用行为研究两大研究主题，所以本书的研究在划分信息系统使用阶段时，依据接受行为研究的经典模型——技术接受模型，和采纳后持续使用行为研究的经典模型——期望确认模型，并结合自我感知理论，将技术接受模型中的"使用行为"与期望确认模型中的"确认"建立联系，将两个经典模型连接在一起，建立了分阶段的信息系统使用行为演化模型。

根据 Cenfetelli（2004）提出的信息系统使用双因素理论，影响使用行为的因素分为推动因素和抵制因素，两个因素同时存在且互为独立构件，因此，在信息系统使用研究中应同时考虑双因素对不同阶段使用行为的影响，所以，在构建的分阶段的信息系统使用行为演化模型中的使用前、使用后两个阶段中，本书的研究都加入了"抵制改变"（包含抵制改变（使用前）和抵制改变（使用后））这一抵制因素，抵制改变与（持续）使用意图这一推动因素共同影响用户的（持续）使用行为。

双因素理论中提出：抵制因素具有偏好影响，对推动因素会产生负面的影响。基于此，本书的研究建立了抵制因素对推动因素的影响路径，具体来说：抵制改变（使用前 / 使用后）影响（持续）使用意图，并进而影响（持续）

使用行为。

Cenfetelli（2004）认为，抵制因素与推动因素分别有不同的前因。根据技术接受模型和期望确认模型，在信息系统使用的各阶段中，（持续）使用意愿的前因是感知有用（包含使用前的感知有用和使用后的感知有用），本书的研究将不同阶段的抵制改变的前因作为重要的研究任务之一。借用消费者行为学中“感知风险是创新抗拒的重要影响因素”的观点，在分析创新抗拒与抵制改变（使用前）存在内涵上的共性的前提下，将感知风险作为抵制改变（使用前）的前因，并结合信息系统使用的特点，将感知风险划分出时间风险、技术风险、社会心理风险、信誉风险四个维度。在使用后阶段，根据信息系统抵制行为研究中，Dentand Goldberg（1999）、Marakas and Hornik（1996）提出的“感知威胁是导致抵制的直接原因”的观点，本书的研究将感知威胁作为抵制改变（使用后）的前因。通过对信息系统抵制行为研究文献综述，梳理出感知威胁的三个维度：成本－收益变化的威胁、权力变化的威胁、组织文化变化的威胁，为感知威胁变量的测量提供了依据。

根据认知失调理论，用户的初始感知与实际感知相差太大时，用户紧张不安的心理会产生失调，即当用户得到实际感知与初始感知的差距时，就会形成新的感知，所以本书的研究将“确认”作为“感知威胁”的前因，构建起确认与感知威胁之间的影响路径。

经过以上分析，本书的研究构建出了基于双因素视角的信息系统用户使用行为模型，并提出 10 个假设。通过结构方程模型方法，利用 SPSS19.0、PLS-Graph3.0 工具对假设进行了检验。首先，通过对专业研究人员的访问和对有过信息系统使用体验的 G 公司的部分员工，某高校的部分教务工作人员的问卷调研，开展了前测工作，通过前测，调整了问卷的题项中的文字描述方式、句式结构以及问卷的整体结构，并对问卷题项进行了净化，最终形成了正式问卷。在正式调研中，借 G 公司正在进行的办公自动化（OA）系统的培训和推广应用的时机，分两个时间段，对该公司参与培训和工作中使用 OA 系统的员工进行了两轮调研。利用 SPSS19.0 对变量进行了信度检验和效度检验，利用 PLS-Graph3.0 对模型进行了检验，检验结果显示，10 个假设均得到了支持。由此，本书的研究得出如下四个主要结论。

第一，感知风险、感知威胁分别是信息系统使用阶段中的使用前阶段

（pre-usage stage）和使用后阶段（post-usage stage）中导致抵制的关键认知因素。

第二，在上述两个阶段中，双因素（即抵制因素和推动因素）同时对用户的使用行为产生影响，“抵制改变”这一抵制因素对用户的信息系统使用行为产生消极影响，“感知有用”这一推动因素对用户的使用行为产生积极影响；抵制因素对推动因素也会产生偏移影响，即“抵制改变”对“感知有用”产生负面影响。

第三，确认对感知威胁有直接影响，确认程度高会降低用户对新系统应用带来的威胁程度的感知。

第四，使用阶段的使用行为对使用后的确认有正向影响，因此，可以将用户使用信息系统的不同阶段联系起来，以延续性的视角看待用户的信息系统使用行为。

由于研究受到研究者的主观能力和实证研究中客观资源的约束，本书的研究不可避免地存在一定的局限性和不足之处。主要有以下两点。

第一，样本选择的局限性。本书的研究受到时间、成本、人力等因素的影响，调查范围主要限于接受过高等教育的人群，未能涉及学历水平相对较低的信息系统用户群，因此，对于用户经验和技术接受能力等因素缺乏考虑，所以，研究结论的外部效度有待于进一步深入研究进行验证。

第二，测量方法的主观性较大。本书的研究的实证中多为 Likert7 级量表打分，其主观性较强，受访者可能会夸大或隐藏自己真正的主观感受。虽然本书的研究中变量的信度和效度均通过了检验，但若能结合客观数据进行实证检验，结论的客观性和可靠性将会有更大的提高。比如，本书的研究中对用户信息系统使用行为的测量，若能将用户填写量表的方式，变成通过实验对用户使用时长和使用频率的进行监测的方式，那么测量结果的客观性会更高。

第二节　研究展望

在本书的研究的基础上，作者认为可以从以下两方面开展进一步的深入研究。

第一，加入调节变量，进一步完善模型，提高研究结论的解释力。在信息系统抵制研究中，对用户自身因素的研究是信息系统抵制行为研究的主题之一。研究者多以信息系统应用失败案例为研究对象，从中总结抵制行为产生的原因。导致信息系统抵制行为的用户自身因素主要包括个人特征，认知风格、情感和动机四类[1]（各因素具体内容如表 7-1 所示）。此外，组织中也会存在的通过强制制度或要求员工必须使用信息系统的现象，那么，管理中的强制手段可能也会降低信息系统用户的抵制意图。所以，在下一步的研究中，可以尝试研究个人因素、强制因素在“抵制改变”和“用户信息系统使用行为”之间的调节作用，进一步完善本书的研究模型，提高本书的研究模型对用户信息系统使用行为的解释力。

表7-1　信息系统抵制理论中用户自身因素的维度

用户自身因素	具体内容
个人特征	性别，年龄，信息系统经验，人格类型，职业类型
认知风格	主观抵制改变，天生保守主义，改变型与改革型
情绪	内心挫败感，害怕
动机	内在动机（缺少改革参与性、缺少需要感、缺少期待），外在动机（有效组织、管理支持）

第二，采用元分析方法扩展研究层面。元分析方法能够解决单个研究不一致甚至矛盾的结论，分析差异产生的原因，对现有的定量研究进行很好的整合，从而揭示不同情境下特殊结论的产生原因。本书的研究仅从个人层面对于用户信息系统使用行为的影响因素进行的研究，没有对其他层面进行考虑。在进一步的研究中，可以考虑使用元分析方法，对组织、团队层面的信息系统使用问题进行探讨。如可以研究组织类型、组织文化、组织信息化水平对于信息系统使用行为的影响问题，或探讨团队层面中成员合作紧密度、工作性质、团队中社会关系网络等对于信息系统使用行为的影响问题。

第三，在信息系统使用过程中，用户在前一阶段的主观感知是否会对后

[1] 周蕊 . IT 抵制行为原因及管理对策研究 [J]. 商业时代，2013 (2): 45-47.

一阶段的主观感知产生影响？这一问题可以通过在本书的研究验证的模型基础上，建立感知有用（使用前）对感知有用（使用后）的影响路径，以及抵制改变（使用前）对抵制改变（使用后）的影响路径，并进行科学验证，以继续完善本书的研究的结论。

参考文献

[1] Abramson LY, Seligman ME, Teasdale JD. Learned helplessness in humans: critique and reformulation[J]. Journal of abnormal psychology. 1978,87(1):49.

[2] Agarwal R, Karahanna E. Time flies when you're having fun: Cognitive absorption and beliefs about information technology usage[J]. MIS quarterly. 2000,24(4).

[3] Ajzen I, Fishbein M. Understanding attitudes and predicting social behaviour[J]. 1980.

[4] Aladwani AM. Change management strategies for successful ERP implementation[J]. Business Process management journal. 2001,7(3):266–275.

[5] Ang J, Pavri F. A survey and critique of the impacts of information technology[J]. International Journal of Information Management. 1994,14(2):122–133.

[6] Argyris C, Schön DA. Reciprocal integrity: creating conditions that encourage personal and organizational integrity[J]. 1988.

[7] Avison D, Baskerville R, Myers M. Controlling action research projects[J]. Information technology & people. 2001,14(1):28–45.

[8] Barach JA. Advertising effectiveness and risk in the consumer decision process[J]. Journal of Marketing Research. 1969:314–320.

[9] Bauer LS. Resistance: a threat to the insecticidal crystal proteins of Bacillus thuringiensis[J]. Florida Entomologist. 1995,78(3):414–423.

[10] Bearden WO, Shimp TA. The use of extrinsic cues to facilitate product adoption[J]. Journal of marketing research. 1982:229–239.

[11] Bem DJ. Constructing cross - situational consistencies in behavior: Some thoughts on Alker's critique of Mischel[J]. Journal of Personality. 1972,40(1):17–26.

[12] Bettman JR. Perceived risk and its components: a model and empirical test[J]. Journal of marketing research. 1973:184–190.

[13] Bettman JR. Relationship of information–processing attitude structures to private brand purchasing behavior[J]. Journal of Applied Psychology. 1974,59(1):79.

[14] Bhattacherjee A. Understanding information systems continuance: an expectation–confirmation model[J]. MIS quarterly. 2001,25(3):351–370.

[15] Bhattacherjee A, Hikmet N. Physicians' resistance toward healthcare information technology: a theoretical model and empirical test[J]. European Journal of Information Systems. 2007,16(6):725–737.

[16] Bhattacherjee A, Perols J, Sanford C. INFORMATION TECHNOLOGY CONTINUANCE: A THEORETIC EXTENSION AND EMPIRICAL TEST[J]. Journal of Computer Information Systems. 2008,49(1).

[17] Bhattacherjee A, Premkumar G. Understanding changes in belief and attitude toward information technology usage: a theoretical model and longitudinal test[J]. MIS quarterly. 2004,28(2):229–254.

[18] Bredahl L. Determinants of consumer attitudes and purchase intentions with regard to genetically modified food – results of a cross–national survey[J]. Journal of consumer policy. 2001,24(1):23–61.

[19] Brown SA, Venkatesh V. Model of adoption of technology in households: A baseline model test and extension incorporating household life cycle[J]. MIS quarterly. 2005:399–426.

[20] Buckley PJ, Casson M. The future of the multinational enterprise[M]. Macmillan London, 1976.

[21] Cheung C, Limayem M. The role of habit in information systems continuance: examining the evolving relationship between intention and usage[J]. 2005.

[22] Chin WW, Marcolin BL, Newsted PR. A partial least squares latent variable modeling approach for measuring interaction effects: Results from a Monte Carlo simulation study and an electronic–mail emotion/adoption study[J]. Information systems research. 2003,14(2):189–217.

[23] Chircu AM, Kauffman RJ, editors. Limits to value in electronic commerce–related IT investments. System Sciences, 2000 Proceedings of the 33rd Annual Hawaii International Conference on; 2000: IEEE.

[24] Cho V, Cheng T, Hung H. Continued usage of technology versus situational factors: An empirical analysis[J]. Journal of Engineering and Technology Management. 2009,26(4):264–284.

[25] Churchill Jr GA, Surprenant C. An investigation into the determinants of customer satisfaction[J]. Journal of Marketing research. 1982:491–504.

[26] Coetsee L. From resistance to commitment[J]. Public Administration Quarterly. 1999:204–222.

[27] Cox DF. Risk taking and information handling in consumer behavior[M]. Division of Research, Graduate School of Business Administration, Harvard University Boston, 1967.

[28] Cronbach LJ. Coefficient alpha and the internal structure of tests[J]. Psychometrika. 1951,16(3):297–334.

[29] Cunningham S. The major dimensions of perceived risk, Risk Taking and Information Handling in Consumer Behavior, Graduate School of Business Administration. Harvard University Press, Boston, MA; 1967.

[30] Cunningham SM. The major dimensions of perceived risk[J]. Risk taking and information handling in consumer behavior. 1967:82–108.

[31] Davidson RS, Walley PB. Computer fear and addiction: Analysis, prevention and possible modification[J]. Journal of Organizational Behavior Management. 1985,6(3–4):37–52.

[32] Davis FD. Perceived usefulness, perceived ease of use, and user acceptance of information technology[J]. MIS quarterly. 1989:319–340.

[33] Delone WH. The DeLone and McLean model of information systems success: a ten–year update[J]. Journal of management information systems. 2003,19(4):9–30.

[34] Delone WH, Mclean ER. Measuring e–commerce success: Applying the DeLone & McLean information systems success model[J]. International Journal of Electronic Commerce. 2004,9(1):31–47.

[35] Dent EB, Goldberg SG. Challenging "resistance to change" [J]. The Journal of Applied Behavioral Science. 1999,35(1):25–41.

[36] Derbaix C. Perceived risk and risk relievers: an empirical investigation[J]. Journal of Economic Psychology. 1983,3(1):19–38.

[37] Devaraj S, Kohli R. Performance impacts of information technology: is actual usage the missing link?[J]. Management science. 2003,49(3):273–289.

[38] DeVellis R. Scale development. Applications and theory. Newbury Park, CA: Sage; 1991.

[39] Dick A, Chakravarti D, Biehal G. Memory–based inferences during consumer choice[J]. Journal of Consumer Research. 1990,17(1):82.

[40] Doll WJ, Torkzadeh G. The measurement of end–user computing satisfaction[J]. MIS quarterly. 1988,12(2).

[41] Dos Santos B, Sussman L. Improving the return on IT investment: the productivity paradox[J]. International journal of information management. 2000,20(6):429–430.

[42] Dowling GR, Staelin R. A model of perceived risk and intended risk–handling activity[J]. Journal of consumer research. 1994:119–134.

[43] Dunn MG, Murphy PE, Skelly GU. Research note: The influence of perceived risk on brand preference for supermarket products[J]. Journal of Retailing. 1986.

[44] Enns HG, Huff SL, Higgins CA. CIO lateral influence behaviors: Gaining peers' commitment to strategic information systems[J]. MIS Quarterly. 2003,27(1):155–176.

[45] Ferneley EH, Sobreperez P. Resist, comply or workaround? An examination of different facets of user engagement with information systems[J]. European Journal of Information Systems. 2006,15(4):345–356.

[46] Fishbein M, Ajzen I. Belief, attitude, intention and behavior: An introduction to theory and research[M]1975.

[47] Fortin DR, Renton MS. Consumer acceptance of genetically modified foods in New Zealand[J]. British Food Journal. 2003,105(1/2):42–58.

[48] Foxall GR, Goldsmith RE, Brown S. Consumer psychology for marketing[M]. Cengage Learning EMEA, 1998.

[49] Freud S. Turnings in the ways of psychoanalytic therapy[J]. Collected papers. 1919,2:392–402.

[50] Garcia R, Rummel P, Hauser J. Co–opetition for the diffusion of resistant innovations: a case study in the global wine industry using an agent–based model[J]. Agent–based models of market dynamics and consumer behavior Institute of Advanced Studies, University of Surrey, Guildford January. 2006,2006.

[51] Gatignon H, Robertson TS. Technology diffusion: an empirical test of competitive effects[J]. The Journal of Marketing. 1989:35–49.

[52] Gefen D, Straub DW. Gender differences in the perception and use of e–mail: An extension to the technology acceptance model[J]. MIS quarterly. 1997:389–400.

[53] Ginzberg MJ. Early diagnosis of MIS implementation failure: promising results and unanswered questions[J]. Management Science. 1981,27(4):459–478.

[54] Gobbin R. The role of cultural fitness in user resistance to information technology tools[J]. Interacting with Computers. 1998,9(3):275–285.

[55] Hartman RS, Doane MJ, Woo C–K. Consumer rationality and the status quo[J]. The Quarterly Journal of Economics. 1991,106(1):141–162.

[56] Herbig PA, Day RL. Customer acceptance: the key to successful introductions of innovations[J]. Marketing Intelligence & Planning. 1992,10(1):4–15.

[57] Herbig PA, Kramer H. The effect of information overload on the innovation choice process: Innovation overload[J]. Journal of Consumer Marketing. 1994,11(2):45–54.

[58] Herzberg FI. Work and the nature of man[J]. 1966.

[59] Hirschheim R, Newman M. Information systems and user resistance: theory and practice[J]. The Computer Journal. 1988,31(5):398–408.

[60] Hisrich RD, Dornoff RJ, Kernan JB. Perceived risk in store selection[J]. Journal of Marketing Research. 1972,9(4):435–439.

[61] Hoover RJ, Green RT, Saegert J. A cross–national study of perceived risk[J]. The Journal of Marketing. 1978:102–108.

[62] Inman JJ, Zeelenberg M. Regret in repeat purchase versus switching decisions: The attenuating role of decision justifiability[J]. Journal of Consumer Research. 2002,29(1):116–128.

[63] Jacoby J, Kaplan LB. The components of perceived risk[J]. Advances in consumer research. 1972,3(3):382–383.

[64] Jarvis CB, MacKenzie SB, Podsakoff PM. A critical review of construct indicators and measurement model misspecification in marketing and consumer research[J]. Journal of consumer research. 2003,30(2):199–218.

[65] Jiang JJ, Muhanna WA, Klein G. User resistance and strategies for promoting acceptance across system types[J]. Information & Management. 2000,37(1):25–36.

[66] Joseph RC. Individual resistance to IT innovations[J]. Communications of the ACM. 2010,53(4):144–146.

[67] Kahneman D, Knetsch JL, Thaler RH. Anomalies: The endowment effect, loss aversion, and status quo bias[J]. The journal of economic perspectives. 1991,5(1):193–206.

[68] Kaplan LB, Szybillo GJ, Jacoby J. Components of perceived risk in product purchase: A cross–validation[J]. Journal of applied Psychology. 1974,59(3):287.

[69] Karahanna E, Agarwal R, Angst CM. Reconceptualizing compatibility beliefs in technology acceptance research[J]. Mis Quarterly. 2006:781–804.

[70] Keen PG. Information systems and organizational change[J]. Communications of the ACM. 1981,24(1):24–33.

[71] [71] Kim H-W, Kankanhalli A. Investigating user resistance to information systems implementation: A status quo bias perspective[J]. Mis Quarterly. 2009,33(3):567-582.

[72] [72] Kim SS, Malhotra NK. A longitudinal model of continued IS use: An integrative view of four mechanisms underlying postadoption phenomena[J]. Management science. 2005,51(5):741-755.

[73] [73] Kleijnen M, Lee N, Wetzels M. An exploration of consumer resistance to innovation and its antecedents[J]. Journal of Economic Psychology. 2009,30(3):344-357.

[74] [74] Klerck D, Sweeney JC. The effect of knowledge types on consumer - perceived risk and adoption of genetically modified foods[J]. Psychology & Marketing. 2007,24(2):171-193.

[75] [75] Kling R. Social analyses of computing: Theoretical perspectives in recent empirical research[J]. ACM Computing Surveys (CSUR). 1980,12(1):61-110.

[76] [76] Kossek EE, Young W, Gash DC, Nichol V. Waiting for innovation in the human resources department: Godot implements a human resource information system[J]. Human Resource Management. 1994,33(1):135-159.

[77] [77] Lapointe L, Rivard S. A multilevel model of resistance to information technology implementation[J]. Mis Quarterly. 2005:461-491.

[78] [78] Lapointe L, Rivard S. Getting physicians to accept new information technology: insights from case studies[J]. Canadian Medical Association Journal. 2006,174(11):1573-1578.

[79] [79] LaTour SA, Peat NC. Conceptual and methodological issues in consumer satisfaction research[J]. Advances in consumer research. 1979,6(1):431-437.

[80] [80] Lauer T, Rajagopalan B. Examining the relationship between acceptance and resistance in system implementation[J]. 2002.

[81] [81] Lawrence PR. How to deal with resistance to change[M]. Harvard Business Review Case Services, 1968.

[82] [82] Leon F. A theory of cognitive dissonance[J]. Evanston, Il: Row, Peterson. 1957.

[83] [83] Lewicki RJ, McAllister DJ, Bies RJ. Trust and distrust: New relationships and realities[J]. Academy of management Review. 1998,23(3):438-458.

[84] [84] Lichtenstein S, Slovic P. The construction of preference[M]. Cambridge University Press, 2006.

[85] [85] Limayem M, Hirt SG, Cheung CM. How habit limits the predictive power of intention: the case of information systems continuance[J]. Mis Quarterly. 2007:705–737.

[86] Lin CP, Bhattacherjee A. Extending technology usage models to interactive hedonic technologies: a theoretical model and empirical test[J]. Information Systems Journal. 2010,20(2):163–181.

[87] Lin C–P, Bhattacherjee A. Elucidating individual intention to use interactive information technologies: The role of network externalities[J]. International Journal of Electronic Commerce. 2008,13(1):85–108.

[88] Mahajan V, Muller E, Bass FM. New product diffusion models in marketing: A review and directions for research[J]. The Journal of Marketing. 1990:1–26.

[89] Malhotra Y, Galletta DF, editors. Extending the technology acceptance model to account for social influence: theoretical bases and empirical validation. Systems Sciences, 1999 HICSS–32 Proceedings of the 32nd Annual Hawaii International Conference on; 1999: IEEE.

[90] Marakas GM, Hornik S. Passive resistance misuse: overt support and covert recalcitrance in IS implementation[J]. European Journal of Information Systems. 1996,5(3):208–219.

[91] Markus ML. Power, politics, and MIS implementation[J]. Communications of the ACM. 1983,26(6):430–444.

[92] Martens H. Multivariate calibration[M]. John Wiley & Sons, 1989.

[93] Martinko MJ, Zmud RW, Henry JW. An attributional explanation of individual resistance to the introduction of information technologies in the workplace[J]. Behaviour & Information Technology. 1996,15(5):313–330.

[94] Mason JB, Bearden WO. Profiling the shopping behavior of elderly consumers[J]. The Gerontologist. 1978,18(5 Part 1):454–461.

[95] McCoy S, Everard A, Galletta D, Polak P, editors. A study of the effects of online advertising: A focus on pop–up and in–line ads. Proc 3rd Ann Workshop on HCI Research in MIS, Washington DC; 2004: Citeseer.

[96] Milling PM. Modeling innovation processes for decision support and management simulation[J]. System Dynamics Review. 1996,12(3):211–234.

[97] Mitchell V–W. Consumer perceived risk: conceptualisations and models[J]. European Journal of marketing. 1999,33(1/2):163–195.

[98] Mitchell V-W, Papavassiliou V. Exploring consumer confusion in the watch market[J]. Marketing Intelligence & Planning. 1997,15(4):164-172.

[99] Moldovan S, Goldenberg J. Cellular automata modeling of resistance to innovations: Effects and solutions[J]. Technological Forecasting and Social Change. 2004,71(5):425-432.

[100] Molesworth M, Suortti JP. Buying cars online: the adoption of the web for high - involvement, high - cost purchases[J]. Journal of Consumer Behaviour. 2002,2(2):155-168.

[101] Morewedge CK, Shu LL, Gilbert DT, Wilson TD. Bad riddance or good rubbish? Ownership and not loss aversion causes the endowment effect[J]. Journal of Experimental Social Psychology. 2009,45(4):947-951.

[102] Noussair C, Robin S, Ruffieux B. Do Consumers Really Refuse To Buy Genetically Modified Food?*[J]. The economic journal. 2004,114(492):102-120.

[103] Nunnally J. Psychometric methods[J]. McGraw-Hill, New York, NY. 1978.

[104] Oliver RL. A cognitive model of the antecedents and consequences of satisfaction decisions[J]. Journal of marketing research. 1980:460-469.

[105] [105] Oreg S. Resistance to change: developing an individual differences measure[J]. Journal of applied psychology. 2003,88(4):680.

[106] [106] Ouellette JA, Wood W. Habit and intention in everyday life: the multiple processes by which past behavior predicts future behavior[J]. Psychological bulletin. 1998,124(1):54.

[107] Peter JP, Ryan MJ. An investigation of perceived risk at the brand level[J]. Journal of marketing research. 1976:184-188.

[108] Peter JP, Tarpey Sr LX. A comparative analysis of three consumer decision strategies[J]. Journal of Consumer Research. 1975:29-37.

[109] Premkumar G, Bhattacherjee A. Explaining information technology usage: A test of competing models[J]. Omega. 2008,36(1):64-75.

[110] Ram S. A model of innovation resistance[J]. Advances in Consumer Research. 1987,14(1):208-212.

[111] Ram S. Successful innovation using strategies to reduce consumer resistance: an empirical test[J]. Journal of Product Innovation Management. 1989,6(1):20-34.

[112] Ram S, Sheth JN. Consumer resistance to innovations: the marketing problem and its solutions[J]. Journal of Consumer Marketing. 1989,6(2):5-14.

[113] Rivard S, Lapointe L. Information technology implementers' responses to user resistance: nature and effects[J]. MIS Quarterly, 2012, 36(3): 897–920.

[114] Rogers RW. Cognitive and physiological processes in fear appeals and attitude change: A revised theory of protection motivation[J]. Social psychophysiology. 1983:153–176.

[115] Roselius T. Consumer rankings of risk reduction methods[J]. The journal of marketing. 1971:56–61.

[116] Salancik GR, Conway M. Attitude inferences from salient and relevant cognitive content about behavior[J]. Journal of Personality and Social Psychology. 1975,32(5):829.

[117] Samuelson W, Zeckhauser R. Status quo bias in decision making[J]. Journal of risk and uncertainty. 1988,1(1):47–59.

[118] Schachter S, Singer J. Cognitive, social, and physiological determinants of emotional state[J]. Psychological review. 1962,69(5):379.

[119] Shang S, Su T. Managing user resistance in enterprise systems implementation[J]. 2004.

[120] Sheth JN. Psychology of innovation resistance: the less developed concept[J]. Research in Marketing. 1981,4(3):273–283.

[121] Slovic P. Perception of risk[J]. Science. 1987,236(4799):280–285.

[122] Spence HE, Engel JF, Blackwell RD. Perceived risk in mail–order and retail store buying[J]. Journal of Marketing Research. 1970:364–369.

[123] Stone CN. Regime politics: governing Atlanta, 1946–1988[M]. University Press of Kansas Lawrence, KS, 1989.

[124] Straub DW. Validating instruments in MIS research[J]. MIS quarterly. 1989:147–169.

[125] Taylor JW. The role of risk in consumer behavior[J]. The Journal of Marketing. 1974:54–60.

[126] Tetlock PE. Accountability theory: Mixing properties of human agents with properties of social systems[J]. Shared cognition in organizations: The management of knowledge. 1999:117–137.

[127] Tornatzky LG, Klein KJ. Innovation characteristics and innovation adoption–implementation: A meta–analysis of findings[J]. Engineering Management, IEEE Transactions on. 1982(1):28–45.

[128] Vann JL. Resistance to change and the language of public organizations: A look at "clashing grammars" in large-scale information technology projects[J]. Public Organization Review. 2004,4(1):47–73.

[129] Venkatesh V, Davis FD. A theoretical extension of the technology acceptance model: four longitudinal field studies[J]. Management science. 2000,46(2):186–204.

[130] Venkatraman MP, Price LL. Differentiating between cognitive and sensory innovativeness: concepts, measurement, and implications[J]. Journal of Business Research. 1990,20(4):293–315.

[131] Verhage BJ, Yavas U, Green RT. Perceived risk: a cross–cultural phenomenon?[J]. International Journal of Research in Marketing. 1990,7(4):297–303.

[132] Vincent M, Zikmund WG. An experimental investigation of situational effects on risk perception[J]. Advances in consumer research. 1976,3(1):125–129.

[133] Vlek C, Stallen P–J. Judging risks and benefits in the small and in the large[J]. Organizational Behavior and Human Performance. 1981,28(2):235–271.

[134] Wagner EL, Newell S. Repairing ERP Producing Social Order to Create a Working Information System[J]. The Journal of Applied Behavioral Science. 2006,42(1):40–57.

[135] Webster Jr FE. New product adoption in industrial markets: a framework for analysis[J]. The Journal of Marketing. 1969:35–39.

[136] Weiner B. Achievement motivation and attribution theory[M]. General Learning Press, 1974.

[137] Wilson TD, Brekke N. Mental contamination and mental correction: unwanted influences on judgments and evaluations[J]. Psychological bulletin. 1994,116(1):117.

[138] Woodside AG. Group influence and consumer risk taking: an experimental study [D]. Pennsylvania State University, 1968.

[139] Yzerbyt VY, Leyens J–P. Requesting information to form an impression: The influence of valence and confirmatory status[J]. Journal of Experimental Social Psychology. 1991,27(4):337–356.

[140] Zikmund WG, Scott JE. A multivariate analysis of perceived risk, self–confidence and information sources[J]. Advances in consumer research. 1973,1(1):406–416.

[141] 侯杰泰，成子娟，钟财文．结构方程式之拟合优度概念及常用指数之比较 [J] [J]. 教育研究学报（香港）. 1996,11:73–81.

[142] 侯杰泰，温忠麟，成子娟．结构方程模型及其应用：Structural equation model and its applications[M]. 教育科学出版社，2004.

[143] 杰夫里，普费弗，胡汉辉，李娅莉．求势与人．北京：中国人民大学出版社；2000.

[144] 康子轶．手机无线上网的感知风险对创新抗拒影响研究 [D]. 武汉科技大学，2008.

[145] 李怀祖．管理研究方法论 [M]. 西安交通大学出版社，2000.

[146] 刘文雯，高平，徐博艺．企业信息技术采纳行为研究综述 [J]. 研究与发展管理．2005,17(3):52–58.

[147] 卢纹岱．SPSS for Windows 统计分析 [M]. 電子工業出版社，2000.

[148] 鲁耀斌，徐红梅．技术接受模型的实证研究综述 [J]. 研究与发展管理．2006,18(3):93–99.

[149] 盛玲玲．移动商务用户继续使用意向研究 [D]. 浙江大学，2008.

[150] 孙伟，黄培伦．公平理论研究评述 [J]. 科技管理研究．2004,4:102–104.

[151] 孙祥，张硕阳，尤丹蓉，陈毅文，王二平．B2C 电子商务中消费者的风险来源与风险认知 [J]. 管理学报．2005,2(1):45–54.

[152] 赵向异．我国政府网络平台持续使用的因素研究 [D]. 重庆：重庆大学硕士学位论文，2007.

[153] 周蕊．IT 抵制行为原因及管理对策研究 [J]. 商业时代．2013(2):45–47.

参考网址

[1] 中国工业和信息化部：http://www.miit.gov.cn/

[2] 中国国家统计局：http://www.stats.gov.cn/

[3] 国际数据公司 IDC 研究：http://www.idc.com.cn/

[4] 海比研究：http://www.hapiweb.com/

[5] 赛迪智库：http://www.ccidthinktank.com/plus/list.php?tid=11

[6] 移动信息化研究中心：http://www.dataeyes.com.cn/

[7] 今目标：http://www.jingoal.com/lp/oa/oa24.htm?origin=oa24

[8] 钉钉：http://www.dingtalk.com/

[9] 金蝶云之家：http://www.dingtalk.com/

[10] 纷享逍客：https://www.fxiaoke.com/?from=100003

[11] 百度文库：http://wenku.baidu.com/

[12] 百度百科：http://baike.baidu.com/

[13] 中国知网：http://www.cnki.net/

附　录

员工移动办公采纳问题关注重点调查问卷（1）

尊敬的女士 / 先生：

您好！本调查问卷是山东管理学院开展的一项学术研究的一部分，旨在调查中小企业单位中信息系统的使用情况。答案没有对错，请根据您在使用移动办公信息系统过程中的真实感受作答。

填写说明：

1. 本调查采用匿名的方式，仅用作研究之用，不涉及贵单位任何商业机密和个人任何隐私。

2. 整个调研大约 5~10 分钟，请务必填答完整。

3. 请您根据个人经历及感受，用“1”到“5”之间的数字对下面各问题进行回答，数字越接近“1”代表“非常不同意”，数字越接近“5”代表“非常同意”。

衷心感谢您的配合与支持！祝您工作顺利、身体健康、万事如意！

1. 您是否使用过移动办公系统：

A. 是　　B. 否

2. 您所在的企业类型：

A . 大型企业　　B. 中型企业　　C. 小型企业　　D. 微型企业

3. 您的年龄分段：

A.60 后　　B.70 后　　C.80 后　　D.90 后

4. 您的学历：

A. 本科以上　　B. 本科　　C. 大专　　D. 高中以下

项目	非常不同意	不同意	中立	同意	非常同意
A1. 我公司希望在有同类企业使用成功的情况下使用移动办公系统	1	2	3	4	5
A2. 同行的成功经验使我公司更容易选择使用移动办公系统	1	2	3	4	5
A3. 身边企业或员工的成功使用案例对我公司移动办公软件的选型很重要	1	2	3	4	5
A4. 在移动办公软件选型时，我公司很注重软件的品牌和生产厂商	1	2	3	4	5
A5. 我公司在移动办公系统选型时很注重它的功能	1	2	3	4	5
A6. 我公司很看重移动办公系统的功能是否能适合本企业	1	2	3	4	5
A7. 我公司会尽量选取功能符合本企业业务流程的移动办公软件	1	2	3	4	5
A8. 我认为我公司现使用的移动办公系统较容易上手	1	2	3	4	5
A9. 即使新入职的员工也能比较容易的使用我公司现用的移动办公系统	1	2	3	4	5
A10. 我感到我公司现用的移动办公系统操作很简洁	1	2	3	4	5
A11. 我公司现用的移动办公系统使用起来很简便	1	2	3	4	5
A12. 我能很容易的使用我公司的移动办公系统完成一些工作	1	2	3	4	5
A13. 我公司现用的办公软件比较容易被学会使用	1	2	3	4	5
A14. 我感觉我对学会使用我公司现用的办公软件没有大的压力	1	2	3	4	5
A15. 我的同事们通常都能使用我公司现用移动办公系统完成相应工作	1	2	3	4	5
A16. 我认为我公司移动办公系统的价格比较合理	1	2	3	4	5

（续表）

项目	非常不同意	不同意	中立	同意	非常同意
A17. 购买使用我公司现用的移动办公系统没有给我公司带来很大的财务压力	1	2	3	4	5
A18. 我对我公司现用移动办公系统的性价比感到满意	1	2	3	4	5
A19. 我公司在选取移动办公系统时非常看重它的价格	1	2	3	4	5
A20. 我希望移动办公系统的一些功能一直停留在目前的价格	1	2	3	4	5
A21. 系统办公系统的出品厂商对我公司移动办公软件的选型很重要	1	2	3	4	5
A22. 我公司认为较有实力的厂商推出的移动办公系统更可靠	1	2	3	4	5

员工移动办公采纳问题关注重点调查问卷（2）

尊敬的女士 / 先生：

您好！本调查问卷是山东管理学院开展的一项学术研究的一部分，旨在调查中小企业单位中信息系统的使用情况。答案没有对错，请根据您在使用移动办公信息系统过程中的真实感受作答。

填写说明：

1. 本调查采用匿名的方式，仅用作研究之用，不涉及贵单位任何商业机密和个人任何隐私。

2. 整个调研大约 5~10 分钟，请务必填答完整。

3. 请您根据个人经历及感受，用“1”到“5”之间的数字对下面各问题进行回答，数字越接近“1”代表“非常不同意”，数字越接近“5”代表“非常同意”。

衷心感谢您的配合与支持！祝您工作顺利、身体健康、万事如意！

1. 您所在的企业类型：

A. 大型企业　　B. 中型企业　　C. 小型企业　　D. 微型企业

2. 您的年龄分段：

A.60 后　　B.70 后　　C.80 后　　D.90 后

3. 您的学历：

A. 本科以上　　B. 本科　　C. 大专　　D. 高中以下

项目	非常不同意	不同意	中立	同意	非常同意
B1. 我认为移动办公系统只有个别部分功能符合我公司的业务情况	1	2	3	4	5
B2. 我认为移动办公系统在功能的广度上有待进一步开发	1	2	3	4	5
B3. 因为移动办公系统的功能太少而被我或我公司拒绝使用	1	2	3	4	5
B4. 我担心使用移动办公系统会泄露我的个人信息而不想使用	1	2	3	4	5
B5. 我公司担心移动办公系统会泄露公司的一些重要信息而不想使用	1	2	3	4	5
B6. 我认为移动办公系统会对公司的信息安全带来很大风险	1	2	3	4	5
B7. 我公司认为为了保证数据信息安全而不能使用移动办公软件	1	2	3	4	5
B8. 我认为我公司现使用的移动办公系统使原有的业务流程变得混乱	1	2	3	4	5
B9. 我认为我公司使用移动办公系统后业务处理变得更麻烦了	1	2	3	4	5
B10. 我认为移动办公系统使用前后我公司的业务不能很好对接	1	2	3	4	5
B11. 我公司现用的移动办公系统使用起来很简便	1	2	3	4	5
B12. 我认为我公司移动办公系统不能与原有信息系统很好的对接	1	2	3	4	5
B13. 我认为我公司使用的移动办公软件的业务处理没有以前的简便	1	2	3	4	5
B14. 我认为我公司使用移动办公系统后没有很好地保证原有业务的连贯性与持续性	1	2	3	4	5

员工移动办公信息系统使用行为调查问卷（3）

尊敬的女士 / 先生：

您好！本调查问卷是山东管理学院开展的一项学术研究的一部分，旨在调查中小企业单位中信息系统的使用情况。答案没有对错，请根据您在使用移动办公信息系统过程中的真实感受作答。

填写说明：

1. 本调查采用匿名的方式，仅用作研究之用，不涉及贵单位任何商业机密和个人任何隐私。

2. 整个调研大约 5~10 分钟，请务必填答完整。

3. 请您根据个人经历及感受，用“1”到“7”之间的数字对下面各问题进行回答，数字越接近“1”代表“非常不同意”，数字越接近“7”代表“非常同意”。

衷心感谢您的配合与支持！祝您工作顺利、身体健康、万事如意！

感知风险

序号	在使用 OA 系统前，您是否有以下担心?	强烈不同意 ◄——► 强烈同意						
PR1–1	学习和适应 OA 系统会花费我很长的时间	1	2	3	4	5	6	7
PR1–2	使用 OA 系统会花费我很多的时间	1	2	3	4	5	6	7
PR1–3	OA 系统一旦出现错误，会浪费我很多时间	1	2	3	4	5	6	7
PR2–1	担心 OA 系统服务效率和质量可能达不到我预期的要求	1	2	3	4	5	6	7
PR2–2	担心 OA 系统系统技术复杂会让我操作失败	1	2	3	4	5	6	7
PR2–3	担心 OA 系统技术水平不高，会让我的工作出现损失	1	2	3	4	5	6	7
PR3–1	担心使用 OA 系统会影响我在同事、朋友或家人心目中的个人形象	1	2	3	4	5	6	7

（续表）

序号	在使用 OA 系统前，您是否有以下担心?	强烈不同意 ←——→ 强烈同意						
PR3-2	担心使用 OA 系统会引起他人对我的嘲笑或疏远	1	2	3	4	5	6	7
PR3-3	OA 系统提供商信誉度或品牌影响力不高（或我对提供商不了解），会使我担心提供商的培训服务水平达不到我的预期	1	2	3	4	5	6	7
PR4-1	OA 系统提供商信誉度或品牌影响力不高（或我对提供商不了解），会使我担心提供商的客户服务水平达不到我的预期	1	2	3	4	5	6	7
PR4-2	OA 系统提供商信誉度或品牌影响力不高（或我对提供商不了解），会使我担心提供商的技术升级水平达不到我的预期	1	2	3	4	5	6	7

抵制改变（使用前）

序号	在使用 OA 系统前，您是否有过以下想法?	强烈不同意 ←——→ 强烈同意						
RTC（t1）-1	我仅仅想尝试使用这个新的 OA 系统	1	2	3	4	5	6	7
RTC（t1）-2	我只想在得到足够信息够再使用这个新的 OA 系统	1	2	3	4	5	6	7
RTC（t1）-3	我目前不愿意使用新的 OA 系统	1	2	3	4	5	6	7

使用意图

序号	在使用 OA 系统前，您是否有过以下打算?	强烈不同意 ←——→ 强烈同意						
UI-1	我打算学习使用这个新的 OA 系统	1	2	3	4	5	6	7
UI-2	我希望立刻使用这个新的 OA 系统	1	2	3	4	5	6	7
UI-3	我愿意在我的工作中使用这个新的 0A 系统	1	2	3	4	5	6	7

基本信息：

1. 您的性别：□1. 男　　□2. 女

2. 您的年龄（请选择您所处的年龄段）

□1. 21~25　□2. 26~30　□3. 31~35　4. 36~40　□5. 41~50

3. 您的学历：

□1. 大专　□2. 本科　□3 硕士及以上　□4. 博士

问卷到此结束，再次感谢您的支持！

员工移动办公信息系统使用行为调查问卷（4）

尊敬的女士 / 先生：

您好！本调查问卷是山东管理学院开展的一项学术研究的一部分，旨在调查中小企业单位中信息系统的使用情况。答案没有对错，请根据您在使用移动办公信息系统过程中的真实感受作答。

填写说明：

1. 本调查采用匿名的方式，仅用作研究之用，不涉及贵单位任何商业机密和个人任何隐私。

2. 整个调研大约 5~10 分钟，请务必填答完整。

3. 请您根据个人经历及感受，用“1”到“7”之间的数字对下面各问题进行回答，数字越接近“1”代表“非常不同意”，数字越接近“7”代表“非常同意”。

衷心感谢您的配合与支持！祝您工作顺利、身体健康、万事如意！

使用行为

序号	您在工作中使用 OA 系统的情况是	强烈不同意 ←→ 强烈同意						
UB-1	在我的工作中我经常使用这个新系统	1	2	3	4	5	6	7
UB-2	在我的工作中使用这个新系统接收和发送大量的信息	1	2	3	4	5	6	7

确认

序号	在使用OA系统以后，您是否有下列主观认识？	强烈不同意 ←→ 强烈同意						
C-1	OA系统提供的功能，满足了我预期的需求目标	1	2	3	4	5	6	7
C-2	我使用OA系统的总体感受，比我预期的要好	1	2	3	4	5	6	7
C-3	我感受到的OA系统的带来的风险比预期的低	1	2	3	4	5	6	7

感知威胁

序号	使用OA系统后，您是否有以下担心，或者已感觉到了下列变化？	强烈不同意 ←→ 强烈同意						
PT1-1	我使用OA系统的投入高于产出	1	2	3	4	5	6	7
PT1-2	我使用OA系统带来的个人收益的变化与上级相比不公平	1	2	3	4	5	6	7
PT1-3	我使用OA系统带来的个人收益的变化与其他雇员相比不公平	1	2	3	4	5	6	7
PT2-1	我使用OA系统会/已经减少我的工作权力	1	2	3	4	5	6	7
PT2-2	我使用OA系统会/已经影响我的工作岗位的稳定性	1	2	3	4	5	6	7
PT2-3	我使用OA系统会/已经改变我的工作业务内容	1	2	3	4	5	6	7
PT3-1	我使用OA系统会/已经改变我与同事沟通的方式	1	2	3	4	5	6	7
PT3-2	我使用OA系统会/已经改变我工作中表达信息的方式（比如要使用系统中的新名词替代常用词汇）	1	2	3	4	5	6	7
PT3-3	我使用OA系统会/已经改变我与同事互动的方式（比如由面对面交流，变为网上聊天）	1	2	3	4	5	6	7

抵制改变（使用后）

序号	在使用 OA 系统之后，您是否有过以下想法？	强烈不同意 ←——→ 强烈同意						
RTC（t2）-1	我不想被 OA 系统改变我的日常工作方法	1	2	3	4	5	6	7
RTC（t2）-2	我不想被 OA 系统改变我的决策方式	1	2	3	4	5	6	7
RTC（t2）-3	我不想被 OA 系统改变工作中与他人交流的方式	1	2	3	4	5	6	7
RTC（t2）-4	总是，我不想被 OA 系统改变我目前的工作方式	1	2	3	4	5	6	7

持续使用意图

序号	在使用 OA 系统之后，您是否有过以下打算？	强烈不同意 ←——→ 强烈同意						
CUI-1	未来我会继续使用这个系统	1	2	3	4	5	6	7
CUI-2	在日常工作中，我会优先使用这个系统处理业务，而不会选择其他渠道	1	2	3	4	5	6	7
CUI-3	我将来愿意不断尝试这个系统增加的新功能	1	2	3	4	5	6	7

以下题目为单选题：

1. 持续使用行为

在日常工作中，平均一周内，您有多少天在使用这个 OA 系统？

□（1）一天　□（2）两天　□（3）三天　□（4）四天

□（5）五天　□（6）六天　□（7）七天

2. 您每天使用这个 OA 系统约多长时间？

□（1）0~2 小时　□（2）2~4 小时　□（3）4~6 小时　□（4）6~8 小时

问卷到此结束，再次感谢您的支持！